MOCTEZUMA

ÁLVARO CRUZ GARCÍA

ISBN: 84-9764-572-3
Depósito legal: M-25122-2005

Colección: Grandes biografías
Título: Moctezuma
Autor: Álvaro Cruz García
Coordinador general: Felipe Sen
Coordinador de la colección: Juan Ernesto Pflüger
Diseño de cubierta: Juan Manuel Domínguez
Impreso en: Artes Gráficas Cofás

INTRODUCCIÓN

El 8 de noviembre de 1519, cuando los españoles entran por vez primera en México-Tenochtitlan, la capital azteca, se halla ante ellos el noveno *huey tlatoani* mexica, Moctezuma[1] Xocoyotzin (*Señor enojado, el Joven*), una de las personalidades más vilipendiadas y peor juzgadas de la historia de la conquista mexicana. Prácticamente todas las fuentes, tanto las de inspiración hispana como las de tendencia indianista, coinciden en señalarlo con el dedo acusador y cargarle con la responsabilidad de la entrada de Cortés y unos pocos cientos de conquistadores en la gloriosa capital del Imperio azteca. La lista de cargos presentada contra él por el severo fiscal de la historia es tan larga como difícil de rebatir: traidor a los suyos, cobarde, fanático religioso, déspota, sanguinario, afeminado e incluso sodomita. Se le reprocha, sobre todo, el ser culpable, por incapacidad y ausencia de una respuesta adecuada, de la conquista española del Imperio azteca, al no reaccionar con la diligencia y gallardía que los acusadores hubieran querido. Se lo acusa, también, de haber ejercido un poder tiránico y opresor desde el trono de Tenochtitlan, sometiendo a regiones enteras al pago de un tributo abusivo bajo pena de ser pasadas por las armas. Se dice de él que encaminó al Estado azteca hacia una especie de monarquía absoluta o incluso un despotismo oriental, suprimiendo libertades y derechos de la nobleza y el pueblo azteca y haciéndose tratar casi como a un dios. Por acabar la lista, para denigrar a Moctezuma y justificar de paso la conquista española se ha escrito tam-

---

[1] Los nombres de los soberanos aztecas se han transcrito de muchas maneras. Los cronistas han utilizado formas como Montezuma (Díaz del Castillo), Motecuhzoma (Códice Ramírez, Alva Ixtlilxochitl, Durán), Motecçuma (Francisco Hernández, Alvarado Tezozomoc), Moctezuma (López de Gómara, Acosta), Motezuma (Benavente), Motecuçuma (Sahagún), Mutezuma (Cortés), Muteczuma (Tapia), etc. También la historiografía contemporánea ha utilizado formas diferentes: Montezuma (Burland, Graulich), Motecuhzoma (León-Portilla, Vázquez Chamorro, Alcina), Moctezuma (Soustelle, Thomas), etc. Esta última parece ser la más aceptada y popular, por lo que será la que utilicemos en adelante.

bién de él que practicaba sacrificios humanos, que adoraba con fervor a falsos ídolos, que comía carne humana y que su orgullo y prepotencia no tuvieron límites, sojuzgando a sangre y fuego a cuantos pueblos se le interpusieron. Todos estos cargos son destacados por sus enemigos, que son legión, aunque son agitados especialmente por quienes, no estando conformes con la historia y habiendo preferido que fuera de otra manera, se contentan con contarla a su modo.

Muchas de las acusaciones son ciertas y, sacadas de contexto, sirven para emitir un juicio absolutamente negativo. Aunque, desde luego, vistas en otros personajes o culturas no son tenidas por defectos, sino por algo normal. El orgullo, el ansia de poder, las guerras de conquista, etc., forman parte de la historia —y aun del presente— de todos los pueblos, empezando por los mismos europeos de la época de la Conquista y posteriores. Sus monarcas y gobernantes luchan entre sí por expandir su poder a costa de otras naciones o de sus propias poblaciones, que someten por las armas y sobre las que gobiernan con mano de hierro.

Los sacrificios humanos o el canibalismo no sólo fueron practicados por Moctezuma y los aztecas, sino por otros pueblos mesoamericanos que, no obstante, no han pasado a la historia con ese estigma. La idolatría, la adoración de *falsos* ídolos, es una acusación tan burda como etnocéntrica, una justificación absurda de una conquista que se hizo, entre otras motivaciones, en nombre de otras creencias, las de los vencedores.

Pero, con ser crueles las acusaciones hechas desde las fuentes prohispanas, mucho peores y descarnadas son las que proceden de plumas que se arrogan la defensa de lo indígena de manera acrítica y descontextualizada. Para éstas, la conquista española es absolutamente reprobable, sí, pero el culpable es Moctezuma, quien primero con su soberbia y segundo con su cobardía no supo afrontar los hechos de manera eficaz y valiente. Son muchos los autores que ven en la conquista española un castigo al orgulloso pueblo azteca, con Moctezuma a la cabeza, por su continuo afán de expansión, por su belicosidad, por sus prácticas religiosas, por su voracidad depredadora. Muchas de estas fuentes justifican la invasión española, que llega para liberar a los distintos pueblos mexicanos de la tiranía a que les somete Moctezuma... sin querer caer en la cuenta de que, de haber podido, cualquiera de esos pueblos hubiera hecho lo mismo. Y es que es muy fácil hacer de la conquista un enfrentamiento entre españoles y mexicanos, cuando, en realidad, de lo que se trata es de una invasión de un pueblo sobre otro con la ayuda de los vecinos de éste último, también indígenas, claro está.

6

Abundan también las voces que critican su papel durante la conquista, acusándolo de pusilánime y de no oponer resistencia al invasor. Ciertamente sorprende que la ocupación de Cortés se produjera con tan escasos medios y frente a un ejército en principio tan poderoso —para su contexto cultural e histórico— como el azteca. Pero, contrariamente a la interpretación exaltadora tradicional, que basa de manera simplista el éxito español en el arrojo de la hueste de Cortés y en su manejo a partes iguales de astucia e inteligencia —armas que, según una cierta tendencia historiográfica, son inherentes al carácter español—, es preciso oponer una crónica detallada de los hechos, basada más en los datos que en las especulaciones e intentando, en la medida de lo posible, sortear los escollos que ofrecen unas crónicas y unos cronistas —el principal material de trabajo en este caso— que escriben desde posicionamientos en absoluto desinteresados. Es preciso, pues, intentar abordar al personaje desde su contexto, conocer las razones de su modo de actuar, averiguar los hechos que se produjeron y rastrear las causas de los mismos y de los comportamientos de los personajes y los pueblos. Sólo así será posible acercarse, siquiera mínimamente, a tan enjuiciado protagonista. No obstante, y a pesar de estas intenciones de partida, serán muchas las lagunas y no pocas las hipótesis que se planteen, quedando buena parte de las motivaciones de nuestro personaje ocultas por el opaco velo del tiempo y expuestas a la interpretación subjetiva.

No sólo la tendencia, también la cantidad y la calidad de la información que ofrecen las fuentes platean problemas. Cuando llegan los españoles a México, en 1519, Moctezuma puede tener unos 52 años, y muere al año siguiente. Sobre esos escasos meses son abundantísimos los testimonios acerca de su persona, las descripciones de su palacio y su vida, los relatos de los hechos que suceden. Algunos autores se esfuerzan también por ofrecer una historia de su reinado, contando su coronación, sus campañas y los acontecimientos que ocurrieron a lo largo del mismo. Sin embargo, los datos de que se dispone desde su nacimiento hasta el momento en que es coronado son increíblemente escasos, lo que motiva generalmente la especulación. Ésta es la razón por la que, en este volumen, se ha intentado ofrecer una crónica equilibrada de toda su vida, atendiendo especialmente a aspectos como su educación y formación, tal y como debieron de ser, como una herramienta para explicar su participación en los hechos de la conquista.

Como se dijo más arriba, el principal material usado son las numerosas crónicas escritas por fuentes tanto españolas, las que más, como indias. Son numerosas las inexactitudes, irregularidades y hasta falsedades que muchas de ellas presentan, pues todas son escritas con una motivación concreta y bajo un prisma particular. No obstante, sería erróneo hacer una descalificación general, debiendo ser interpretadas más como una valiosa herramienta de trabajo, que debe ser utilizada con cautela, que como un simple rosario de narraciones fantásticas o sin sentido, y menos aún deben ser tomadas al pie de la letra.

Para finalizar esta introducción, queda decir que la reiterada utilización de citas textuales ha sido contemplada por el autor como un apoyo para la narración, por cuanto permite acercar, en estado puro, las voces de quienes estuvieron mucho más próximos al personaje, a su época o a las fuentes de información. En todas ellas se ha preferido respetar la grafía original con la que fueron presentadas en las ediciones manejadas por el autor, añadiendo las acotaciones que se han considerado necesarias. Por último, debe señalarse que las numerosas palabras en nahuatl que se han intercalado, imprescindibles para una correcta comprensión de la vida de Moctezuma y la cultura azteca, son detalladamente explicadas en un glosario hacia la parte final del volumen.

I. MESOAMÉRICA Y LOS AZTECAS

Cuando los conquistadores llegan al actual México se sorprenden gratamente por encontrarse con unos pueblos altamente desarrollados. Grandes ciudades bien estructuradas, gigantescas construcciones, organizaciones estatales, sistemas de recaudación y de registro de los tributos, conocimientos científicos especializados o una literatura muy elaborada asombran a los recién llegados, más aún en relación con el menor grado de desarrollo que han visto en las Antillas. Pero el esplendor que presentan pueblos como el azteca no es sino fruto de una larga evolución cultural, siendo, en realidad, el último eslabón de una larga cadena que nos lleva a varios miles de años atrás.

La presencia del hombre en América se remonta, según pruebas irrefutables, a unos 30.000 años o poco más, proveniente, según las hipótesis más plausibles, de sucesivas oleadas migratorias desde el continente asiático. La ocupación del continente por el hombre es, consecuentemente, un proceso lento, que hace que el suelo mexicano no sea ocupado hasta hace cerca de 21.000 años. Es preciso esperar a un período entre el séptimo y el sexto milenio antes de nuestra era para encontrar las primeras plantas domesticadas, comenzando un largo proceso de aprendizaje tecnológico en el que se acabará por controlar la producción de las tres especies que serán básicas en la alimentación de los pueblos mesoamericanos, incluidos los aztecas: el maíz, el frijol y la calabaza.

La confección de objetos de cerámica es algo más tardía, y habrá que esperar hasta el llamado período Preclásico (2500 a.C.-250 d.C.) para conocer las primeras sociedades estratificadas y los primeros centros de carácter político y religioso planificados urbanísticamente y con arquitectura monumental.

Es posible que el más importante fermento de cultura superior se encuentre en las costas del Golfo de México, donde surge la cultura olmeca, una población que resultará fundamental para el desarrollo cultural posterior de toda Mesoamérica. El arte, sus conocimientos sobre el calendario, sus técnicas y sus ideas religiosas alcanzarán a numerosos grupos a lo largo del tiempo, constituyendo un importante legado.

Durante el llamado período Clásico (250-750), las formas que se estaban gestando en la etapa anterior alcanzan a eclosionar. La arquitectura pública adquiere características monumentales, lo que implica la existencia de grandes masas trabajadoras y un poder fuertemente centralizado, capaz de producir recursos alimentarios suficientes. El comercio entre los distintos centros se configura en este período como un mecanismo imprescindible para la subsistencia de las ciudades-estado y de los grupos que ejercen el poder, en lugares como Palenque, Yaxchilan, Tikal o Copán, en el área maya, Monte Albán, en Oaxaca, o Teotihuacan, en el centro de México. En este momento se formalizan las ciencias y los sistemas de registro, mientras que acaba por tomar forma una religión compleja que tiene su reflejo en los variados estilos artísticos.

Por razones desconocidas, entre los siglos VII y IX los grandes centros del Clásico, como Teotihuacan y las ciudades mayas, entran en decadencia y terminan por ser abandonados. Al Altiplano central mexicano comienzan a llegar desde el árido norte una serie de pueblos, y se inicia, durante el período Postclásico (1000-1500), el surgimiento de nuevas formas sociales, políticas, económicas y religiosas. A grandes rasgos, los sistemas políticos teocráticos propios del período anterior se convierten ahora en estructuras militaristas, con Estados que integran extensos territorios en los que imponen su propia cultura y formas religiosas. Hacia el año 1250 un pueblo, el tolteca, integrado por gentes también venidas del norte, que hablan ya la misma lengua nahuatl que más tarde será la de los aztecas, domina desde Tula, a unos 60 km al noroeste de la actual ciudad de México, una extensa porción de Mesoamérica. Los toltecas debieron de alcanzar gran fama como cultura altamente desarrollada. Los pueblos posteriores decían de ellos que fueron grandes artífices y comerciantes, gente en extremo religiosa y creadores de una elevada civilización.

Quizás la llegada de nuevos pueblos desde el norte empujó a los toltecas a emigrar y abandonar su ciudad. Los recién llegados bebieron directamente de las fuentes de la cultura teotihuacana y tolteca, y se establecieron alrededor de los grandes lagos del valle de México, donde crearon numerosas ciudades-estado. Hacia el siglo XIII dos Estados, Culhuacan y Azcapotzalco, alcanzarán gran esplendor, imponiendo su poder sobre los demás.

Pirámide del Sol, complejo arqueológico de Teotihuacan.

11

En este contexto es en el que irrumpe, a mediados del siglo XIII, el último pueblo emigrado desde el lejano y árido norte, el azteca o mexica. Pueblo nómada, es rechazado allá por donde pasa por las gentes de las ciudades establecidas, que poseen una cultura superior. Finalmente, consiguen asentarse en un islote del lago, fundando su ciudad, Tenochtitlan, hacia el año 1325. Comienza entonces una rápida expansión que hará que, en poco más de un siglo, sobre 1428, no sólo hayan asimilado un legado cultural milenario sino que hayan consolidado el Estado más poderoso de su entorno, controlando una amplia zona que va desde el Golfo de México hasta el Pacífico y penetrando hacia el sur hasta algunas regiones de Guatemala. Paulatinamente, sus gobernantes van ensanchando sus dominios, bien por medio de la guerra, bien por alianzas, al tiempo que Tenochtitlan se engrandece y se sitúa como cabeza principal de una entente de ciudades, la Triple Alianza, junto con Texcoco y Tlacopan.

En 1502, cuando muera el huey tlatoani Ahuitzotl y le suceda Moctezuma, éste recibirá la pesada carga de un Estado azteca en su máximo esplendor, y se encargará de engrandecerlo y fortalecerlo aún más, frente a la presencia de importantes bolsas de resistencia al poder azteca en el mismo corazón de sus dominios. Éste es el complejo panorama que se encontrarán los españoles a su llegada, en 1519.

II. EL PRÍNCIPE-GUERRERO

Moctezuma II o Moctezuma Xocoyotzin, hijo de Axayacatl, el sexto *tlatoani* azteca, y de una prima de éste posiblemente llamada Xochicueyetl, hija a su vez del soberano de Iztapalapa, nació según las fuentes indígenas en 1467 o 1468. Descendiente del linaje de los soberanos aztecas, es sobrino de Ahuitzotl y de Tizoc, así como bisnieto de Moctezuma I Ilhuicamina y de Itzcoatl. Las dudas en la fecha de su nacimiento se deben a la discordancia que muestran las fuentes, tanto indígenas como españolas. Los primeros españoles que pueden verlo, en 1519, piensan que debe rondar la cuarentena:

> Sería el gran Montezuma de edad de hasta cuarenta años, y de buena estatura y bien proporcionado, e cenceño e pocas carnes, y la color no muy moreno, sino propia color y matiz de indio, y traía los cabellos no muy largos, sino cuanto le cubrían las orejas, e pocas barbas, prietas y bien puestas e ralas, y el rostro algo largo e alegre, los ojos de buena manera, e mostraba en su persona en el mirar por un cabo amor, e cuando era menester gravedad. Era muy pulido y limpio, bañándose cada día una vez a la tarde (Díaz del Castillo).

Sin embargo, habiendo nacido hacia 1467, Moctezuma debe tener en 1519 unos 52 años. El dato, como hace notar Graulich, no es irrelevante, pues en el pensamiento de los aztecas o mexicas la fecha de nacimiento tiene una significación cosmológica que condiciona la vida del individuo y ayuda a explicar sus acciones. Así, los 52 años de Moctezuma coinciden exactamente con un «siglo» indígena, es decir, todo un ciclo religioso completo tras el cual se considera que surge una era nueva, distinta de la anterior. Y, efectivamente, 1519 marca, con la llegada de los españoles, el principio de un nuevo período en la historia de los aztecas; es el año

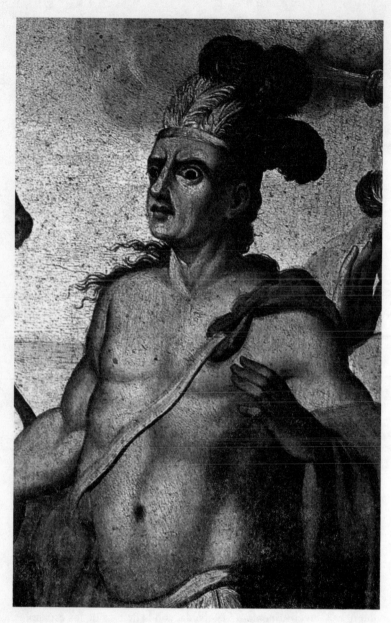

Moctezuma, detalle de pintura.

simbólico de finalización de su reinado y del fin del Imperio y del Sol o era de los aztecas.

Por si fuera poco, la fecha de nacimiento dada por las fuentes nativas tiene aún otra implicación simbólica: 1467, año en el que nace Moctezuma, y 1519, son denominados 1 Acatl —caña— según el calendario azteca. Y esta fecha es también en la que nace Quetzalcoatl, dios, según la mitología azteca, que habrá de retornar algún día desde el este, una dirección desde la que, precisamente, llegarán los españoles. ¿Coincidencia? Más bien, como señala nuevamente Graulich, todo indica que la edad y fecha de nacimiento de Moctezuma que citan las fuentes indígenas fueron calculadas por los autores que escribieron sobre él, siguiendo el pensamiento nativo, de tal forma que ayudase a explicar los posteriores acontecimientos que habrían de suceder al personaje y, con él, al Imperio que encabezaba.

La importancia del calendario entre los aztecas y en general en Mesoamérica es uno de los rasgos más significativos de estas culturas: todo está o debe estar fijado dentro de un tiempo determinado, conforme a la cuenta de los días, o *tonalpohualli*, y a la de los años, o *xiuhpohualli*. El tiempo de la siembra y la recogida de los frutos, el momento de la renovación de cargos, de la celebración de ceremonias y rituales, de emprender o no actividades y trabajos, el destino de hombres y mujeres, etc., aparece fijado por la fecha del calendario en la que individuos y actos se inscriben. Así pues, para el cronista indígena, Moctezuma «debió nacer» en 1467, pues sólo de esta forma se explica y comprende su participación en la caída del Imperio y la llegada de los españoles.

Y aún existe otro aspecto sospechoso, que hace dudar de la veracidad de los datos que se nos ofrecen sobre los primeros años de vida del personaje. Según refiere Tezozomoc, Moctezuma *abía sido criado y naçido* en Aticpac, uno de los *calpulli* de Tenochtitlan, la capital azteca, en vez de hacerlo en Palacio, como era lo normal entre los hijos del soberano mexica. El *calpulli* o barrio —como fue impropiamente traducido por los españoles— de Aticpac estaba ligado en el pensamiento azteca a las divinidades femeninas y al sol del atardecer, por lo que relacionar el nacimiento de Moctezuma con este lugar parece una acción cargada de intencionalidad por parte del cronista, más aún si pensamos que en los anales y relaciones en que se consignan datos acerca de los soberanos aztecas era muy extraño, como señala el autor antes citado, que se estableciesen la fecha o el lugar de nacimiento.

Cuadro 1
Gobernantes aztecas

Nombre	Significado	Gobierna
Acamapichtli	Manojo de cañas	1376-1391
Huitzilihuitl	Pluma de colibrí	1391-1417
Chimalpopoca	Escudo humeante	1417-1426
Itzcoatl	Serpiente de pedernal	1426-1440
Motecuhzoma Ilhuicamina	Señor enojado, flechador del cielo	1440-1469
Axayacatl	Mosca del lago	1469-1481
Tizoc	El que se desangra	1481-1486
Ahuitzotl	Perro de agua	1486-1502
Motecuhzoma Xocoyotzin	Señor enojado, el joven	1502-1520
Cuitlahuac	Excremento seco	1520-1520
Cuauhtemoc	El águila que desciende	1520-1521

Sobre la infancia de Moctezuma casi nada se sabe. Tuvo numerosos hermanos, entre los que él ocupaba el sexto o el octavo lugar. Algunos de ellos murieron en el campo de batalla, como correspondía a muchos jóvenes de la nobleza azteca, educados para la guerra. Tlacahuepan e Ixtlilcuechahuac, dos de sus hermanos mayores, hijos de una princesa de Tula, perecieron en Huexotzinco, una muerte que será muy recordada en los cantares mexicanos:

> Se fue el príncipe Tlacahuepantzin,
> se fue el señor Ixtlicuechahuac.
> ¡En breve brevísimo tiempo vinieron
> a vivir ante el rostro del dios!
> Y ahora, sin embargo, están en la
> inmensa llanura... (de los muertos).
>
> (Cantos y crónicas del México antiguo)

También murieron peleando otros dos hermanos, Macuilmalinalli y Tecepatic, en Atlixco. De la muerte del primero, en 1508, acusa el cronista Ixtlilxochitl a su hermano Moctezuma, quien en esa fecha ya lleva más de cinco años como *tlatoani* de México:

> Y en el de 1508, fue la batalla que tuvo el príncipe
> Macuilmalinatzin, heredero de México, contra los de Atlixco;

y según común opinión, por concierto y pacto secreto que el rey
Motecuhzoma su hermano, tuvo con los de Atlixco, por excu-
sar alteraciones y persona que se le anteponía, hizo que fuese
muerto y vencido en esta batalla, en donde murió con él otro de
los señores mexicanos llamado Tzicquaquatzin y dos mil ocho-
cientos soldados que iban en su defensa...

Otro de sus hermanos de padre, menor que él, es Cuitlahuac, quien
con el tiempo será soberano de Iztapalapa y, durante algunos meses de
1520, tras la muerte de Moctezuma, *tlatoani* de México-Tenochtitlan, es
decir, señor del Imperio azteca. Cuitlahuac, por quien la historiografía
indigenista toma partido, al considerarlo partidario de plantear batalla a
los españoles desde el primer momento, en contraposición a la postura
más tibia, indecisa o pusilánime de Moctezuma, será el encargado de
encabezar la rebelión indígena contra los ocupantes a la muerte de su hermano, enviando

sus mensajeros por todas las tierras y provincias y ciudades
sujetas a aquel señorío, a decir y certificar a sus vasallos que
él les hace gracia por un año de todos los tributos y servicios
que son obligados a le hacer, y que no le den ni le paguen cosa
alguna, con tanto que por todas las maneras que pudiesen
hiciesen muy cruel guerra a todos los cristianos hasta los
matar o echar de toda la tierra; y que así mismo la hiciesen a
todos los naturales que fuesen nuestros amigos y aliados
(Cortés).

Los primeros años de vida

Sobre los primeros años de la vida de Moctezuma es mucho más lo que
se supone que lo se conoce, por lo que debemos seguir las descripciones
de las crónicas acerca de la educación de los jóvenes nobles para hacer-
nos una idea de cómo debió ser. Como hijo de un personaje de alto rango,
a los seis o siete años debió ser rodeado de un grupo de personas encargado de su educación en la moral, las costumbres y los valores aztecas.

La manera de criar sus hijos que tenían los señores y gente
noble es que después que las madres o sus amas los havían
criado por espacio de seis años o siete (...) dávanlos uno o dos

17

Cuadro 2
Genealogía de los gobernantes aztecas

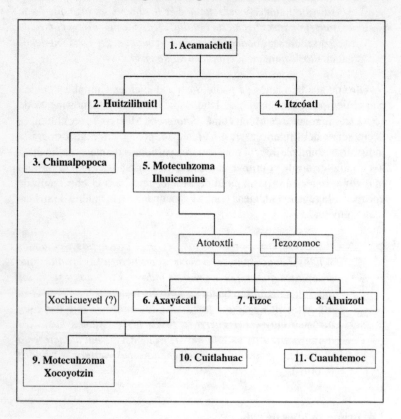

o tres pajes para que se regocijassen y borlassen con ellos, a los cuales avissavan la madre que no los consintiesen hazer ninguna fealdad o suziedad o deshonestidad cuando fuessen por el camino o calle. Instruían al niño éstos que andavan con él para que hablasse palabras bien criadas y buen lenguaje, y que no hiziesse desacato a nadie y reverenciasse a todos los que topava por el camino que eran oficiales de la república, capitanes o hidalgos, aunque no fuessen sino personas baxas, hombres y mugeres, como fuessen ancianos (Sahagún).

La educación que recibían los niños de los mexicas tenía una doble vertiente, religiosa y patriótica. Se trataba de inculcar en ellos un fuerte sentido de la moral, una formación ética muy estricta y un profundo sentimiento de identidad étnica. Los aztecas, el último grupo llegado al valle de México unos ciento cuenta años atrás, debieron soportar todo tipo de penalidades y contratiempos desde su salida de un lugar indeterminado y mítico situado al norte de Mesoamérica, Aztlan. A su llegada al valle fueron vistos como bárbaros nómadas por los pueblos ya establecidos, quienes habían levantado grandes ciudades y se consideraban a sí mismos como el último eslabón de una larga y prestigiosa evolución cultural. No cabe duda que el fuerte sentimiento de identidad grupal, en un entorno hostil, fomentado por sus líderes en torno a la creencia en un dios *nacional*, Huitzilopochtli, fue uno de los factores más importantes que permitieron a los mexicas hacerse un hueco entre los pueblos que ocupan el valle y, tiempo después, alzarse con la hegemonía regional.

La educación entre los aztecas, pues, perseguía formar individuos útiles para el grupo, combativos, fieles, abnegados, dispuestos al sacrificio en favor del bien común. En las escuelas, eran frecuentes las privaciones, los castigos corporales, la humillación, con el fin de conseguir personas fuertes, resistentes, sumisas. La penitencia, el autodominio y una oración constante presidían las vidas de los jóvenes en formación.

Los hijos de los nobles —*pipiltin*— entraban en el *calmecac* —una institución a medio camino entre el colegio y el monasterio— cuando comenzaban la pubertad, a los doce o trece años.

> *Allí le entregavan a los sacerdotes y sátrapas del templo para que allí fuesse criado y enseñado y avisado para que biviesse bien. Emponíanle que hiziesse penitencia de noche, enramando los oratorios de dentro del pueblo, o en los montes, dondequiera que hazían sacrificios de noche o a la medianoche. Y si no le metían en la casa del recogimiento, metíanle en la casa de los cantores, encomendávanle a los principales de ellos, los cuales le emponían en barrer en el templo o en deprender a cantar, y en todas las maneras de penitencia que se usavan* (Sahagún).

Bajo el patronazgo del dios Quetzalcoatl —dios identificado con la nobleza nahua-tolteca, la que recoge la tradición más antigua y prestigiosa del Valle de México—, se preparan en el *calmecac* para el papel que desempeñarán en el futuro: políticos, administradores, sacerdotes o guerreros, puestos todos reservados para ellos, como hijos de nobles, y ocasionalmente, para los hijos de alguna familia acaudalada. Bajo la estricta mirada de los sacerdotes, los jóvenes que ingresan en el *calmecac* aprenden la historia de su pueblo y profundizan en el conocimiento de los dioses y las celebraciones, memorizando los poemas mitológicos e históricos. También reciben enseñanzas sobre astronomía y arte, aprenden a desentrañar los misterios del calendario y reciben instrucción política.

Los muchachos más despiertos reciben una educación especial, aún más exigente y rígida. Deben acostumbrarse a realizar las tareas más duras: recoger leña, barrer el suelo, levantarse en la noche, bañarse en agua helada. Son frecuentes la mortificación y la severidad: las vestimentas son extraordinariamente sencillas, alejadas de todo lujo; casi no reciben alimentos; deben dormir sobre precarias esteras, que apenas los protegen del frío suelo. La vida en el *calmecac* es no sólo enormemente dura en lo físico, también en lo psicológico. Se reprime toda expresión de alegría, de exceso. Se fomenta la abnegación, la espiritualidad, el autodominio, cualidades que, entre los aztecas, deben adornar al gobernante y, por extensión, al individuo ideal. Un comportamiento recto y austero, una vida consagrada a la religión, ejemplar ante el pueblo, son los principios por los que, según el pensamiento azteca, deben regirse las personas destinadas a desempeñar cargos en el futuro.

Los valores de conducta son inculcados por los maestros, que continúan una labor educativa que comenzaron los padres y los ancianos, transmisores de la tradición, de los preceptos de los antiguos, *huehuehtlahtolli, la antigua palabra*. A los muchachos se les enseña a vivir con modestia, a ser humildes, a comer con frugalidad, a obedecer a sus superiores. Se les inculcan valores como la valentía, el sacrificio, la lucha, la castidad y el comedimiento, rechazando la ostentación, la cobardía, la pereza y el exceso.

> *El hidalgo tiene padre y madre legítimos, y sale o corresponde a los suyos en gesto o en obras. (...) El buen hidalgo es obediente e imita a sus padres en costumbres, y es recto y justo, prompto y alegre a todas las cosas; figura o traslado de sus antepasados. (...) El que desciende de buen linage y bien acondicionado es discreto, y curioso en saber y buscar lo que le conviene, y en todo tiene prudencia y consideración* (Sahagún).

Los jóvenes díscolos son duramente castigados. Se sanciona especialmente la molicie, la desobediencia y las faltas contra la moralidad.

> *Tenían graves castigos para castigar a los que no eran obe-*
> *dientes y reverentes a sus maestros; en especial se ponían gran*
> *diligencia en que no beviessen* uctli *la gente que era de cin-*
> *cuenta años abaxo. Ocupávanlos en muchos exercicios de*
> *noche y de día, y criávanlos en grande austeridad, de manera*
> *que los bríos y inclinaciones carnales no tenían señorío en ellos,*
> *ansí en los hombres como en las mugeres. Los que bivían en los*
> *templos tenían tantos trabajos de noche y de día y eran tan abs-*
> *tinentes, que no se les acordava de cosas sensuales* (Sahagún).

Tomar bebidas alcohólicas o mantener relaciones sexuales eran acciones penadas con todo rigor y dureza. Quienes eran hallados en estado de
embriaguez podían ser condenados a muerte y rápidamente ejecutados,
una suerte que también corrían los muchachos que fueran sorprendidos
manteniendo relaciones sexuales, pues podían ser muertos a flechazos,
quemados vivos o estrangulados:

> *Asimismo los consagrados al Calmecac eran estrangulados*
> *con una cuerda si alguna vez se les encontraba ebrios, o cul-*
> *pable de algún incesto o pecado impúdico* (Hernández).

La castidad y la abstinencia sexual en los jóvenes tienen una función
específica en el pensamiento azteca. Consideran los maestros-sacerdotes que
la sensualidad les distraerá de sus ocupaciones, que el sexo malgastará sus
fuerzas, les hará perder vigor. Si se acostumbran a la pereza, si olvidan sus
obligaciones, si desobedecen a sus superiores, si se inclinan al alcohol o al
sexo, no serán en el futuro individuos útiles para el grupo: serán indiscipli-
nados, débiles, un lastre para los demás, como lo eran *los viejos y enfermos,*
y gente cansada, que iban dejando de propósito dondequiera que poblaban
(Acosta), en su peregrinación hasta asentarse en el valle de México.
Educando a los niños y jóvenes para la vida adulta, se trata de eliminar cualquier inclinación al exceso, de fomentar el comedimiento y el sacrificio:

> *si tu cuerpo cobrare brío o soberbia, castígale y humíllale.*
> *Mira que no te acuerdes de cosa carnal. ¡Oh, desventurado de*
> *ti, si por ventura admitieres dentro de ti algunos pensamientos*
> *malos o suzios! Perderás tus merecimientos y las mercedes que*
> *dios te hiziera, si admitieras tales pensamientos. Por tanto,*
> *conviénete hazer toda tu diligencia para desechar de ti los ape-*
> *titos sensuales y briosos. Nota lo que has de hazer, que es*

21

cortar cada día espinas de maguey para hazer penitencia, y
ramos para enramar los altares. Y también havéis de hazer
sacar sangre de vuestro cuerpo con la espina de maguey, y
bañaros de noche, aunque haga mucho frío (Sahagún).

El joven Moctezuma, de quien las crónicas coinciden en señalar su carácter espiritual y austero, sin duda debió beber de las fuentes de esta rigurosa enseñanza. Educado en el *calmecac* de Tlillan —uno de los seis o siete de la capital mexica, Tenochtitlan, ubicado dentro del recinto del Templo Mayor—, es éste *un oratorio hecho a honra de la diosa Cioacóatl* (Sahagún), la deidad guerrera, de donde salían los futuros miembros de la clase dirigente azteca.

Moctezuma se imbuyó de una sólida formación religiosa, espiritual, cultural y militar. Sobre su paso por el *calmecac* sólo encontramos una mención, recogida por un autor del siglo XVI, Juan Suárez de Peralta, para más señas sobrino de Catalina, la esposa de Hernán Cortés. Se trata de una anécdota, recogida a su vez por Vázquez Chamorro en su biografía, en la que el adolescente Moctezuma muestra su temprana predisposición al mando y a la batalla, al amonestar a un compañero de juegos que se muestra débil de ánimo:

> *Veía que alguno de los muchachos era cobarde y lloraba*
> *algún golpe que le daban peleando, lo mandaba traer delante*
> *de sí y vestirle con una camisilla de mujer, que llamaban hui-*
> *pilli, y traerle a la vergüenza delante de los otros muchachos,*
> *y no le admitía más en sus guerrillas, porque decía que mos-*
> *traría a huir y a llorar a los otros.*

La educación militar de los jóvenes en el *calmecac* incluía no sólo el manejo de armas, el aprendizaje de las normas de obediencia o el fortalecimiento físico. También se realizaban ejercicios prácticos, destinados a aprender las reglas de la guerra, que tan útiles les serán en el futuro, así como a destacar las diferencias de clase. Sahagún, el cronista que más se detiene en describir la vida cotidiana de los aztecas, cuenta cómo durante el mes llamado *panquetzaliztli* se enfrentaban los muchachos y maestros del *calmecac* contra los del *telpochcalli*, la institución de enseñanza a los que asisten las jóvenes hijos del grupo de los plebeyos:

> *al mediodía començavan a pelear los unos con los otros.*
> *Peleavan con unos ramos de oyámetl o pino, y con cañas, y*

también con cañas maciças, atadas unas con otras de tres en tres o de cuatro en cuatro. Y cuando se aporreavan con ellas hazían gran ruido; lastimávanse los unos a los otros, y a los que captivavan fregávanles las espaldas con pencas de maguey y molido, lo cual haze gran rescocimiento. Y los ministros del templo a los que captivavan punçávanlos con espinas de maguey las orejas y los molledos de los braços, y los pechos, y los muslos; hazíanlos dar gritos, y si los moços del calmécac vencían a los contrarios, encerrávanlos en la casa real o palacio, y los que ivan tras ellos robavan cuanto havía: petates, icpales y teponaztli, huehuetes, *etc. Y si los moços del calpulco vencían a los del calmécac, encerrávanlos en calmécac, y robavan cuanto hallavan:* petates, icpales, *cornetas y caracoles, etc. Y apartávanse y cesava la escaramuça a la puesta del sol.*

El joven guerrero

Poco a poco, el joven Moctezuma fue cumpliendo años y aprendiendo el ejercicio de las armas. Las fuentes señalan de él que es un joven intrépido, valiente, ambicioso. Participa en la campaña de Cuauhtla como recluta, en 1490, y rápidamente comienza a destacar por su habilidad para el combate. La guerra entre los aztecas consiste, singularmente, en un medio idóneo para la promoción social, una herramienta para ganar prestigio ante los superiores y ascender en la escala jerárquica de la administración azteca. La captura de prisioneros es, motivos económicos y políticos aparte, uno de los fines del combate: los cautivos prestigian y honran a quien los captura y al gran dios Huitzilopochtli, en cuyo altar serán sacrificados. Después de la reforma impuesta por el gran Tlacaelel, *cihuacoatl* —segundo en el gobierno— de Itzcoatl, Moctezuma I Ilhucamina y Axayacatl, verdadero creador e ideólogo del Imperio azteca, la guerra se convirtió en un estado continuo, casi permanente. La religión oficial, muñida y propagada por Tlacaelel, hacía que la actividad principal de cada hombre mexica fuera la batalla, con el fin de proporcionar víctimas con que aplacar la sed de sangre de los dioses, en especial de Huitzilopochtli. La participación de cada individuo en la guerra era obligada; de ahí que la enseñanza militar estuviera presente en las escuelas, como parte fundamental de la educación de los muchachos, nobles y plebeyos.

Era preciso ofrecer sangre a los dioses, su alimento principal, ya fuera la propia o la del enemigo capturado. La captura de prisioneros servía, además, para evaluar el mérito de un guerrero. Se trataba de apresar la mayor cantidad posible de enemigos, aunque no todos valían lo mismo. Un capitán o un señor tenían más valor que un simple soldado. Y, entre los guerreros enemigos, eran más preciados los de Atlixco, Tlaxcala o Huexotzinco, famosos por su fiereza y desenvolvimiento en la batalla.

La necesidad de alimentar cada cierto tiempo a los dioses hizo que se estableciese un sistema de intercambio de prisioneros, unas guerras concertadas con el fin de capturar víctimas para el sacrificio. Estos enfrentamientos o «guerras floridas» se practicaban como un acuerdo entre la Triple Alianza —México-Tenochtitlan, Texcoco y Tlacopan— y la coalición compuesta por las ciudades de Tlaxcala, Cholula y Huexotzinco. El pacto para la guerra fue establecido hacia 1450, año en el que empezó a suceder una larga serie de desgracias que comenzó por una intensa nevada, que heló las tierras y destruyó muchas casas, seguida por una epidemia y una larga hambruna, *tan excesiva que muchos vendieron a sus hijos a trueque de maíz en las provincias de Totonapan*. Reunidos los soberanos de Tenochtitlan, Texcoco y Tlacopan,

> *viendo que no cesaba la calamidad se juntaron todos tres con la señoría de Tlaxcalan a tratar el remedio más conveniente para este efecto: los sacerdotes y sátrapas de los templos de México dijeron que los dioses estaban indignados contra el imperio y que para aplacarlos convenía sacrificar muchos hombres y que esto se había de hacer ordinariamente, para que los tuviesen siempre propicios. (...) Xicoténcatl, uno de los señores de Tlaxcalan, fue de opinión, que desde aquel tiempo en adelante se estableciese que hubiesen guerras contra la señoría de Tlaxcalan y la de Tetzcuco con sus acompañados y que se señalase un campo donde de ordinario se hiciesen estas batallas y que los que fuesen presos y cautivos en ellas se sacrificasen a sus dioses, que sería muy acepto a ellos, pues como manjar suyo sería caliente y reciente, sacándolos de este campo; además de que sería lugar donde se ejercitasen los hijos de los señores, que saldrían de allí famosos capitanes y que esto se había de entender sin exceder los límites del campo que para el efecto se señalase, ni pretender ganarse las tierras y señoríos y asimismo había de ser con calidad que cuando tuviesen algún trabajo o calamidad en la una u otra parte habían de cesar las dichas guerras y favorecerse unos a otros...*
> (Ixtlilxochitl).

Las «guerras floridas», el mecanismo para proveerse de las víctimas con las que alimentar a los dioses, son también un medio idóneo para el ascenso social, para ganarse el prestigio y el respeto entre los compañeros y el pueblo. Peleando en campo abierto, practicando emboscadas, poniendo en práctica argucias y tretas, capitanes y soldados se afanan en capturar enemigos y al mismo tiempo en no ser ellos mismos hechos prisioneros. Escudos y ropas de algodón acolchado protegen de los golpes de las *macanas*, de las flechas y las lanzas. No se trata tanto de matar al contrario como de herirlo o dejarlo sin sentido, para poder así capturarlo. Sin duda acorde con la mentalidad y las necesidades de los aztecas, esta práctica y objetivo militares se tornará en una clara desventaja cuando, llegada la hora, hayan de enfrentarse aztecas y españoles.

Moctezuma se revela como un aprendiz de guerrero resuelto, hábil y obediente. Lleva desde los quince años instruyéndose en el manejo de las armas y las técnicas de combate. Además, desde su más tierna infancia ha podido ver a los guerreros marchar a la batalla y retornar, altivos y orgullosos, con cautivos para el sacrificio. Axayacatl, su padre, lleva a México-Tenochtitlan a cotas muy altas, consolidando las conquistas de su predecesor, Moctezuma I Ilhuicamina, y aun realizando otras nuevas. Con el consejo de Tlacaelel —el sabio y ya anciano *cihuacoatl*, que tan bien sirviera a Itzcoatl y a Moctezuma I— Axayacatl logra por fin la ansiada anexión de la ciudad de Tlatelolco, hacia 1473. La expansión de los mexicas continúa hacia el oeste y consigue fulminar la resistencia de los matlatzincas en el valle de Toluca, que ya duraba cerca de cuarenta años. En 1477 los guerreros mexicas conquistan Malinalco y Tlacotepec, y avanzan hacia Tlaximacoyan y Oztoman aunque, estando a las puertas del reino tarasco, su poderoso enemigo, serán por primera vez derrotados, gracias al uso de armas de cobre por parte de sus rivales. Cerrada la expansión por el oeste, seguirá sin embargo hacia otras direcciones. En Puebla ocupan los mexicas las tierras conquistadas por Texcoco, logrando rodear a otro poderoso enemigo, el reino de Tlaxcala. También conquistan Matlatlan y llegan hasta Maxtlan. Por el nordeste, por último, pondrán bajo su control una amplia zona de la Huasteca, hasta alcanzar Tampatel, Tuxpan y Tenexticpac entre 1480 y 1481.

Las conquistas de los mexicas prosiguen con el sucesor de Axayacatl, Tizoc, pese a que reinará brevemente. Aunque vencidos por los de Meztitlan, los guerreros aztecas continúan su avance por la Huasteca, conquistando Tamajachco y Miquitlan, así como por el sur de Puebla, donde se apoderan de Atezcahuacán, o por Guerrero, tomando Otlapan.

El joven Moctezuma vive, ciertamente, en una época en la que México-Tenochtitlan se encuentra en plena expansión: puede ver con sus propios ojos cómo llegan a la ciudad *tlameme* —porteadores— con los productos enviados por las ciudades tributarias: cargas de cacao, mantas de algodón o de henequén, vestimentas, trajes de guerrero, plumas de adorno, maíz, cigarros puros... Materias primas y productos elaborados son traídos desde los rincones más recónditos para asegurar a una creciente población mexica sus necesidades más básicas, convirtiendo a Tenochtitlan en un centro administrativo de primer orden, en el que las materias primas importadas son convertidas en objetos manufacturados, que dan trabajo a los artesanos y llenan las arcas de los ricos mercaderes cuando los venden en los mercados provinciales. Moctezuma aprende que es la guerra y el temor lo que sujeta a las provincias y ciudades tributarias; que es preciso mostrar fiereza y crueldad con el enemigo, pues así su ánimo se verá quebrado y su resistencia será débil, además del efecto de propaganda que conlleva. Cada poco tiempo sabe de los éxitos de los ejércitos que el *huey tlatoani*, desde 1486 su tío Ahuitzotl, envía para conquistar un nuevo territorio, someter a una ciudad o provincia rebelde, o bien castigarla porque se ha negado a pagar el tributo exigido. Los guerreros vuelven a la ciudad cargados de prisioneros y relatos de gloria, en los que se habla de poblaciones conquistadas más allá de las montañas. A cambio son honrados por los suyos, reciben honores, son agasajados. Incluso a algunos de ellos, a los más valientes, se les permiten ciertas licencias, como bailar de noche en el *cuicacalli* —la «casa de los cantos»— o visitar a las *auianime* —prostitutas—. Estos *quachic* o «cabezas rasuradas», soldados profesionales que hacen la promesa de no retroceder nunca, son al mismo tiempo admirados y temidos. Con ellos es todo el mundo más permisivo y tolerante, pues ocupan siempre en combate los primeros lugares, en los que muestran al aterrorizado enemigo su fiereza y brutalidad. También saben todos que su vida será más corta.

En 1490, según algunas fuentes cerca de la veintena de años, Moctezuma ya ha hecho su primera entrada en el campo de batalla, cuando participa, como recluta, en la campaña de Cuauhtla, en la que demuestra ser un guerrero bravo y valiente, llegando él mismo a capturar prisioneros. Este hecho valeroso le vale para ser presentado ante el soberano con todos los honores, siendo agasajado y recibiendo el derecho a vestir como los guerreros destacados, con ropas de vivos colores, el cuerpo teñido de amarillo y la cabeza a su vez tintada de rojo y amarillo. Sus prisioneros son sacrificados en el templo, lo que le proporciona un inmenso respeto y admiración ante sus compañeros.

Aparte de en ésta, Moctezuma interviene en muchas otras campañas, que su tío, el *huey tlatoani* Ahuitzotl, emprende con ánimo expansivo. Así, los guerreros mexica se internan por la Huasteca y conquistan Tricoac y Ayotochcuitlatlan, haciendo avanzar las fronteras hasta muy al norte. Por el suroeste, el poderío mexica se extiende ahora, tras las conquistas de Tlacotepec y Panotlan, a lo largo de una buena porción del litoral del Pacífico, entre Acapulco y Zacatulan. Las campañas de Ahuitzotl por el occidente de Oaxaca consiguen por segunda vez la conquista de Otlapan en 1486, y continúan el avance hacia Coyolapan, Teopuctlan y Huehuetlan. Sin embargo, la expedición más gloriosa y arriesgada será la que lleve a los ejércitos aztecas en dirección sur, hacia los ricos y lejanos territorios del Xoconochco. Saliendo de Xaltepec, la expedición, patrocinada interesadamente por los ricos comerciantes —*pochteca*—, llega a la costa de Xochitlan y Tehuantepec, tomando Amaxtlan, Chiapa de Corzo y Comitlan, hasta alcanzar los confines de la actual Guatemala, donde los mercaderes pueden proveerse de las preciosas plumas de *quetzal*, por las que recibirán buenos beneficios en Tenochtitlan.

Ciertamente, se trata del gran período de esplendor azteca, y de él participa Moctezuma, quien se distingue en las batallas en las que interviene. Por fin es hecho *quáchic*, gracias a sus proezas en el combate. Pronto, sin embargo, recibirá un honor aún mayor y más importante, pues será designado *tlacochcalcatl* por su tío, es decir, se convierte en uno de los cuatro grandes dignatarios del reino y consejero del *huey tlatoani*. La elección lleva aparejada de hecho su designación como candidato al trono, pues el cargo sólo es ejercido por los parientes directos del soberano, quienes pueden en el futuro ser el llamados a sucederlo.

Los éxitos militares de Moctezuma se suceden. Personalmente participa en una expedición de castigo contra algunas gentes del occidente de México que han asesinado a unos mercaderes mexica. Entre los aztecas, los mercaderes que comercian con lugares y pueblos alejados son personajes muy respetados y gozan de gran prestigio, pues llevan a Tenochtitlan productos exóticos y suntuarios. Profesión de riesgo, a cambio pueden llegar a formar parte incluso de la nobleza, si consiguen llevar a buen puerto varias expediciones y acumular las riquezas suficientes para hacer *una fiesta o banquete a todos los mercaderes principales y señores, porque tenía por cosa de menos valor murirse sin hazer algún espléndido gasto para dar lustre a su persona y gracias a los dioses que se lo havían dado, y contento a sus parientes y amigos, en especial a los principales que regían a todos los mercaderes* (Sahagún).

27

Estos mercaderes o *pochteca* eran apoyados desde el trono, pues no sólo proveían a la nobleza azteca de productos como plumas de quetzal, cacao, piedras preciosas o algodón, sino que podían, con su nutrida y bien defendida expedición, emprender conquistas en nombre del soberano e incluso trabajar como espías. Su importancia estratégica, como verdadera fuerza de choque y avanzadilla, no pasó desapercibida para Ahuitzotl, quien llegó a patrocinar algunas expediciones comerciales y a emprender campañas militares para favorecer a los mercaderes. Protegidos desde el trono,

> *acontecía muchas vezes que los enemigos los conocían y los prendían y matavan, y si uno, o dos, o más se podían escapar ivan a dar mandado al señor principal de la tierra, como Motecuçuma o otros sus antecessores, y llevavan algunas de aquellas riquezas que havían en aquella tierra y presentávan-las al señor y contávanle lo que havían passado y dávanle la relación de la tierra que havían visto* (Sahagún).

El ataque contra los comerciantes era tomado por los aztecas como una declaración de guerra, motivo suficiente para iniciar una contienda. En cierta ocasión, durante el reinado de Ahuitzotl, *los mercaderes entraron a tratar en las provincias de Ayotlan y Anáoac. Los naturales de aquellas provincias los detuvieron allí como captivos cuatro años en el pueblo que se llama Cuauhtenanco (...), los tenían cercados y peleavan contra ellos* (Sahagún). Asediados, los mercaderes consiguieron defenderse del acoso al que eran sometidos, logrando incluso capturar a algunos de sus enemigos. *Dos moços de ellos* [de los comerciantes] *se escaparon y binieron* [a dar] *notiçia a sus tierras y de allí bienen a Mexico Tenuchtitlan a dar abiso* [a Ahuitzotl] *del susçeso hecho de sus basallos los mercaderes, tratantes* (Tezozomoc).

La noticia del ataque a los comerciantes provocó una rápida respuesta por parte de Ahuitzotl, quien

> *embió luego en su socorro a Motecuçoma, que aún no era señor sino capitán, el cual se llamava tlacochcálcatl, con mucha gente. Y yendo por el camino con su gente encontró con quien le dixo que ya el pueblo de Ayotlan era vencido; ya le havían tomado los puchtecas. Y también, oyendo los puchtecas cómo iba en su socorro, saliéronle al camino y dixéronle: «Señor tlacochcálcatl, vengáis en hora buena. No es menester que vais más adelante, que ya la tierra está pacífica y no tene-*

mos necesidad de socorro, porque nuestro señor Uitzilopuchtli la tiene en su poder. Ya los mexicanos mercaderes han hecho su hecho.» Oído esto, tlacochcálcatl se bolvió con ellos. Después de esta conquista ha estado el camino seguro y libre para entrar a la provincia de Anáoac, sin que nadie impida, ni los tzaputecas, ni los anaoacas (Sahagún).

La frustración de Moctezuma debió ser grande. Ambicioso, no sólo los comerciantes habían podido ellos mismos romper el asedio al que estaban siendo sometidos desde hacía cuatro años, sino que no habían necesitado la ayuda de Moctezuma y su ejército para someter a sus enemigos y, de paso, abrir el camino hacia la rica Guatemala y sus exóticos productos. Moctezuma había perdido una gran oportunidad de ganar méritos en su camino hacia el trono, una buena ocasión para colocarse con ventaja con respecto a sus competidores en la larga carrera por la sucesión. Pero el camino, desde luego, había sido ya cuidadosamente trazado.

III. EL PRÍNCIPE-SACERDOTE

El joven Moctezuma había nacido en el seno de una familia noble y como tal no se había descuidado su educación militar. Pero era también propio entre las familias privilegiadas que sus hijos varones recibieran una enseñanza acorde con la función política que en el futuro deberán desarrollar. Los jóvenes nobles debían aprender a parlamentar y desenvolverse en público; habían de desarrollar un alto sentido de la moral y la ética aztecas; estaban obligados a observar una conducta intachable.

La corrección en el comportamiento reviste una importancia primordial a los ojos de la clase dirigente, siendo objeto de toda una literatura didáctica, los *huehuetlatolli* o «palabras de los ancianos», esto es, un código de conducta transmitido oralmente de generación en generación. El ideal de persona expuesto en estas pláticas refleja un hombre con autodominio, resistente a las pasiones, abnegado y moderado en sus actos. Las «palabras de los ancianos», que todo azteca escucha desde la más tierna infancia, determinan la conducta que una persona debe seguir ante sus superiores y ante sus inferiores, en los espacios públicos y privados, en cualquier circunstancia de la vida. El supremo ideal de hombre y mujer nahuas dice de ellos que deben ser «dueños de un rostro, dueños de un corazón»:

> *El hombre maduro:*
> *corazón firme como la piedra,*
> *corazón resistente como el tronco de un árbol;*
> *rostro sabio,*
> *dueño de un rostro y un corazón,*
> *hábil y comprensivo*

(Informantes de Sahagún, citado por León-Portilla).

La educación recibida en el *calmecac* incluye enseñanzas que pertenecen exclusivamente a la clase dirigente, ya sean guerreros o sacerdotes. Los jóvenes aprenden escritura, ciencia, historia, música. A juzgar por las fuentes, Moctezuma recibió una educación exquisita, tanto en el plano físico como en el intelectual y el moral. Suave en el hablar, elegante, refinado, de perfectos modales, comedido y sagaz, grave y virtuoso, a Moctezuma quienes le traten en el futuro le describirán como un soberano adornado con todas las virtudes que deben definir a un príncipe mexica: reflexivo, severo, formal, riguroso. El *tlatoani* infunde respeto entre sus súbditos y admiración entre los extraños, y así cuando

> *salía fuera de su palacio, salían con él muchos señores y personas principales, y toda la gente que estaba en las calles por donde había de pasar se le humillaban y hacían profunda reverencia y grande acatamiento sin levantar los ojos a le mirar, sino que todos estaban hasta que era pasado, tan inclinados como frailes en* gloria patri. *Teníanle todos sus vasallos, así grandes como pequeños, gran temor y respeto, porque era cruel y severo en castigar* (Benavente *Motolinía*).

Cuando sea *huey tlatoani*, Moctezuma será consciente del puesto y rango que desempeña, la máxima autoridad del Estado, y de la pesada herencia que ha recibido de sus antepasados. Ambicioso, desde muy pronto se ha preparado para llegar a lo más alto, se ha esforzado por aprender de sus maestros el arte de la guerra, la lectura de los códices, la interpretación de las estrellas. Ha aprendido a hablar en público como corresponde a su rango: con seguridad y firmeza. Él es el *tlatoani*: el que habla, quien tiene la palabra, quien dice la verdad. Sus discursos, en las ocasiones solemnes en que debe pronunciarlos, son alabados por su locuacidad y viveza, por su orden y elegancia, por su profundidad.

Quienes lo describen dicen de Moctezuma que es hombre de gran cultura y vastos conocimientos, adquiridos no sólo en el *calmecac*, sino fruto también de su dilatada experiencia como guerrero. A lo largo de las campañas en las que ha participado, ha conocido países y paisajes distintos, desde las frías y altas montañas del centro hasta las cálidas tierras del sur. Ha tratado con gentes diferentes, desde quienes buscan con halagos el favor del poderoso hasta los que se acercan a él con aviesas intenciones. Como comandante, ha aprendido la necesidad de ser respetado y temido a un tiempo, la obligación de mostrar la fuerza con el débil y la impiedad con el enemigo. Sabe, también, que el poder del gobernante reside en la ley, que ha de hacer cumplir a rajatabla, y que la ley se apoya en la tradición, las enseñanzas de quienes le precedieron.

Su carácter es duro, inflexible, elitista. Ama la justicia por encima de todo, subordinando el bien individual al colectivo. Valora la buena educación y el respeto a la costumbre y las leyes más que ninguna otra cosa. Moctezuma es respetuoso con quien se comporta de manera educada, con quien, como él, ha recibido una educación superior en el *calmecac*. Desde niño ha sido, como todos los hijos nacidos en el seno de una familia de la nobleza, separado del contacto ordinario con la masa del pueblo. Uno de los muchos jóvenes descendientes de la familia gobernante, como joven guerrero estaba obligado a habitar con el resto en una dependencia exclusiva, alejada del contacto con los plebeyos. Su carácter es altivo y clasista, y así se muestra intolerante y exigente con quien no guarda las formas debidas. Al poco tiempo de tomar posesión de su cargo, una de sus primeras disposiciones deja ver ya el carácter elitista del nuevo soberano. Moctezuma hará que acudan al palacio a servirle los hijos de los nobles y principales, expulsando de paso a los plebeyos de la función pública. La medida, ciertamente, como más adelante se verá, una estrategia política encaminada a tomar las riendas de un Estado en peligro de descomposición y a apartar del poder a los miembros de la clase plebeya que su antecesor había promocionado, refleja también el deseo de Moctezuma de instaurar un poder fuertemente centralizado, en el que el soberano es a la vez respetado y temido y su autoridad no deja un resquicio para la rebelión. Para ello, y como manifestación de la magnificencia de su corte, se hace rodear de jóvenes nobles «(...) *de obra de diez a doze años y de este tamaño*», y dio *una bara a conforme*, «*para ser yndustriados <en>señados a toda ynclinación buena y rretórica muy eloquente, como dezir pares del rrey*» (Tezozomoc).

Moctezuma ordena también que cuiden todos los días del templo y la estatua de Huitzilopochtli, rezándole de noche antes de amanecer, barriendo los suelos y haciendo penitencia, y *de allí benir al palaçio rreal y antes que amanesca estar de todo punto barrido y rregado. Y tener gran cuenta con sus bestidos y calçados*. Los muchachos, hijos de nobles, han de manejarse con total reverencia y humildad: han de servir la bebida al soberano, ofrecerle la comida, rosas y perfumadores, y *xamás miralle a la cara so pena de muerte*. Otra tarea reservada para los jóvenes cortesanos es la de encargarse del cuidado de las mujeres, siempre desde la máxima rectitud, como les advierte, en nombre de Moctezuma, el *cihuacoatl*, el segundo en la jerarquía:

33

> «Mirá que en nada erréis, por<que> luego a la ora seréis
> consumidos sin <que> lo sepa ánima biuiente y después todo
> u<uest>ro linaxe desterrados, afrentados, sus casas derriba-
> das y aun, si traiçión alguno cometiere contra alguna muger de
> palaçio, las casas de buestros padres serán destruidos y ellos
> totalmente y sembradas de sal las casas».

Firme, duro y elitista, exige que todo el mundo acate sus disposiciones y su persona por encima de cualquier otra cosa. El carácter estricto,
ciertamente despótico del ya soberano, se manifiesta en la última adver-
tencia que hace a sus jóvenes sirvientes, en la que les dice

> que, sobre todas cosas, le tratasen berdad y no le trastocasen
> palabras, ni biniesen corriendo ni sudando ni tartamudeasen,
> y [tengan] fidelidad, criança, bergüença, temor, cuidado en su
> casa, so pena que el que en alguna le coxiese le abía de flechar
> luego y <en>terrallo <en> un rrincón.

En el futuro sus detractores lo acusarán de cruel y arbitrario, especialmente quienes lo culpen de haber dejado perecer el Imperio a manos
españolas sin oponer ninguna resistencia. No será la única acusación, ni
la más grave. Se le tacha también de cobarde, de no tener la talla moral
ni la inteligencia suficientes para detener o al menos intentar frenar el
desmoronamiento azteca. Se le juzgará de orgulloso y ambicioso, de intri-
gante, de inconstante... gravitando siempre sobre estas acusaciones su
confusa participación en los últimos momentos del Imperio mexica:

> y no sintieron mucho su muerte [los mexicanos], porque ya
> estaban indignados contra él por el favor grande que hacía a
> los españoles, y por la pusilanimidad con que se dejó prender
> y tratar de ellos (Ixtlilxochitl).

Desde el lado contrario, los cronistas españoles, especialmente quienes lo trataron, dicen de él que es un personaje amable y generoso, ala-
ban su magnificencia y rectitud y se dejan deslumbrar por el respeto y aún
temor que despierta entre sus súbditos. Pero, sin duda, esta visión también aparece condicionada por el punto de vista del observador, pues el
enaltecimiento del enemigo agranda el papel desempeñado por los protagonistas de su caída, en una lucha desigual que será multitud de veces
glorificada y ensalzada por las fuentes prohispanas.

Los escasos cientos de hombres que componen la hueste española que emprenderá la conquista de México son la mayoría muy jóvenes, pobres y pertenecientes a la baja nobleza. Junto a su propia ansia por enriquecer y alcanzar la fama, llevan consigo la tradición de la España medieval, en la que el señor feudal es un caudillo a quien se debe obediencia y fidelidad y el rey una figura lejana y difuminada. Ninguno conoce la corte sino por referencias distantes, lo que estimula su imaginación. A la mayoría de ellos, si no a todos, el boato y el lujo cortesanos se les antoja inaccesibles. Por esto, cuando tengan ocasión de ver en primera persona a Moctezuma, sus palacios, sus concubinas, sus sirvientes, todo el esplendor y suntuosidad de la corte mexica, ciertamente no podrán menos que sentirse deslumbrados. Moctezuma es visto como un soberano de un lugar exótico, como aquellos de los que han oído hablar en los relatos fantásticos que circulan por Europa, que continúan una larga tradición medieval de fascinación por las cortes orientales y que se incrementan más aún después del descubrimiento realizado por Colón. Sorprende a los conquistadores la gravedad del soberano, su finura, su elegancia, la reverencia y sumisión con que es tratado por sus subordinados. Les admira, en fin, su generosidad; no en vano colma de regalos a quienes, de hecho, son sus captores, hasta el punto de que alguno de ellos, en cierta ocasión, reprenderá a Cortés por un desaire hecho a Moctezuma:

> «Señor, temple su ira, y mire cuánto bien y honra nos ha hecho este rey destas tierras, que es tan bueno, que si por él no fuese ya fuéramos muertos y nos habrían comido, e mire que hasta las hijas le han dado» (Díaz del Castillo).

Duro o amable, cruel o recto, elitista o generoso, lo cierto es que Moctezuma no muestra que sus actos sean injustos o caprichosos. Antes bien, educado en el respeto a la tradición, a las leyes y a la jerarquía, exige a todos, nobles y plebeyos, el acatamiento más absoluto y una rectitud extrema. Moctezuma conoce muy bien la historia del pueblo mexica, sabe de las dificultades que ha debido pasar, de los años de luchas y enfrentamientos con los vecinos y rivales. También debe saber lo que se dice acerca de la temprana muerte de uno de sus antecesores, su tío Tizoc, un soberano pusilánime y dubitativo, del cual *sobre la causa de su muerte hay variedades de opiniones entre los autores; porque unos dicen que los suyos lo mataron secretamente, y otros que le dieron bocado* [veneno] (Ixtlilxochitl).

Inteligente, su política y pensamiento irán siempre encaminados a fortalecer el papel del soberano, evitando toda intromisión en la toma de decisiones, toda división que pueda ser el germen de un futuro acto de rebeldía. Sus decisiones no son en absoluto espontáneas o fruto del capricho de un déspota. Antes bien, su extensa formación, su vasta experiencia como guerrero y como sacerdote, hacen de él un hombre reflexivo, cuidadoso de sus obras y sus palabras, sabedor de las consecuencias de sus medidas. Cuando llegue al trono mexica, cuidará con especial dedicación de los asuntos de gobierno, procurando estar al tanto de todo lo que ocurra en sus territorios y a sus subordinados. Durán dirá de él que

> *era tan celoso de que cumpliesen y guardasen sus leyes que muchas veces se disfrazaba y, disimulando, andaba acechando a sus oficiales (...) todo para ver si se descuidaban o dejaban vencer en algo, y si les cogía en algo de esto, los mandaba matar sin remedio.*

Pero Moctezuma no se limita a exigir el cumplimiento de las normas, sino que él mismo se lo impone, siendo el primero en respetar la ley. Tezozomoc cuenta cómo, siendo *tlatoani*, Moctezuma salió de paseo y entró sin compañía en una huerta para cazar pájaros con su cerbatana. Al ver las mazorcas de maíz le apeteció arrancar una, intentando en vano buscar al dueño para que le concediera su aprobación. Probablemente escondido, temeroso de ver a tan alto personaje, el dueño de la huerta se envalentonó y le salió al paso, reprochándole el robo: «*Señor, tan alto y tan poderoso, ¿cómo me lleuáis dos maçorcas mías hurtadas? ¿Bos, señor, no pusistes que el que hurtare una maçorca o su balor que muriese por ello?*». Moctezuma respondió afirmativamente y quiso devolver las mazorcas, respondiéndole el campesino que no era necesario, pues su campo, él mismo y hasta su familia le pertenecen. Complacido, Moctezuma le regaló su manto.

Al volver junto a su séquito, preguntado por su manto, respondió que se lo habían robado, pero ordenó que nadie se moviese en busca del ladrón. A la mañana siguiente, ya en palacio, mandó buscar al campesino. Éste, al ver que lo buscaban, *con gran temor quiso huir*, aunque no le quedó más remedio que presentarse en palacio. Al verle, Moctezuma acusó ante sus cortesanos a aquel campesino de haberle robado el manto, aunque acto seguido los calmó y dijo: «*Este miserable es de más ánimo y fortaleza que nenguno de quantos aquí estamos, porque se atreuió* [a decir], <*que*> *yo abía quebrantado mis leyes y dixo la berdad. A estos tales quiero yo* <*que*> *me digan las berdades y no rregaladas palabras*». En recompensa por su atrevimiento, Moctezuma otorgó al campesino un señorío en Xochimilco, considerándolo desde entonces como un familiar suyo.

36

La educación religiosa

En el pensamiento y carácter de Moctezuma aparece también, nítidamente visible, una fuerte religiosidad. En el *calmecac* no sólo ha aprendido a leer y memorizar los grandes libros religiosos; también se le ha enseñado cuáles son los dioses a los que adora el pueblo azteca, cómo deben ser festejados y de qué manera influyen sobre los hombres y las cosas. Moctezuma ha aprendido también a ofrecerles su propia sangre en rituales de penitencia, punzándose las orejas con puntas de *maguey*, a realizar ayunos y vigilias, a pintar su cuerpo de negro, a bailar y cantar en las fiestas. Son muchas las horas que pasa en el templo completamente solo, reflexionando, pensativo, algo que hará repetidamente a lo largo de su vida, especialmente en los momentos críticos. La mayoría de las fuentes coinciden en señalar su carácter espiritual, místico, fervientemente religioso. Para muchos, incluso, rozó el fanatismo, poniendo el acento en que fue su confianza ciega en la veracidad de los relatos religiosos —que hablaban del regreso a México del dios Quetzalcoatl desde algún lugar indeterminado en el este—, la causa que provocó la caída del Imperio mexica, al identificar a la deidad con los españoles.

Fanático o simplemente devoto, lo cierto es que Moctezuma, que se ha educado no sólo como guerrero sino también como sacerdote o *teopixqui*, ha recibido una educación teológica muy especializada y elitista, lo que explica, sin duda, muchas de sus acciones posteriores. Durán señala que la noticia de su nombramiento como nuevo tlatoani le sorprenderá en el templo de Huitzilopochtli, *en un retraimiento que él allí tenía señalado, donde siempre estaba recogido.* Todas las historias escritas sobre la conquista española de México hablan de los *hechos prodigiosos* que se produjeron en los años inmediatamente anteriores a la llegada de los españoles —aparición de un cometa en el cielo, caída de un meteorito, de un rayo, aparición de animales extraños, etc.—, que son identificados con la mentalidad de la época como señales o presagios de lo que habrá de suceder. Moctezuma se afana por conocer el significado de tales fenómenos, busca explicaciones, quiere saber qué relación guardan con las historias y creencias que ha escuchado desde que nació.

Su fuerte religiosidad es destacada por todas las crónicas e historiadores como algo extraordinario, fuera de lo común. Tomándolo como un elemento a favor o en contra del personaje, todos los autores coinciden en señalar que Moctezuma acudía con frecuencia a los templos, realizaba ayunos y penitencias, hacía sacrificios y ofrendas, participaba fervientemente en los rituales y fiestas religiosas de su pue-

37

blo. Ciertamente, su pensamiento religioso debió ser, con toda seguridad, acorde con la mentalidad de su época y su pueblo y, por tanto, nada excepcional. Aztecas —y también españoles— participaban de sendos sistemas culturales en los que la religión era un elemento de primer orden en la vida diaria, sin la cual ésta no podía ser entendida. Era absolutamente normal participar en todos los ritos del ciclo de vida, así como la creencia de estar viviendo en un mundo regido por las fuerzas sobrenaturales, hasta el punto de que afirmar lo contrario hubiera sido tachado de locura o herejía. Para los aztecas, como había sucedido con todos los pueblos mesoamericanos que los habían precedido o que eran sus vecinos, la religión formaba parte indisoluble de la vida de todos y cada uno de los individuos. Nada tiene de extraño, pues, que Moctezuma manifestara públicamente su fervor religioso, su devoción por los dioses, que participara en las celebraciones rituales del pueblo mexica, más aún teniendo en cuenta su función como gobernante y su papel central en un sistema político y religioso en el que él mismo ocupaba un lugar destacado y que, en gran medida, se sostenía con ayuda de la religión.

Aunque austero e imbuido de una profunda espiritualidad, Moctezuma sin embargo gusta de participar en las fiestas y celebraciones, en las que interviene no sólo con el entusiasmo del devoto, sino con placer y deleite. Al soberano le gustan la danza y el canto de los rituales religiosos, pero también le agrada participar en el juego de pelota o *tlachtli*, el viejo juego de larga tradición en Mesoamérica y de significación religiosa en el que los jugadores deben introducir una pelota de hule en los dos aros laterales de la cancha, utilizando únicamente codos y caderas. Incluso durante su cautiverio *a este juego llevaba Moctezuma a los españoles, y mostraba divertirse mucho en verlo jugar, y ni más ni menos que mirarlos a ellos jugar a los naipes y dados* (Gómara).

Moctezuma es sacerdote, pero también es guerrero, y como tal gusta de la competición. Ésta ha estado siempre presente en su vida, desde que fuera enseñado a combatir para capturar prisioneros que ofrecer para el sacrificio. También durante su prisión jugará con sus captores:

> *algunas veces jugaba el Montezuma con Cortés al totoloque, que es un juego que ellos así le llaman, con unos bodoquillos chicos muy lisos que tenían hechos de oro para aquel juego, y tiraban con aquellos bodoquillos algo lejos a unos tejuelos que también eran de oro, e a cinco rayas ganaban o perdían ciertas piezas e joyas ricas que ponían* (Díaz del Castillo).

Orgulloso y competitivo, sigue el cronista relatando el enfado de Moctezuma al darse cuenta de las trampas de Pedro de Alvarado, quien llevaba cuenta de los puntos del jefe de la hueste española, pues *siempre tanteaba una raya de más de las que había Cortés*.

Acostumbrado al ejercicio físico que realiza en el juego de pelota, la danza o las largas jornadas de caza, Moctezuma es descrito como un *varón muy esforçado, muy belicoso y diestro en las armas* (Sahagún), pues *tiraba bien con arco a las fieras, y con cerbatana, de la que era un gran tirador y certero, a los pájaro* (Gómara).

Austero en los cotidiano, sus comidas son frugales, aunque sorprenden por su variedad y calidad:

> *Henchían toda la sala, en rengleras, de diversas aves, así cocidas como asadas y guisadas de otras diversas maneras, empanadas muy grandes de aves, gallos y gallinas, y esto en cantidad; codornices, palomas y otras aves de volatería. Otro sí, le traían pescados de río y de la mar de todas especies, así muchas maneras de frutas, así de las que se criaban allá cerca de la mar como de acá de tierra fría* (Aguilar).

Las mujeres de Moctezuma

En el terreno sexual, sin embargo, los datos acerca de la vida de Moctezuma se muestran menos claros. En el *calmecac* le fue inculcado el valor de la castidad, de la moderación en todos los terrenos, incluido el carnal. De mayor, ya *huey tlatoani*, su comportamiento en este aspecto, según algunas fuentes, se regirá por la discreción, pese a tener *muchas mujeres por amigas, e hijas de señores*, pues *cuando usaba con ellas era tan secretamente, que no lo alcanzaban a saber sino alguno de los que le servían* (Díaz del Castillo).

La poligamia era normal entre los aztecas, especialmente en las clases más poderosas. Los nobles tenían numerosas mujeres, aunque no todas gozaban del mismo rango y consideración, variando en función de la procedencia familiar de cada una y el carácter o formalidad con la que se había contraído el matrimonio. El asunto de la poligamia o, mejor dicho, poliginia, llamó la atención de los cronistas, educados en un mundo completamente diferente, en el que rigen los valores del ámbito cristiano y cuestiones como el amancebamiento o el adulterio son perseguidas con todo rigor.

No son pocas las fuentes que coinciden en señalar que Moctezuma tuvo muchas esposas y concubinas, de las que *tomaba para sí (...) las que bien le parecía; las otras las daba por mujeres a sus criados y a otros caballeros y señores* (Gómara). Esta práctica, ciertamente usual, de regalar hijas o hermanas como forma de otorgar recompensas o ganar favores y lealtades, será también utilizada por Moctezuma cuando se encuentre cautivo de los españoles. Cortés mismo recibirá el ofrecimiento, así como muchos de los miembros de su hueste, pues *a todos nos daba joyas, a todos mantas e indias hermosas* (Díaz del Castillo). Este mismo autor, creyendo merecer regalos y mercedes en atención a sus méritos, ya que *siempre que estaba en su guarda o pasaba delante dél con muy grande acato le quitaba mi bonete de armas*, le hará llegar a Moctezuma la petición de *que me hiciese merced de una india hermosa; y como lo supo el Montezuma, me mandó llamar y me dijo: «Bernal Díaz del Castillo, hanme dicho que tenéis motolínea* [carencia] *de oro y ropa; yo os mandaré dar hoy una buena moza; tratadla muy bien, que es hija de hombre principal (...)»*. Contento se mostró el soldado, pues escribirá: *la que me dio a mí era una señora dellas* [cortesana de Moctezuma], *y bien se pareció en ella, que se dijo doña Francisca.*

El médico toledano Francisco Hernández señala que, en las dependencias de palacio reservadas para las mujeres de Moctezuma, *mil o más habitaban en ellas o, según dicen otros, tres mil, si se cuentan las esclavas y las criadas.* Oviedo dice, probablemente exagerando, que tuvo 4.000 esposas secundarias o concubinas, cifra que puede deberse a la suma de todas las mujeres que estaban al servicio del *tlatoani*, además de la práctica habitual de cada esposa de hacerse acompañar de sirvientas y esclavas. Por otra parte, era normal que el nuevo soberano, una vez entronizado a la muerte de su antecesor, tomase a su cargo las esposas de éste, así como que altos dignatarios y nobles le ofreciesen constantemente a sus hijas en matrimonio, para ganar de esta forma su estima. En este sentido, el matrimonio, en Mesoamérica como en otras partes, era un instrumento político, pues permitía sellar una alianza, incorporar territorios o recompensar una lealtad y acatamiento.

El soberano de Tenochtitlan elegía para sí mismo una mujer de su propia familia, generalmente primas, pues se consideraba que no había otro linaje superior al suyo, siendo sus hijos quienes podrían en el futuro acceder al trono. Por una cuestión política, el *tlatoani* mexica también elegía esposas entre las mujeres de los linajes reales de las ciudades aliadas, Texcoco y Tlacopan, aunque los hijos habidos de estas uniones no estaban destinados a heredar el trono, pues procedían de un linaje inferior. La regla de sucesión indicaba que sólo los hijos de la esposa principal podían suceder al padre, aunque hubo algún caso excepcional, como el del *huey tlatoani* Itzcoatl, cuya madre fue una concubina de humilde origen.

Desgraciadamente, es muy raro ver en los anales o relaciones de los soberanos aztecas la más mínima referencia al nombre de sus esposas, ni siquiera cuando eran las madres de un *huey tlatoani*. En las genealogías, se hace hincapié en la descendencia por vía paterna, obviando la línea femenina, lo que indica que el papel de la mujer como madre del *tlatoani* parece ser mínimo, pues casi nunca se cita a ninguna de ellas. Las crónicas se limitan a enumerar los reinados de los distintos reyes de manera cronológica, a describir los hechos que sucedieron en cada uno, sus relaciones con otros reinos, las expediciones, las alianzas y toda información a la que el autor ha tenido acceso y considera digna de mención. Generalmente se obvia el nombre de las esposas de los soberanos, probablemente porque fueron desconocidos para los autores. En el mejor de los casos, es posible encontrar el nombre de algunas de ellas que el cronista considera principales o *legítimas*, aunque lo más frecuente fue que, conforme a la mentalidad cristiana del autor, se indicase que el soberano tenía una sola esposa principal y muchas otras secundarias o concubinas. Por último, es necesario señalar la tremenda confusión que ofrecen las crónicas, pues las fuentes muestran discrepancias a la hora de citar el nombre de alguna esposa o madre, ofrecen nombres distintos que acaso correspondan a la misma persona y son frecuentes los errores y las inexactitudes.

El cronista Bernal Díaz del Castillo dice que Moctezuma tuvo *dos grandes cacicas por sus legítimas mujeres*, es decir, dos esposas principales, aunque no cita sus nombres. Ixtlilxochitl afirma que, *según común opinión y verdadera relación*, la esposa principal de Moctezuma se llamaba Tayhualcan y era hija del rey Totoquihuatzin de Tlacopan. El matrimonio de un príncipe azteca con una hija del soberano de Tlacopan tiene una significación política especial, pues contribuye a fortalecer la unión entre ambas ciudades miembros de la Tripe Alianza, aunque más parece ser algo testimonial que efectivo, dado el papel menor que Tlacopan desempeña en la coalición.

Mucha mayor importancia revestía el casamiento de un príncipe o soberano mexica con una princesa de sangre tolteca. La ciudad y la cultura de Tula, desarrolladas básicamente entre los siglos IX y XII d.C., quedarán para siempre entre los pueblos del mundo náhuatl posterior (aztecas, tlaxcaltecas, texcocanos, etc.) como una referencia mítica, símbolo de perfección artística, material e intelectual:

*Eran tan hábiles en la astrología natural los dichos tultecas
que ellos fueron los primeros que tuvieron cuenta y la compu-
sieron de los días que tiene el año, y las noches, y sus horas (...)
Y estos dichos tultecas eran buenos hombres y allegados a la
virtud, porque no dezían mentiras (...) Eran muy devotos y
grandes oradores; adoravan a un solo señor que tenían por
dios, al cual le llamavan Quetzalcoatl* (Sahagún).

Los textos aztecas hablan de los toltecas como constructores de grandes palacios, creadores de vastos conocimientos culturales y científicos,
magníficos pintores y escultores. Pero entre sus mayores atribuciones,
según los aztecas, está la de ser patria del culto al gran dios Quetzalcoatl,
la *Serpiente Emplumada*, deidad creadora de la nueva humanidad, quien
enseña a los hombres a pulir el jade, a tejer el algodón, a hacer mosaicos
de plumas, a confeccionar el calendario y observar las estrellas.
Quetzalcoatl es, por todo ello, el dios de la civilización, un ser dador de
la cultura, benéfico y magnánimo.

Para los aztecas, pues, Tula y lo tolteca simbolizan un pasado esplen-
doroso del que ellos mismos se manifiestan —ciertamente de manera propagandística— herederos, cuyo legado reivindican para sí y exhiben con
orgullo ante el resto de los pueblos. Por esta razón, desde la formación del
Imperio los soberanos aztecas inician la práctica de enlazar en matrimonio
con una princesa tolteca lo que, a la vista del resto de las naciones del Valle
de México, les otorga legitimidad, pues nada menos que el gran dios
Quetzalcoatl está de su parte. Para Moctezuma, la princesa tolteca elegida
fue Miahuaxochitl, hija de Ixtlilcuechahuac, rey de Tula y medio hermano
de Moctezuma, aquel que muriera combatiendo en Huexotzinco.

Otro matrimonio mencionado en las fuentes es el que contrajo
Moctezuma con la hija del rey de Ecatepec, a quien sucedió tras su muerte.
Esta unión, celebrada durante el reinado de Ahuitzotl, reportaba varias
ventajas políticas, siendo normal que los príncipes mexicas casaran con
una princesa del lugar, pues de esta forma controlaban un territorio fron-
terizo y también el trono de la ciudad. Personalmente, a Moctezuma, en
ese momento uno más entre muchos otros príncipes aztecas, la unión le
procura el favor del *tlatoani* de Tlacopan, pues Ecatepec forma parte de
su esfera de influencia. Y el *tlatoani* de Tlacopan es, en tanto que ciudad
aliada de Tenochtitlan, miembro del consejo elector del futuro soberano
de Tenochtitlan, lo que convierte este enlace en una apuesta de futuro.

Un tercer matrimonio citado en las crónicas es el que unió a
Moctezuma con una hija del *cihuacoatl* Tlilpotonqui. En este caso, la

unión del soberano con el segundo en la jerarquía tiene como objetivo reforzar los lazos entre ambas cabezas del Estado, al tiempo que simboliza la unión del *tlatoani* con Tenochtitlan, por cuanto el *cihuacoatl* es el representante y la máxima autoridad de la capital y sus habitantes.

En fin, muy poco más es lo que se sabe acerca del resto de las esposas con las que debió casarse Moctezuma. Graulich cita en su biografía que la verdadera esposa principal del *tlatoani* debió ser una hija de Ahuitzotl, basándose en que dos de sus hijos, Axayacatl y su hermana Tecuichpo —bautizada tras la Conquista como Isabel—, fueron reconocidos como *legítimos*. Por último, también en su biografía, Burland menciona dos matrimonios concretos, aunque sin citar las fuentes: el primero, concertado por Ahuitzotl, con una bella dama perteneciente a un antiguo linaje noble, llamada Tezalco, con quien tendrá una hija conocida como Tecuichpo (¿acaso la misma que cita Graulich?); el segundo, con una princesa tolteca, Acatlan. Tezalco y Acatlan, concluye Burland, serán las dos esposas principales del *tlatoani*.

Los hijos

Pero si difícil es conocer el nombre de las esposas de Moctezuma, mayor dificultad reviste el apartado referente a los hijos, pues hay que tener en cuenta varias consideraciones. La primera es el alto número de esposas y concubinas que tuvo Moctezuma, como hemos visto, y los escasos datos ofrecidos por las crónicas. La segunda, que es extremadamente difícil saber cuáles de entre los numerosos hijos eran considerados *legítimos*. La tercera, y última, que los hijos apenas son citados salvo que desempeñen un papel especial o de relevancia, lo que en muchos casos ocurrirá a la muerte de Moctezuma. Vayamos por partes.

Las fuentes coinciden en señalar que los soberanos aztecas tenían un alto número de hijos, lo que es lógico, dada la gran cantidad de esposas y concubinas con que se rodeaban. Así, Oviedo indica que el padre de Moctezuma, Axayacatl, tuvo 150 hijos. Referido a nuestro personaje, Gómara asevera que *(...) dicen que hubo vez que tuvo ciento cincuenta* [mujeres] *preñadas a un tiempo, las cuales, a persuasión del diablo, abortaban, tomando cosas para expulsar a las criaturas, o quizá porque sus hijos no habían de heredar.* Cierto o no, el caso es que la prole de los soberanos era abundante, y que debieron ser frecuentes tanto las muertes de algunas esposas durante el parto como de los hijos durante su infancia y juventud. En algunas de estas muertes, en especial las de jóvenes príncipes, pudo haber intencionalidad política, dado que el reino podía ser heredado por un hermano del *tlatoani*. A este respecto, baste recordar cómo el cronista Ixtlilxochitl acusaba a Moctezuma de ser responsable de la muerte de su hermano, Macuilmalinalli.

Existe coincidencia en indicar que Moctezuma tuvo muchos hijos, aunque no es posible precisar la cantidad y, ni mucho menos, el nombre de todos ellos, ni tan siquiera saber quiénes eran los considerados *legítimos*. Al respecto, Gómara recoge en su crónica informaciones diversas. Por un lado, señala que

> *quedaron muchos hijos de este Moctezuma, según dicen algunos. Cortés dice que dejó tres hijos varones con muchas hijas. El mayor de ellos murió entre muchos españoles al huir de México. De los otros dos, el uno era loco y el otro perlático. Don Pedro de Moctezuma, que aún vive, es su hijo, y señor de un barrio de México; al cual, porque se da mucho al vino, no le han hecho mayor señor. De las hijas, una fue casada con Alonso de Grado, y otra con Pedro Gallego, y después con Juan Cano, de Cáceres; y antes que con ellos, casó con Cuetlauac [Cuitlahuac]. Fue bautizada, y se llamó doña Isabel.*

Sin embargo, inmediatamente después el mismo autor recoge una información diferente, según la cual *otros dicen que no tuvo Moctezuma más que dos hijos legítimos: a Axayaca [Axayacatl], varón, y a esta doña Isabel; aunque*, advierte prudentemente, *bien hay que averiguar qué hijos y qué mujeres de Moctezuma eran legítimos*. Esta doña Isabel, Tecuichpo o Ichcaxochitl, *bien hermosa mujer para ser india* (Díaz del Castillo), hija preferida de Moctezuma, protagonizará una de las vidas más intensas del final del Imperio azteca y las primeras décadas de la Colonia. A los once años se casó con Cuitlahuac, el efímero *tlatoani* sucesor de Moctezuma, de quien enviudó pronto. Más tarde contrajo matrimonio con Cuauhtemoc, último soberano mexica. Conquistado México, fue bautizada como doña Isabel, y con ella tendrá Cortés una hija que se llamará Leonor Cortés y Moctezuma. Más tarde casó con Alonso de Grado, soldado de Cortés, que moriría al poco. Posteriormente se casó de nuevo, esta vez con Pedro Gallego, también conquistador de primera hornada, con quien tuvo Isabel un hijo, *que llamaron Juan Gallego Moctezuma* (Gómara). Muerto Gallego, en 1531 casó por quinta y última vez, ahora con Juan Cano, con quien tendrá cinco hijos. La historia de Tecuichpo o Isabel ha quedado en la imaginería mexicana como símbolo del mestizaje colonial.

El problema de la *legitimidad* de los hijos de Moctezuma parece preocupar en alto grado a los cronistas, como corresponde a su mentalidad europea y cristiana. Probablemente, no acababan de comprender el particular sistema sucesorio puesto en práctica por los aztecas, en el que no queda claro si, a la muerte del *huey tlatoani*, tenía preferencia para ocupar el trono el hijo primogénito o un hermano del fallecido. Desde luego, en la historia política del pueblo azteca encontramos casos diversos, pues en ocasiones fue designado sucesor un hijo, uno o varios hermanos sucesivamente o incluso un tío del *tlatoani* muerto. Así pues, no es de extrañar el interés de los autores por conocer cuántos y cuáles, de entre los numerosos hijos de Moctezuma, gozaban de la consideración de *legítimos*. Y tampoco resulta extraña su confusión, dado el alto número de hijos del soberano y la casi total ausencia de datos sobre ellos, excepto aquellos que ocupaban un puesto de relieve en la administración.

Bernal Díaz pondrá en boca de Moctezuma que *tengo un hijo y dos hijas legítimas.* Como vimos más arriba, Gómara señala sólo a dos: Axayacatl y Tecuichpo-Doña Isabel. Otro autor, Ixtlilxochitl, dice que la esposa *legítima* de Moctezuma se llamó Tayhualcan, de cuya unión nacieron tres hijas: Miahuaxochitzin, que recibirá el nombre de doña Isabel cuando sea bautizada, una vez conquistado México (¿acaso se trata de Tecuichpo?); doña María y la menor, doña Mariana. Por último, Vázquez de Tapia cuenta cómo el *tlatoani* de Tenochtitlan, en su lecho de muerte, pidió a Cortés que *mirase por su hijo Chimalpopoca, que aquél era su heredero y el que había de ser señor.* Como vemos, el panorama no resulta precisamente esclarecedor.

Tampoco es fácil moverse entre la maraña de nombres que los autores citan como hijos varones de Moctezuma. El cronista Tezozomoc relata cómo Moctezuma, al recibir noticia sobre la llegada de los españoles, pide a su alto dignatario *tlillancalqui* que, en caso de que él muera, vele por la seguridad de sus hijos *Yhuiltemoc y Chimalpupuca y Acatlxoxouhqui y Acamapich y Neçahualtecolotl y Axayaca y Tlacahuepan.* Otro autor, Ixtlilxochitl, menciona a *don Pedro Tlacahuepantzin* [¿el don Pedro de Moctezuma que cita Gómara?], *Axayaca, Totepehualox y Chimalpopocatzin.* Como vemos, algunos nombres coinciden con los citados por Tezozomoc, aunque la lista se amplía con otros nuevos, pudiendo llegar a superar la cincuentena.

IV.   LA ELECCIÓN COMO *TLATOANI*

En el año 1502 o «10 Conejo», según el calendario mexica, murió el octavo *tlatoani* de México-Tenochtitlan, Ahuitzotl. Sobre las causas de su fallecimiento existen dos versiones. La más plausible señala que, tras haber estado dirigiendo una campaña militar en la región del Xoconochco, a los pocos días de volver a Tenochtitlan,

> cayó malo de una enfermedad, tan grave que, no entendida de los médicos, se creyó haber procedido y haberse causado de algún bocado [veneno] que en aquella tierra le dieron (...). Con la cual enfermedad se fue secando, que faltándole la virtud natural vino a morir con sólo el cuero pegado a los huesos (Durán).

La segunda versión sobre la muerte de Ahuitzotl indica que, con motivo de la gran inundación que anegó la ciudad de Tenochtitlan en 1498,

> el rey, que estaba en unos cuartos bajos de unos jardines, por salirse huyendo de ellos (que ya el agua con gran ímpetu iba entrando por ellos) se dio una calabazada en el umbral de la puerta que se descalabró y quedó mal herido (...) Pasó tan adelante el mal (...) que aunque fue curado con toda diligencia y cuidado, y le sacaron algunos pedazos de los cascos de la cabeza, no fue bastante para librarle, porque le vino a agravar el mal en tanto grado, que le quitó la vida (Ixtlilxochitl).

La noticia de la muerte del *huey tlatoani* de Tenochtitlan debió correr como la espuma por todos los rincones del Imperio. Ha muerto un gran señor, el más poderoso, y ahora entra en escena el gran teatro de la sucesión, poniéndose en marcha un delicado juego de influencias e intereses

47

en el que se decidirá la suerte de los tres señoríos aliados —Tenochtitlan, Texcoco y Tlacopan— en el futuro. La elección en su día de Tizoc como soberano resultó un fracaso, pues como rey se mostró pusilánime y falto de vigor. Durante sus cinco años de gobierno apenas se realizaron conquistas —especialmente en comparación con las grandes campañas realizadas por Axayacatl, quien lo precedió, y por Ahuitzotl, su sucesor—, estando más preocupado por la vida religiosa y mística que por lo militar. El resultado de su gestión no debió dejar contenta a la nobleza y los comerciantes aztecas, quienes probablemente intervinieron en su temprana muerte, tal vez envenenándolo. Así pues, en el momento de la elección de un nuevo *tlatoani*, era necesario no repetir los mismos errores.

El procedimiento de elección había cambiado desde los primeros tiempos de los aztecas. Posiblemente, en origen correspondía a una asamblea de representantes de los *calpulli*, el consejo tribal y altos cargos religiosos y militares elegir libremente al nuevo *tlatoani*. Pronto, sin que se sepa muy bien cuándo, la elección se restringió, debiendo ser designado el nuevo rey de entre los miembros de la familia real. La elección, entonces, se limitaba a los hermanos o hijos del soberano fallecido, preferentemente a los habidos con la esposa principal, una mujer mexica. Sin embargo, en algún momento el procedimiento se hizo aún más restrictivo, pues se determinó que el candidato elegido habría de salir de entre los cuatro miembros del consejo de altos dignatarios, *tlacatecatl*, *tlacochcalcatl*, *ezhuahuacatl* y *tlillancalqui*. Aunque en principio estos cargos eran ocupados por individuos libremente elegidos, entre ellos se hallaba el futuro sucesor, pues el soberano se ocupaba de colocar a su pariente favorito en uno de estos cargos.

También habían cambiado los integrantes del consejo elector. Desde las reformas impuestas por Tlacaelel, los reyes de las dos ciudades aliadas, Texcoco y Tlacopan, intervenían en la elección del nuevo soberano, lo que significaba, de hecho, una estrategia política encaminada a obtener un poder fuerte y bien asentado gracias al reconocimiento del nuevo soberano por parte de los socios de la Triple Alianza.

Incinerado el cuerpo de Ahuitzotl, sacrificados los esclavos que los grandes señores habían ofrecido para la ocasión, enterradas las cenizas y hechas las exequias correspondientes, *el rey de Tezcoco mandó que ningún señor saliese de la ciudad hasta que la elección de nuevo rey fuese hecha, porque quería que fuese hecha con beneplácito de todos* (Durán). La elección del sucesor de Ahuitzotl, del nuevo soberano de Tenochtitlan, era una cuestión de suma importancia, pues estaba en juego nada menos que el trono del socio más importante de la Triple Alianza. Conseguir imponer en él a una persona dócil y manipulable, tener un peón en el trono mexica, podía convertirse en una maniobra política de extraordinaria utilidad para quien tuviese la capacidad o el ascendiente suficiente para manejarlo. El principal interesado en ello era, sin duda, Nezahualpilli, rey de Texcoco, la segunda ciudad en importancia de la alianza.

El día después de que las cenizas fueran enterradas, los reyes de Texcoco y Tlacopan, *con todos los señores de las provincias y ciudades sujetas a la corona real de México, y las sujetas a la corona de Tezcoco y de Tacuba* [Tlacopan], *y juntamente todos los grandes señores de México, entraron en su consejo sobre la elección del nuevo rey y monarca de la tierra* (Durán). La elección no se presentaba fácil, pues eran muchos los candidatos para ocupar el trono, todos ellos avezados en las tareas de gobierno y destacados en la batalla. Los tres hijos de Ahuitzotl ansiaban suceder a su padre, pero era preciso tener en cuenta también a los sobrinos del *tlatoani* fallecido, es decir, a los siete descendientes de Tizoc, así como a los seis hijos de Axayacatl.

Los hijos de Tizoc, el hermano mayor de Axayacatl y Ahuitzotl, hubieran tenido mayores posibilidades de no ser tenido en cuenta por parte de los electores el criticado reinado de su padre, lo que, de hecho, los eliminaba de la carrera por el trono. La cuestión quedaba reducida, pues, a los hijos de Axayacatl y Ahuitzotl, y entre ellos el mejor situado era Macuilmalinalli —hijo mayor de Axayacatl y, por tanto, hermano de Moctezuma—, pues era *tlacatecatl* del ejército mexica y además estaba casado con Tiacapantzin, hija del principal elector, el rey Nezahualpilli de Texcoco. Precisamente éste fue el primero en dirigirse a la concurrencia, con un discurso grave y elocuente:

> *Valeroso rey de Tacuba y grandes señores de México y de las demás provincias de Chalco, Xochimilco y Tierra Caliente que presentes estáis, con todos los demás señores con cuyo voto y parecer se ha de escoger una lumbrera que como rayo de sol nos alumbre, y un espejo donde todos nos miremos, (...) y un señor que rija y gobierne el señorío mexicano, y que sea amparo y refugio de los pobres, de los huérfanos y viudas...* (Durán).

Después de recordar a los presentes el motivo de su presencia en el acto, procedió a presentar a los candidatos a los miembros del consejo:

tenéis presente toda la nobleza mexicana (...) Extended la
mano al que más gusto os diere. Hijos dejó Axayacatl, rey vale-
roso; hijos dejó su hermano Tizocic, todos príncipes de mucha
estima y señalados en valor y grandeza de su ánimo. Y si éstos
no os agradan, allegaos a los grandes, que entre ellos hallaréis
nietos y bisnietos, sobrinos y primos de aquellos reyes, anti-
guos fundadores de esta ciudad (Durán).

Terminada la plática, tomó la palabra el *cihuacoatl* de Tenochtitlan
para agradecer las palabras e interés a Nezahualpilli de Texcoco y, sin
duda con un sentido más práctico, sugerir a los electores que «(...) *no eli-*
jan niños ni mozos de poca edad, que los hayamos de envolver y desen-
volver, sino persona que nos envuelva y nos desenvuelva. Ni tampoco sea
tan viejo que mañana sea menester elegir otro» (Durán). Acto seguido,
pasó a describir a los candidatos, los hijos de Axayacatl, Tizoc y
Ahuitzotl, valorando en todos ellos su capacitación para el cargo, pues
nenguno dellos no son muchachos sino mançebos de buena hedad de
treinta años y son ya todos tequihuaques (Tezozomoc).

Acabado el tiempo de los discursos, llegó el momento de la delibera-
ción. De modo unánime, los electores decidieron que el nuevo *tlatoani*
había de ser Moctezuma, pues valoraron en él

ser ya de muy buena edad y muy recogido y virtuoso y muy
generoso y de ánimo invencible y adornado de todas las virtudes que en un buen príncipe se podían hallar, cuyo consejo era
siempre muy acertado, especialmente en las cosas de la guerra,
en las cuales le habían visto ordenar y acometer algunas
cosas que eran de ánimo invencible (Durán).

Curiosamente Nezahualpilli no había apoyado, como hubiera sido
previsible, la candidatura de Macuilmalinalli, su yerno. Es probable,
como apunta Vázquez en su biografía, que Nezahualpilli viera en
Moctezuma —un guerrero experimentado, sí, pero también un personaje
excesivamente proclive a la introspección, encerrado en su mundo religioso— la posibilidad de contar con un posible títere en el *icpalli* de
Tenochtitlan. El cronista Ixtlilxochitl afirma que *los electores tenían*
puestos los ojos en el príncipe Macuilmalinaltzin, y que si no fue finalmente designado fue debido a la intervención de Nezahualpilli, *por pare-*
cerle no tener tanto peso como convenía en una dignidad tan grande,
como la que se ofrecía (...) y así pudo tanto con los electores que barajó

50

la elección y dio su voto a Motecuhzoma. Para este cronista, a partir de este momento quedará patente la rivalidad entre Moctezuma y Macuilmalinalli, acusando al primero, como ya vimos con anterioridad, de maquinar secretamente para provocar su muerte en una batalla contra los guerreros de Atlixco.

Sin embargo, como apunta Graulich en su biografía, las acusaciones y visión de los hechos que ofrece el texcocano Ixtlilxochitl no parecen inocentes, pues el cronista es descendiente de Nezahualpilli, señor de Texcoco, y a lo largo de toda su crónica se esfuerza por realzar y remarcar, frecuentemente de manera exagerada, el papel de Texcoco en la historia de México-Tenochtitlan y en los acontecimientos que tuvieron lugar durante la Conquista. La intención de la obra de Ixtlilxochitl es dejar constancia de las glorias de los señores de Texcoco, y ¿qué mejor gloria que hacer ver que Moctezuma, soberano de Tenochtitlan, fue elegido gracias al señor de Texcoco, Nezahualpilli?

Cuando la decisión de la elección de Moctezuma acabó de ser tomada por los electores y fue comunicada en voz alta, todos los asistentes lo buscaron con su mirada, mas no lo hallaron. Moctezuma, conociendo su designación, salió de la sala al ver que todos se inclinaban ante él. Sigilosamente se retiró al templo de Huitzilopochtli, donde solía pasar largas horas rezando y haciendo penitencia.

Mientras algunos nobles salieron a buscarlo, el rey de Texcoco mandó disponer todo para la ceremonia de entronización, encendiendo un brasero que estaba en el centro de la sala y ordenando traer ropas adecuadas para el nuevo rey. Alrededor del brasero fueron dispuestos los elementos necesarios para la ceremonia: las insignias reales, la corona, un incensario con *copal*, huesos de jaguar, águila y puma, unas sandalias y un ceñidor. Conociendo su afición a pasar largos ratos en el templo, quienes habían salido a buscarlo terminaron por hallarlo. Humildemente le rogaron que los acompañase de vuelta a la sala, donde entraron con gesto sosegado y adusto. Nada más verlo todos los presentes se le humillaron y alguien debió indicarle que se sentara junto al brasero. Entonces tomó la palabra el *cihuacoatl* Tlilpotonqui para comunicarle formalmente la elección:

> «*Señor: oye lo que de parte de todos estos señores te quiero decir (...) Ellos y yo, en nombre del Dios de lo criado (...) bien así como verdadero lapidario, así como a piedra muy preciosa te ha escogido entre ellos (...) Lo mismo han hecho todos los*

51

señores que presentes están (...) y te han hecho digno del pri-mado de México y de toda su grandeza» (Durán).

Cuando acabó el discurso, los reyes de Texcoco y Tlacopan le toma-ron del brazo para sentarlo en el trono real, donde le cortaron el cabello a la manera de los reyes. Después le hicieron una perforación en las ter-nillas de la nariz, por la que atravesaron un canutillo de oro o de esme-ralda —*acapitzactli*—. Seguidamente le colocaron un bezote de oro en el labio inferior y unos ricos zarcillos en las orejas. Hecho esto, lo vis-tieron con el manto real, de color azul, bordado con rica pedrería, así como con un rico ceñidor, las sandalias reales y, finalmente, la corona real o *xiuhuitzolli*, hecha de oro y turquesas.

Así vestido, Moctezuma se levantó y comenzó a incensar la habi-tación alrededor del brasero, ofreciendo el humo del *copal* a los dio-ses, en especial al del fuego. Cuando acabó, comenzó a sangrarse las orejas y las piernas con los huesos de animal preparados al efecto para, después, decapitar varias codornices a modo de sacrificio. Acabado el acto, fue llevado al Templo Mayor y, subido sobre la piedra de las águilas —un gigantesco cilindro labrado de más de 2 m de diámetro, con una cavidad y un canal en su lado superior para recoger el cora-zón y la sangre del sacrificio—, volvió de nuevo a sangrarse y a sacri-ficar codornices, ofreciendo su sangre y la de los animales al Sol y a la Tierra.

Una vez finalizado el sacrificio regresó al palacio en compañía de su séquito, donde ya lo esperaban el pueblo y los funcionarios principales de la ciudad. Sentado en el trono, fue saludado uno a uno por todos, quie-nes se le humillan y le rinden pleitesía. Después, Nezahualpilli tomó la palabra para recordar al nuevo soberano sus obligaciones, especialmente las religiosas:

Señor, poderoso sobre todos los de la tierra: (...) Te ha dado el alto y poderoso Señor su señorío y te ha enseñado con el dedo el lugar de su asiento. Ea, pues, hijo mío, empieza a tra-bajar en esta labranza de los dioses (...) Mira que no se te da para que te eches a dormir, en el descuido de la ociosidad y el contento (...). Y esto es lo que tengo que encomendarte; y muy más en particular las cosas del culto divino y reverencia de los dioses, y honra de los sacerdotes, y que su penitencia vaya muy adelante, a la cual los debes animar y dar el favor necesario (Durán).

Acto seguido toma la palabra Totoquihuaztli, rey de Tlacopan, quien, en su plática, hace especial hincapié en las obligaciones políticas y las virtudes morales que han adornar al nuevo rey:

> *Acuérdate de los viejos y viejas que gastaron el tiempo de su mocedad en servicio de la república y, ahora vueltos los cabellos blancos, no pudiendo trabajar, mueren de hambre. Ten en cuenta los pobres* macehuales, *que éstos son las alas y plumas, pies y manos de las ciudades. (...) Ten cuenta con honrar a los señores, que éstos son las fuerzas contra Tlaxcala, Michoacán y Metztitlan y todas las demás fronteras enemigas de los mexicanos (...) has de ser pobre con los pobres y llorar con los afligidos, y poderoso con los poderosos, y austero con los malos y pecadores, y piadoso y misericordioso con los que se humillaron ante ti (...)* (Durán).

Después de este rey siguieron los discursos de los demás nobles y principales, por orden de importancia, todos ellos felicitando al nuevo *tlatoani* por su elección y recordándole lo que de él se espera: defender la ciudad y su gente de los enemigos del pueblo mexica; extender el poder, la gloria y las fronteras de Tenochtitlan; velar por el bienestar de su pueblo y asegurar su sostenimiento; mantener, en fin, el favor de los dioses y el orden del Universo.

Cuando hubieron acabado todas las pláticas, Moctezuma, que había escuchado atentamente los discursos, se emocionó y trató hasta en tres ocasiones de dar cumplida respuesta. Al fin, enjugándose las lágrimas y pleno de humildad, acertó a contestar diciendo que no era merecedor de tan grandes honores, pues

> *harto ciego estuviera yo, oh buen rey, si no viera y entendiera que las cosas que me has dicho ha sido puro favor que me has querido hacer. Pues, habiendo tanto hombres tan nobles y generosos de este reino, echaste mano para él del menos suficiente, que soy yo. Y cierto que siento tan pocas prendas en mí para tan arduo negocio, que no sé qué haga sino es acudir al Señor de lo Criado [para] que me favorezca, y suplico a todos los presentes me ayuden a pedírselo y suplicárselo* (Origen de los mexicanos).

Acabada su respuesta, rompió de nuevo a llorar, suplicando a los dioses le concedieran la fuerza suficiente para desempeñar tan pesada tarea.

53

Elección de Moctezuma, dibujo del Códice Durán, siglo XVI.

En ese momento llegaron otros señores principales y ancianos, quienes lo consolaron e hicieron nuevos discursos a la concurrencia. Acto seguido, dando las gracias a todos los presentes, Moctezuma se despidió de ellos y se dirigió a sus aposentos, *donde estuvo recogido sin hablar con nadie algunos días*. Comenzaron entonces las fiestas y celebraciones por la elección de un nuevo soberano, con bailes, juegos de día y de noche y grandes hogueras. Es el año 1502 y México-Tenochtitlan cuenta, a partir de entonces, con un nuevo *huey tlatoani*, el noveno, que, a partir de este momento, recibirá el nombre de Moctezuma —«Señor enojado»— y el sobrenombre de Xocoyotzin —«el joven»—, para distinguirlo de su bisabuelo, Moctezuma Ilhuicamina, cuya gloria se espera que iguale (Graulich).

Las primeras disposiciones

Según cuentan algunas crónicas, nada más acceder al trono mexica Moctezuma tomó una serie de disposiciones cuyas motivaciones y resultados han dado lugar a múltiples interpretaciones. El recién elegido soberano mandó llamar a sus aposentos a su tío Tlilpotonqui, el *cihuacoatl*, para explicarle sus intenciones. Moctezuma pretende nada menos que deshacerse de todos los funcionarios de su gobierno, tanto los que están a su servicio en palacio como los gobernadores provinciales, los miembros de los consejos y los cargos del ejército, sustituyendo a todos ellos por personas de origen noble. En definitiva, se trataba de prescindir de aquellos funcionarios que habían sido nombrados por su tío Ahuitzotl, *porque muchos de ellos eran de baja suerte e hijos de hombres bajos, lo cual era gran menoscabo y gran bajeza de los reyes servirse de gente baja* (Durán).

El reinado expansionista llevado a cabo por su predecesor Ahuitzotl tuvo como consecuencia, mediante las numerosas batallas y campañas emprendidas, la aparición de una nueva nobleza de origen militar, con personas que habían accedido a esta condición por sus méritos como guerreros. La clase de los *macehualtin*, gracias a distinguirse en el combate, había ido ocupando, con la aquiescencia de Ahuitzotl, cada vez más y mayores puestos de responsabilidad en la corte y la administración, desplazando a la nobleza de sangre o *pipiltin*.

La ascensión al trono de un nuevo *tlatoani* va a cambiar totalmente esta situación, pues la idea de gobierno que Moctezuma lleva consigo es la de reforzar la autoridad de su poder y el del Estado, haciéndolo intensamente centralista y autoritario. El reino que Moctezuma hereda de Ahuitzotl dista mucho de ser homogéneo; presenta algunos factores y desequilibrios que son percibidos sin duda por el nuevo soberano como un foco de futuros problemas. En 1503, pese a las tan vastas conquistas llevadas a cabo por su predecesor, el llamado Imperio azteca no es otra cosa que un conglomerado de territorios y ciudades en mayor o menor medida sometidos y obligados a pagar tributo a la capital, Tenochtitlan, o a aportar guerreros en caso de necesidad. Lejos de la homogeneidad territorial, existen en el interior grandes bolsas de población que se resiste a ser conquistada, como el caso de Tlaxcala. Los territorios sometidos, algunos muy lejos de la metrópoli, se organizan en provincias que son administradas mediante el envío de gobernadores, mientras que otros lugares deben ser repoblados para mantener su fidelidad y evitar definitivamente un ataque futuro. A la cabeza de esta estructura tan poco cohesionada están las tres ciudades de la Triple Alianza, a su vez gobernadas por tres reyes. Entre ellas sobresale Tenochtitlan, aunque no sin levantar los recelos de sus asociadas, especialmente de Texcoco, quienes se resisten a las injerencias cada vez mayores de su poderoso aliado.

Tampoco resulta clarificador el panorama interno. La nobleza de sangre, desplazada del poder por la política de Ahuitzotl, tiene motivos para sentirse a disgusto, al haber sido expulsada de los puestos de responsabilidad del aparato del Estado. Frente a ésta, surge cada vez con más fuerza un nuevo grupo, el de los grandes comerciantes o *pochteca*, beneficiados con la gran expansión militar de los mexicas, gracias a la cual tienen acceso a lejanas regiones en las que adquieren lujosos productos exóticos, cuya venta en Tenochtitlan les resulta muy lucrativa. Por último, el numeroso, heterogéneo y creciente grupo de los plebeyos o *macehualtin* es un foco de posibles conflictos, pues para su sustento depende cada vez en mayor medida de una maquinaria militar mexica que no puede detenerse, en la que encuentran un medio de promoción social y gracias a la cual Tenochtitlan recibe importantes cantidades de productos por medio del tributo o el comercio.

Este complejo panorama es el que Moctezuma recibe al llegar al trono. Su idea, en consecuencia, es reforzar el poder real y el Estado mexica, unificándolo, haciéndolo más homogéneo y compacto. En primer lugar, ya no se van a emprender costosísimas expediciones a territorios alejados, cada vez más dificultosas y con menor beneficio económico. La prioridad no es ahora expandirse, sino consolidar lo ya ganado y obtener un mayor rendimiento de los recursos, evitando de paso cualquier atisbo de sublevación. Y para esta tarea ya no son tan necesarios los guerreros, sino los políticos. Moctezuma ha podido aprender en el *calmecac* el valor de la palabra, la utilidad de la oratoria. Se le ha enseñado también a comportarse con distinción y refinamiento, a respetar a la jerarquía y las formas hasta extremos casi religiosos. Puesto que ya conquistar nuevos territorios no es el objetivo principal del Estado azteca, éste debe proveerse de funcionarios capaces de administrar con rigor y la máxima pulcritud el territorio o ciudad encomendados, sin perder nunca de vista su lealtad hacia el señor de Tenochtitlan, la autoridad central. Así mismo, estos personajes deben ser respetados por sus iguales y hacerse respetar y obedecer por el pueblo, para lo que, opina Moctezuma, *además de ser hijos de señores* [deben ser] *legítimos e hijos de señores muy principales y de sangre muy limpia* (Durán). Considera el nuevo *tlatoani* que, para el nuevo Estado que quiere crear, necesita de gentes capaces de hacerse respetar por el pueblo y de ser a su vez leales a la autoridad, de refinadas maneras y fácil retórica, pues han de tratar en sus tareas de gobierno con otros señores principales, con las elites provinciales.

El imperio que Moctezuma quiere tener bajo su mando absoluto habrá de ser fuerte, cohesionado y uniforme. Nadie debe discutir la autoridad del *huey tlatoani* y la cadena jerárquica debe funcionar a la perfección, sin resquicios. Las provincias sometidas deben pagar tributo y aportar a Tenochtitlan todo aquello que les sea requerido, so pena de verse abocadas a una feroz represión a sangre y fuego. Además, los señores locales tendrán ahora que residir temporalmente en Tenochtitlan, la capital del Imperio, donde serán más y mejor controlados y recibirán el adoctrinamiento adecuado. Y, cuando regresen a sus lugares de origen, tendrán la obligación de dejar algún hermano o hijo en Tenochtitlan. La medida, lógicamente, persigue un objetivo político, como es el de evitar cualquier tentación de rebeldía, aunque, de paso, procura a la capital azteca importantes beneficios económicos, gracias a los elevados gastos de esta nobleza *cautiva* —mantenimiento de una residencia, adquisición de objetos suntuarios, celebración de fiestas, etc.

Por otro lado, Moctezuma pretende reforzar los lazos de unión de los nobles entre sí, lazos que, aunque son habitualmente establecidos mediante matrimonio, se han visto mermados o debilitados durante el reinado anterior por el acceso a la condición de noble de personas de origen plebeyo, visto por Moctezuma como una intrusión, *porque así como las piedras preciosas parecen mal entre las bajas y ruines, así los de sangre real parecen mal entre gente baja* (Durán). La intención de Moctezuma es la de crear una casta nobiliaria en la que sus miembros sean capaces de reconocerse entre sí suficiente autoridad y respetarse en cuanto tales, siendo siempre conscientes de su posición jerárquica superior con respecto al conjunto de la población plebeya. Estos nobles, unidos por sus intereses políticos y económicos, así como por sus lazos de sangre, han de dar cohesión y estabilidad al Imperio, evitando su desmembramiento y desintegración. Y en esta casta nobiliaria han de ser incluidos también los señores de las naciones enemigas, pues, a ojos de Moctezuma, son menores las distancias que separan a dos nobles de pueblos diferentes que las que separan a cada uno de éstos con respecto a un plebeyo.

Esta actitud aglutinante y confraternizadora con la nobleza enemiga se pondrá claramente de manifiesto durante las fiestas de coronación de Moctezuma. A los festejos, por expreso deseo del monarca, serán invitados los señores de Tlaxcala, Huexotzinco, Cholula, Michoacán y Metztitlan, todas ellas naciones rivales, pues, al decir de Moctezuma, *entre ellos no había enemistad formada, sino sólo por vía de ejercicio y recreación y para solaz de los dioses, de una parte y de otra, y comida. Que bien sabían que en lo demás que eran hermanos y deudos y parientes y todos unos (...).* Aceptada la invitación y celebrados los festejos, continúa Durán, *desde este día, cuenta la historia, que tres veces al año convidaba Motecuhzoma a los reyes y señores enemigos y les hacía gran fiesta (...) Y lo mismo guardaron los tlaxcaltecas en convidarles a él a sus solemnidades.* Esta hermandad del grupo de nobles enemigos implicará, de hecho, que altos señores de una ciudad estén presentes en los festejos celebrados por un señorío enemigo, certificando la confraternización que propugna Moctezuma. De manera efectiva, los gobernantes de territorios enfrentados serán conscientes de pertenecer a una misma clase o casta, situada por encima del gran conjunto de la población plebeya, sobre el que gobiernan por tradición y derecho divino. Así, será normal que, durante una gran fiesta y sacrificio público celebrado en honor del dios Huitzilopochtli, Moctezuma invite a los señores enemigos de Tlaxcala, Huexotzinco o Cholula, entre otros. Pero el *tlatoani* es consciente de que la presencia en Tenochtitlan de los gobernantes del enemigo sería mal entendida por el pueblo mexica, por lo que ordena

> que en donde estubiesen estos señores prençipales no ubiese lunbre más de sólo brazeros grandes con mucho carbón, <que> no fuesen bistos por la gente baxa de los mexicanos, so graues penas de la bida y destruçión de sus casas y haziendas, sino todo muy secreto. (...) Y esto era por muchos días, que nadie los bía, por ser sus danças de noche y para que no los conosçiesen les ponían cabelleras largas (Tezozomoc).

Los altos cargos de la administración y el Estado mexica han de quedar reservados para personas de origen noble, aquellos que han quedado apartados de la función pública por la política de Ahuitzotl. Sin embargo, en contra de lo que podría parecer y más allá del propio sentimiento de identidad de clase que Moctezuma pueda albergar hacia quienes, como él, han recibido la elitista y refinada educación del *calmecac*, existe otro motivo para situar a los nobles en los altos puestos de gobierno. En efecto, retirados a sus propiedades rurales tras ser apartados de los altos cargos durante el reinado de Ahuitzotl, el alejamiento de la corte podría favorecer la insumisión al poder central. Otorgarles puestos de responsabilidad en la capital, Tenochtitlan, significa, de hecho, poder controlarlos más de cerca, anticiparse a una posible conjura, evitar una rebelión.

De modo inteligente, Moctezuma se atrae el favor de la nobleza como grupo restituyéndola en sus cargos y puestos de responsabilidad, algo que, en principio, puede ser interpretado como una pura y simple reacción conservadora, por oposición al reinado *aperturista* de Ahuitzotl. Sin embargo, nada más alejado de la verdad, pues Moctezuma, al tiempo que hace poblar su corte de nobles y señores, se ocupa de someterlos con rígidas disposiciones de protocolo, encaminadas a poner de relieve la superioridad absoluta del monarca sobre todos sus súbditos, a destacar el papel subordinado de todos cuanto lo rodean, a mostrar su supremacía sobre nobles y plebeyos, marcando la distancia que existe entre el rey y sus servidores, por mucho que éstos sean de noble cuna. Así, el monarca

> tenía sobre doscientos principales de su guarda en otras salas junto a la suya (...) y cuando le iban a hablar se habían de quitar las mantas ricas y ponerse otras de poca valía, mas habían de ser limpias, y habían de entrar descalzos y los ojos bajos puestos en tierra, y no mirarle a la cara, y con tres reverencias que le hacían primero que a él llegasen, e le decían en ellas: «Señor, mi señor, gran señor»; y cuando le daban relación a lo que iban, con pocas palabras los despachaba; sin levantar el rostro al despedirse de él sino la cara e ojos bajos en tierra hacia donde estaba, e no vueltas las espaldas hasta que salían de la sala (Díaz del Castillo).

Más aún, Moctezuma no se hace servir directamente por los nobles, sino por sus hijos. Con ello, de modo sagaz, consigue un doble objetivo: mantener controlada a la nobleza, pues cualquier conato de rebeldía pondría en peligro la seguridad de sus hijos, y tener a su disposición toda una

59

corte de servidores de poca edad y por tanto moldeables al ideal político del soberano, porque *los jóvenes son más dúctiles para obedecer, son más hábiles y se adaptan sin problemas a un nuevo rey, que les educa conforme a lo que quiere* (Durán).

Ya vimos anteriormente cómo Moctezuma ordena que los servidores de Ahuitzotl sean sustituidos por los jóvenes vástagos de la nobleza mexica, de una edad de hasta doce años y todos con una altura determinada, con la misión de ocuparse de su persona y de los servicios necesarios para el sostenimiento del palacio real. El deseo de uniformidad está claramente presente en esta orden, así como la intención de someter a la nobleza por medio de disposiciones humillantes, como el hecho de que todos sus servidores, hijos de nobles, deban responder a un mismo patrón físico, para lo que entrega una vara al *cihuacoatl* con la que deberá medir la altura de los muchachos a la hora de seleccionarlos. La edad, doce años, precisamente la misma a la que los jóvenes nobles entran en el *calmecac* para recibir una educación superior, responde a la intención del monarca de formar a su antojo a sus servidores, garantizándose así en el futuro su lealtad y su eficacia, pues responderán a un mismo patrón de pensamiento según el cual la obediencia al *tlatoani* estará por encima de todo, pues «*él quiere enseñaros e instruiros como padre y maestro*», como les dirá el *cihuacoatl* (Durán).

El resultado, a juzgar por las crónicas, debió ser satisfactorio para el monarca, ya que

> *andado los tiempos, con los temores y <en>señamientos, hablauan tan cortés y sublimado los muchachos, con todas las demás birtudes, y fueron y preualesçieron <en> tanto grado <que> binieron a ser señores de los preminentes <que> tubo <en> su casa y corte este gran emperador, <que> sobrepuxó en mandos y señoríos y fue el más temido rrey <que> ubo desde la fundaçión de Tenuchtitla<n> (...)* (Tezozomoc).

La purga de funcionarios comenzó poco después de acabar las ceremonias de entronización. Tras llamar al *cihuacoatl*, su tío Tlilpotonqui, Moctezuma lo llevó a una sala de palacio donde podrían hablar sin intromisiones, dada la gravedad del asunto. El nuevo *tlatoani* manifestó a su segundo su deseo de cambiar a todos los funcionarios, tanto los de su servicio personal como los sirvientes de palacio y administradores provinciales, deshaciéndose de todos los que habían sido promovidos por su tío Ahuitzotl, de origen plebeyo, y poniendo en su lugar a hijos de nobles.

La intención de Moctezuma era *servirse de otros tantos tan buenos como él, lo uno para honrar a su persona y lo otro para que estando a su lado y siempre en su presencia, los hijos de los grandes señores y sus primos y hermanos aprenderían el término cortesano y el modo de gobernar, para cuando les cupiese* (Durán).

Para llevar a cabo sus intenciones, ordenó al *cihuacoatl* que marchase a las escuelas donde se educaban los hijos de los nobles, tanto los de México como los Texcoco y Tlacopan, para traerlos a todos a la corte, poniendo especial cuidado de que *entre ellos no vinieses ningún bastardo, sino todos legítimos, aunque fuese su hermano, hijo de su mismo padre Axayacatl. Porque como fuese hijo de mujer baja, o esclava, siempre tendría resabio de acudir a la bajeza de su madre* (Durán). Tras dar instrucciones precisas sobre el origen de los elegidos, consciente de la sorpresa de su interlocutor, Moctezuma le explica sus motivos:

«*Y porque sé que me has de preguntar qué es la causa de esta novedad, yo te la quiero decir: Has de saber que los que han servido a algún gran señor y rey, como mi tío Ahuítzotl lo era, cualquier cosa que yo quiera innovar, ordenar o mandar (...) les ha de parecer mal, y luego han de murmurar y detraer de ello y condenarlo por malo, y han de decir que su señor Ahuítzotl no haría aquello, y siempre me han de hacer vivir con sobresalto*» (Durán).

Comprendida la explicación, el *cihuacoatl* comenzó a cumplir la orden, primero pidiendo a los principales de la corte que entregaran a sus hijos, después haciendo lo mismo con los responsables de cada *calmecac*. Llevados los muchachos a la corte y mientras el *cihuacoatl* les manifestaba la intención de Moctezuma, llegó un consejero y le entregó una vara para medir a los muchachos, pues el *tlatoani* ordena que todos sean de una estatura precisa. Cien jóvenes fueron elegidos y llevados ante Moctezuma, quien les dio un discurso acerca de sus nuevas obligaciones y el modo humilde y reverencial en que habrían de comportarse. Tras repartir las tareas, Moctezuma comenzó a despedir a todos los servidores que había tenido su tío Ahuitzotl, así como a todos los funcionarios de la ciudad y jefes de *calpulli*.

Algunas fuentes —especialmente aquellas que ponen el acento en el orgullo y la soberbia de Moctezuma como una de las causas de la caída del Imperio azteca a manos españolas, castigo para quien *estaba en lugar de Dios*— van más allá, acusando al *tlatoani* de llevar a cabo una purga cruel y violenta, que se prolongaría a lo largo de todo un año. Así, Durán dice que, *si no es falsa otra relación que en la ciudad de México me dieron, que ninguno quedó vivo de cuantos sirvieron al rey Ahuítzotl. Y no me maravillaría que hubiese usado de esta crueldad, porque fue desde que empezó a reinar el mayor carnicero que había habido, sólo por ser temido y reverenciado.* El mismo Durán continúa más adelante contando cómo, a comienzos de la campaña contra Cuatzontlan y Xaltepec, Moctezuma ordenó al *cihuacoatl* regresar a Tenochtitlan para que *en llegando cortase la cabeza a todos los ayos de sus hijos y a todas las amas que estaban en compañía de sus mujeres y mancebas y que pusiese otros de nuevo.* Y para asegurarse de que sus órdenes eran cumplidas, envió Moctezuma unos espías a la capital. En fin, otro autor, Ixtlilxochitl, incide también en la crueldad de la purga —que, contrariamente al resto de las crónicas, sitúa en el año 1508—, señalando que Moctezuma *procuró ir matando a unos, y a otros desterrando de su corte.*

Ya sea cierto o no que las ejecuciones fueran el mecanismo empleado por Moctezuma para llevar a cabo las reformas de sus primeros momentos de reinado —que, dicho sea de paso, sólo mencionan las fuentes más propensas a atribuir la caída del Imperio al orgullo y soberbia de Moctezuma, como el texcocano Ixtlilxochitl o el grupo de cronistas que beben directamente de una crónica anónima, llamada Crónica X, es decir, Tovar, Tezozomoc, Durán y Acosta—, el caso es que, andando el tiempo, logró el *tlatoani* hacer de Tenochtitlan la cabeza de un Estado firme y poderoso, comenzando un proceso cuyo fin último será convertir a la Triple Alianza en un imperio fuertemente centralizado, con una única cabeza imperial, la suya.

La guerra de coronación

Una vez elegido el nuevo *huey tlatoani*, la costumbre marcaba que debía ser entronizado conforme a una compleja ceremonia. Ya como soberano reconocido por los reyes aliados de Texcoco y Tlacopan, los nobles y el pueblo de Tenochtitlan, era preciso llevar a cabo un masivo sacrificio de prisioneros a los dioses, lo que, además de procurar el favor de éstos, habría de reflejar la grandeza del poderío mexica entre sus aliados e impresionar a sus enemigos. Para proveerse de cautivos destinados al sacrificio en el Templo Mayor era, pues, necesario emprender una gran campaña militar, una tradición que fue instaurada por Moctezuma I Ilhuicamina. A partir de este gobernante comenzó la costumbre de sacrificar grandes cantidades de prisioneros, aunque esta práctica no se reducía sólo a la elección de un nuevo *huey tlatoani*, sino que se extenderá también a grandes acontecimientos, como la erección de un nuevo templo. Así, fray Diego Durán señala que con motivo de la inauguración del Templo Mayor de Tenochtitlan en 1487, reinando Ahuitzotl, fueron sacrificados nada menos que 80.400 cautivos, cantidad ciertamente difícil de creer que otras fuentes rebajan a los 20.000. Eso sí, el propio *tlatoani* actuó como sacerdote, realizando ritos y sacrificios.

No se sabe con certeza si la guerra emprendida por Moctezuma para capturar prisioneros para su coronación fue contra Nopallan e Icpatepec o contra Atlixco. La primera opción la apuntan algunas crónicas que derivan a su vez de la anónima Crónica X, como las escritas por Durán o Tezozomoc. Acosta, por su parte, se limita a señalar sin mayor precisión que la campaña para la coronación de Moctezuma se emprendió contra *una provincia muy remota hacia el mar Océano del Norte*. La segunda opción, que la campaña se dirigiera contra Atlixco, la apunta fray Juan de Torquemada y ésta, a juicio de Graulich, es mucho más plausible que la primera, por cuanto las dos ciudades anteriores se encontraban a una distancia excesiva de Tenochtitlan, lo que haría obligatoria la ausencia del recién nombrado *tlatoani* de la capital durante varios meses, algo que no hicieron sus antecesores.

Atlixco, una ciudad situada al sureste de Tenochtitlan, a unas pocas jornadas de marcha, era la clave de acceso al valle de Puebla, donde se encontraban otras ciudades enemigas, como Tlaxcala, Huexotzinco o Cholula, todas ellas formando una bolsa de resistencia dentro del territorio dominado por los aztecas. Dirigir la campaña en contra de Atlixco tenía varias ventajas: en primer lugar, permitía al nuevo *tlatoani* poner de relieve su intención de acabar con la insumisión permanente de algunos territorios, un mensaje dirigido tanto a los enemigos como a los aliados; en segundo lugar, se trataba de la ocasión propicia para vengar la derrota sufrida en tiempos de Ahuitzotl, en la que había fallecido, además, un hermano de Moctezuma, Tlacahuepan; en tercer lugar, enfrentarse, y vencer, a los más encarnizados enemigos de los aztecas sería una excelente maniobra propagandística ante los nobles y el pueblo azteca; finalmente, someter Atlixco podía resultar algo más fácil, por cuanto en ese momento la guerra civil que enfrentaba a huexotzincas y tlaxcaltecas debilitaba a los enemigos.

Siguiendo a Torquemada, sabemos que Moctezuma se propuso al poco de instalarse en el trono dirigirse contra el territorio enemigo de Atlixco, *porque como gente belicosa que era no quería acudir de gana a servir a México*, esto es, se negaban a ser sometidos. La intención de Moctezuma era hacer toda una demostración de fuerza: a los enemigos, a los aliados y al pueblo. Por ello, la expedición debía ser bien preparada y minuciosamente pertrechada, contando con la flor y nata de los ejércitos aztecas: sus hermanos Cuitlahuatzin, Matlatzincatzin, Pinahuitzin y Cecepaticatzin, así como dos sobrinos suyos, hijos de Tizoc, Ymactlacuiyatzin y Tepehuatzin. El cronista cuenta que en esta guerra Moctezuma dirigió con sabiduría a su ejército, mostrándose él mismo un luchador valeroso y decidido. Lo mismo escribe de sus capitanes y soldados, quienes lograron capturar a un gran número de enemigos. Sin embargo, también destaca que los mexicas sufrieron varias graves pérdidas, como los grandes guerreros y capitanes Huitzilihuitzin, Xalmich y Quatacihuatl.

La fiesta de investidura

El regreso de Moctezuma hacia Tenochtitlan al frente de su victorioso ejército fue triunfal. Por todas partes el *huey tlatoani* es recibido con todos los honores y entusiasmo, así como sus capitanes y soldados. Moctezuma es transportado en una hamaca por sus caballeros hasta las cercanías de Chalco, al sureste de la capital. Al llegar a Tlalmanalco, el nuevo soberano ordenó que se lo llevase hasta Tepepulco y que se le adelantasen para avisar a la guarnición que dispusiese todo lo necesario. La noticia de la estadía de Moctezuma en Tepepulco fue recibida también por el *cihuacoatl*, quien envió a su vez un nutrido grupo de caballeros y sirvientes para asistir al rey. Al llegar a Tlapitzahuayan salen a recibirlo desde todos los lugares, llevándole como regalos toda clase de pájaros, peces y animales de la laguna. Moctezuma recibió los regalos con satisfacción y ordenó repartir vestidos entre los pobres, ancianos, viudas y huérfanos, *sin quedar ninguno ni ninguna que no fuese vestido de la ropa que por el camino le habían ofrecido los pueblos y las ciudades* (Durán).

Acabados de entregar los regalos, Moctezuma fue llevado en canoa a Tepepulco, donde reposó durante varios días en compañía de su séquito y realizó diversos sacrificios. Tras el descanso, se dirigió entonces hacia Tenochtitlan, en cuya calzada de entrada lo aguardaban súbditos y esclavos, so pena de recibir un severo castigo. Previamente, el *cihuacoatl* había recibido noticia de la llegada del *tlatoani* y había dado órdenes a todos los jefes de *calpulli* de organizar una fervorosa y entusiasta bienvenida a Moctezuma, quien debía ser recibido con flores, incienso, ropas, todo género de comida y cacao. Llegado el soberano a la ciudad, se pronunciaron elogiosos discursos al vencedor: «*¡O bienauenturados de nosotros pobres, poluo y lodo <que> somos, <que> te emos bisto con salud! Bienes cansado, trauajado de los ásperos caminos, montes, llubias, ayres, soles que as padeçido. Descansad, señor y hijo, nieto tan amado de los mexicanos*» (Tezozomoc). Tras acabar de comer, le salen a recibir multitud de gentes con más regalos, fundamentalmente animales de la laguna, que Moctezuma agradece, ordenando a sus sirvientes que repartan comida, ropa y otros regalos.

Continuando la marcha con el *huey tlatoani* al frente de una espectacular comitiva, los cautivos fueron dispuestos en dos filas y obligados a cantar y silbar, mientras, en la ciudad, sacerdotes y ancianos, que no habían partido a la guerra, hacen sonar las cornetas de caracol y atabales desde lo alto de los templos. Más tarde, los viejos guerreros *quauhhuehuetque* se dispusieron en dos filas, vestidos con *ychcahuipiles*, cintas de cuero rojo, arracadas de piedra en el labio inferior y orejeras de caracoles. Llevan también rodelas y largos bastones. Junto a ellos se colocan los *achcacauhtin*, maestros de armas u oficiales de justicia, todos con calabazas rellenas de tabaco e incensarios encendidos en los que queman *copal*.

Al llegar los cautivos, los viejos se dirigen a ellos diciéndoles: «*Seáis muy bien benidos, los hijos del sol, y abéis llegado al asiento y lugar y casa del gran señor Huitzilopochtli, Mexico Tenuchtitlan*» (Tezozomoc). Los prisioneros avanzan hacia los pies del templo de Huitzilopochtli, donde salen a recibirlos los sacerdotes tocando sus caracolas. Arrodillados, los cautivos comienzan a comer ritualmente la tierra del suelo para, más tarde, ser llevados al *cuauhcalco*, edificio en el que permanecerán encerrados.

El recibimiento a Moctezuma no es menos espectacular. Envuelto en sahumerios, es llevado hasta la gran plaza de Tenochtitlan, donde, a su entrada, lo recibe el sonido de numerosas caracolas. Subido en lo más alto del templo de Huitzilopochtli, comienza a hacer penitencia, sangrándose las orejas, brazos y piernas con un hueso de jaguar, tras lo cual comenzó a perfumar a la estatua del dios con un incensario. Después de descender del templo se dirige a su palacio, donde lo esperan los reyes de Texcoco y Tlacopan, quienes lo reciben con estas palabras:

«*Señor, descansad el cuerpo y piernas, que benís cansado, pues fuistes a hazer lo que sois obligado como esclauo del* tetzahuitl *Huitzilopochtli. Y así, por su orden, los que abían ydo*

con él a la guerra se despiden dél y se han a descansar a sus
casas, diziéndole: «Ya, señor, abéis cumplido con u<uest>ra
obligaçión en el serbiçio de Tlalteuctli, el prençipal de la tie-
rra y al sol, y a Xiuhpilli, el prençipal del berano y berduras,
Cuauhtleehuanic «tocpac quiztiuh» (pasa como águila bolante
sobre nuestras cabeças), señoreadores de todos los mortales. Y
pues el gran señor ansí a sido seruido, señor, descansad,
<que> bamos a descansar a n<uest>ras casas, descansad,
buen señor y rrey n<uest>ro» (Tezozomoc).

Agradeciendo las palabras y la ayuda prestada, antes de que marcha-
sen Moctezuma les ofreció un banquete, en el que participaron los capitanes de los ejércitos. Después, ordenó que los jefes de Moyotlan,
Teopan, Atzacualco y Cuepopan, los cuatro barrios de la ciudad, llevaran
ropa y regalos a los bravos soldados, quienes agradecieron los presentes
y la generosidad del soberano con ellos, así como con las viudas de sus
compañeros muertos.

Aposentado ya el *tlatoani*, sus capitanes y soldados en la ciudad, y
encerrados los cautivos, todo debía prepararse para la gran fiesta de coronación o *mocxicapaz* —lavatorio de pies—. El *cihuacoatl* Tlilpotonqui
desea hacer una ceremonia grandiosa, en la que quede claro que
Tenochtitlan es, ahora, quien domina la Triple Alianza, por encima de sus
dos socios. Reunió entonces a los principales en el palacio y les dijo:

«Ya, señores prençipales, os es notorio como a hecho su
obligaçión el rrey Monteçuma <en> la guerra <que> hizo y
los cautiuos que de allá truxo. No se a çelebrado su fiesta del
nombramiento del rrey ni es público ni notorio a los pueblos
lexanos de esta corte, estarán ygnorantes de el tal rrey. Y para
<que> selebren ellos y bengan a este rreconosçimiento es nes-
çesario que bayan mensajeros a hazerlo sauer y bengan a este
rreconosçimiento y traigan asimismo sus tributos. Bayan luego
nuestros mensajeros y espeçial a los dos rreyes de Aculhuacan
y de tepanecas, Neçahualpilli y Totoquihuaztli (...); <que>
sepan que esta çiudad es cabeça y padre y madre de todos los
demás pueblos, que está y asiste aquí la silla y trono del ympe-
rio mexicano» (Tezozomoc).

Rápidamente son enviados mensajeros por todos los pueblos, quienes
llevan la noticia de la coronación a las autoridades locales. También se

dispone que sean preparados los aposentos para recibir a los señores, así como la comida, rosas e incensarios. Poco a poco comenzaron a llegar a Tenochtitlan señores y principales, todos ellos llevando consigo presentes para el nuevo soberano.

Invitados los reyes de las ciudades aliadas, Texcoco y Tlacopan, Moctezuma manda llamar al cihuacoatl Tlilpotonqui, a quien le hace saber su deseo de invitar

> a n<uest>ros enemigos los tlaxcaltecas y tliliuhquitepecas y Huexoçingo y Cholula y los de Cuextlan y Metztitlan y los de yupiçingas y Mechuacan, dexada aparte la enemistad y guerras entre nosotros, (...) y bean de la manera que a n<uest>ros dioses serbimos y rreuerençíamos con n<uest>ros sacrifiçios y ser de la manera que es y está el gran ymperio mexicano» (Tezozomoc).

Conformes sus cortesanos y consejeros, rápidamente se dieron órdenes para seleccionar a los guerreros más valientes, así como a los mercaderes más capaces, quienes habrían de desempeñar la peligrosa misión de llevar la invitación del *tlatoani* nada menos que ante los jefes del enemigo. Para ello se escogió a gente experta en las labores de espionaje, es decir, mercaderes, capaces de hablar varios dialectos y comportarse según las maneras locales. Sabida la dificultad de su misión, Moctezuma los tranquilizó diciéndoles que «*si caso fuere y alguno de bosotros no boluiere y les susçediere <en>tre enemigos y allá murieren, yo tomo a mi cargo a u<uest>ras mugeres y hijos, los sustentaré de todo lo nesçesario al sustento humano y de bestirlos cada çinco meses como y rrey que soy*» (Ib.). La misión encomendada era, ciertamente, muy peligrosa. Se trataba de penetrar en el territorio de los feroces enemigos y superar las guarniciones y puestos militares, con guerreros siempre alerta *que ni un pájaro volando no podía pasar sin ser visto de ellos* (Durán).

Los primeros mensajeros se encaminaron a Huexotzinco. Allí cargaron cortezas de pino y trébol, para hacerse pasar por porteadores. El ardid surte efecto y pueden alcanzar el palacio del señor del lugar, Tecuanhehuatl. A los guardias que lo custodian les dicen los mensajeros que son enviados de una nación enemiga, pero sometida. Tras franquear la entrada, pueden hablar ante el rey, desvelando por fin su identidad. Tecuanhehuatl, sorprendido, les pregunta el motivo de su atrevimiento, y los enviados de Moctezuma contestan que es voluntad del nuevo soberano de Tenochtitlan aparcar temporalmente la enemistad entre ambos pueblos para que el rey de Huexotzinco acuda a la coronación de su rival. El hermano del rey local, Cuauhtecoztli, contesta en su nombre aceptando la invitación y diciendo que los nobles y principales de Huexotzinco estarán en Tenochtitlan en la fecha prevista. Inmediatamente después, parten los mensajeros hacia Cholula, Tlaxcala y Tliliuhquitepec, logrando en todas partes un resultado satisfactorio. Llegados de vuelta a Tenochtitlan comentaron a Moctezuma cómo sus enemigos habían aceptado la invitación. Al día siguiente regresaron otros emisarios, que se habían dirigido hacia la Huaxteca, Metztitlan y Michoacán, todos con el mismo resultado favorable.

Moctezuma se siente complacido: su coronación estará a la altura de sus ambiciones; será un espectáculo magnífico, que envidiarán sus aliados y maravillará a sus enemigos. Sorprende la fácil aceptación de éstos, si tenemos en cuenta que los aztecas eran famosos entre sus vecinos por sus ardides y traiciones y, más aún, si, de ser cierta la afirmación del cronista Tezozomoc, era la primera vez que los enemigos eran invitados a la fiesta de coronación de un soberano mexica. La respuesta puede estar, sin embargo, en Durán, quien afirma que ya a la fiesta de coronación de Ahuitzotl habían asistido los enemigos de Tenochtitlan. De ser cierto, el precedente haría confiar a los reyes rivales en la solidez de la tregua propuesta por los aztecas, por lo que no sería extraña su presencia en la ceremonia de coronación de Moctezuma, una vez garantizadas sus vidas.

Con gran contento del nuevo *tlatoani*, todo comenzó a ser dispuesto para la gran fiesta, en la que México-Tenochtitlan habría de mostrarse en todo su esplendor y poderío. Los jefes de *calpulli* recibieron la orden de aportar todo tipo de alimentos para el sustento de las embajadas extranjeras: numerosas clases de aves, codornices, conejos, liebres, pescados, etcétera. También son llevados al lugar de la ceremonia multitud de braseros e incensarios y flores, así como joyas y piezas de oro que demostrarán a los invitados lo rica que es la ciudad y su población. Todos los señores serán aposentados en catorce salas del palacio dispuestas para la ocasión, limpias y encaladas, con pieles de jaguar en los suelos, con sus paredes decoradas con pinturas, flores, penachos de plumas y rodelas, con asientos y *petates* para el descanso de los principales y con altos candeleros para observar la ceremonia a la medianoche. Las mejores salas fueron preparadas para los señores de Tlaxcala, Huexotzinco y Cholula, mientras que el resto de los principales invitados serán aposentados en salas distintas.

En un gran patio se levantó una choza o *xacalli*, que habría de albergar varios *teponaztli* o tambores. Sobre esta estructura se situó el

68

emblema de Tenochtitlan hecho en papel: un gran tunal sobre el que un águila devora una serpiente. A los lados de la choza, en cada esquina, se había situado un *tlauhquechol*, un gran pájaro de vistosas plumas, posiblemente una guacamaya o un flamenco.

Los aliados de Tenochtitlan, los reyes de Texcoco y Tlacopan, así como sus principales, recibieron ricos presentes de oro, plumas y piedras preciosas enviados por Moctezuma, así como mantas y finos paños. Después salieron todos al patio, ataviados con plumas y brazaletes de oro, comenzando a danzar detrás de los reyes aliados, quienes encabezan el baile. Por mandato de Moctezuma, el *petlacalcatl* o mayordomo mayor fue a buscar más regalos dispuestos para la ocasión. Esta vez correspondió al *cihuacoatl* obsequiar a los aliados con vestidos, piezas de plumería, joyas y piedras preciosas. Recordándoles la fugacidad de la vida y la presencia de los enemigos, los apremia a disfrutar de la fiesta diciéndoles: «*Señores, bestíos de estas rropas, que, <en> fin, tenemos la muerte a los ojos, que n<uest>ros enemigos tenemos delante, que oy que mañana* [será la muerte para ellos o para nosotros]. *Aprobechaos dello y tened <en> la memoria lo que os digo. Agora descansen u<uest>ros cuerpos, derrámense buestras lágrimas, sospiros, cantá y bailá, pues está al ojo todo*» (Tezozomoc).

Al atardecer del día de la coronación, comenzada la música y la danza, se mandó llamar a los señores y principales enemigos y se ordenó que fueran encendidos sólo dos de los braseros y hogueras preparados, a fin de que por donde pasasen no pudieran ser reconocidos por nadie del pueblo. Pronto comienzan a llegar secretamente a Tenochtitlan los gobernantes de los señoríos enemigos, en compañía de sus caballeros y cortesanos, algunos en persona, otros habiendo enviado en representación suya a personajes de alto rango. Rápida y secretamente, con pena de muerte para quien revelase su presencia en la ciudad, son llevados a sus aposentos. Asentados y dispuestos, pidieron ver al que será nuevo *tlatoani* de Tenochtitlan, para lo que solicitaron licencia por medio del aposentador. Concedida la audiencia, fue abierta una puerta falsa construida para la ocasión por la que fueron entrando uno a uno todos los señores de las naciones enemigas. Todos realizaron un largo y elogioso discurso y presentaron grandes riquezas y regalos al señor mexica, felicitándolo por su elección y deseándole un reinado feliz. Cuando acabaron de cumplimentar a Moctezuma, éste les agradeció su presencia con una larga y florida plática y les rogó que volvieran a sus aposentos para reposar. Acto seguido mandó Moctezuma que les llevasen lujosas mantas bordadas en vistosos colores, paños finamente labrados, ricas rodelas de plumería, armas, piezas de oro, joyas y pedrería.

Acabados de entregar los obsequios, les fueron dados de comer hongos alucinógenos —*teonanacatl*, carne de los dioses— a los jefes y señores rivales. Después salieron todos del palacio hacia el gran patio de Huitzilopochtli, adornado para la ocasión con multitud de flores. Allí se estaba celebrando una gran danza ritual, en la que participan más de dos mil personas. A la entrada de los enemigos en el patio se apagan las hogueras, para que éstos puedan bailar sin ser reconocidos. Cuando todos vuelven a sus habitaciones para reposar, se vuelven a encender las hogueras, para comenzar de nuevo la ceremonia a la noche siguiente, y así durante cuatro días.

Al cuarto día, cuando hubieron acabado las danzas y celebraciones, Moctezuma fue oficialmente coronado por los reyes de Texcoco y Tlacopan, así como por el gran sacerdote. La ceremonia debía tener lugar en lo alto de la pirámide de Huitzilopochtli, desde donde se esparcía agua sagrada en las cuatro direcciones. Después el nuevo soberano era ungido con betún divino y vestido solemnemente con las ropas y las insignias propias de la realeza, poniéndosele sobre la cabeza la corona de oro o *xiuhuitzolli*. Nuevamente eran ofrecidos discursos, en los que el nuevo soberano promete cumplir con todas sus obligaciones religiosas y políticas.

Cuando las ceremonias han acabado, el día 1 *cipactli*, son sacados de sus reclusiones —«casas de cautivos»— todos los prisioneros de guerra y llevados al templo para ser sacrificados. En los días anteriores a la ceremonia no se les había dado comida, preparándolos para su fin. La noche antes, les fueron cortados los cabellos de lo alto de la cabeza mientras a su alrededor se bailaba, se cantaba y se quemaba *copal*. Al amanecer a todos les era dado de comer, aunque muchos no habrían de probar bocado. No debieron ser pocos quienes debieron ser intoxicados con *pulque* o con algún brebaje, quién sabe si para que no sintieran su fin o para ablandar su resistencia. Vestidos y pintados para el rito, los prisioneros son dispuestos en una hilera a lo largo del *tzompantli*, donde se exponen las cabezas de los sacrificados.

Uno a uno comienzan a subir los escalones del templo. Cuando llegan a la cima, cada uno de ellos es sujetado por cuatro oficiantes y tendido boca arriba sobre la piedra de los sacrificios o *techcatl*, de forma que el pecho les queda en tensión. Mientras los cuatro sacerdotes sostienen a la víctima por las extremidades, un quinto le coloca una argolla de madera en la garganta para evitar que grite. Un sexto sacerdote, el principal, es el encargado de abrirle el pecho de un tajo por debajo de las costillas, empuñando con ambas manos un cuchillo de pedernal. Por la herida introduce una mano con la que arranca el corazón, que es ofrecido al sol, a la luna o a los astros. Más tarde el órgano vital se deposita en un recipiente o *quauhxicalli* —vasija del águila— para ser ofrecido a los dioses como comida, arrojado a sus pies o a su rostro o, por fin, quemado. La primera sangre que mana es recogida en una escudilla especial para luego ungir con ella a uno o varios dioses. Esta sangre, considerada un líquido precioso o *xíuhatl*, es a la vez purificadora y contaminante, sobrenatural, y sólo puede ser tocada por los sacerdotes. La sangre que se derrama sobre la piedra de sacrificios, el suelo del templo y los escalones ayudará a purificar el santuario. Acabado el sacrificio, el cuerpo inerte de la víctima es arrojado escaleras abajo hasta la base de la pirámide. Allí, es desmembrado para servir de banquete al guerrero que lo capturó y a su familia.

Moctezuma mismo participa en el ritual, realizando los primeros sacrificios. Tras él, le siguen los dos reyes aliados y los sacerdotes principales. Acabada la ceremonia, en la que se han sacrificado miles de cautivos, con las gradas del templo y patio bañadas de sangre humana, los soberanos se dirigieron a sus aposentos para comer juntos los hongos alucinógenos, con los que se embriagan y tienen visiones.

Cuando volvieron en sí, los señores de Tlaxcala, Huexotzinco, Cholula y Tliliuhquitepec, los pueblos enemigos, pidieron permiso para abandonar la ciudad. Concedido por Moctezuma, éste les hizo entrega de más preciosos regalos: armas, rodelas de plumas con sus divisas y joyas. Para su seguridad y para que nadie los importunase por el camino, ordenó que fuesen acompañados por una fuerte escolta, a pesar de lo cual siempre salían al anochecer y procuraban evitar ser reconocidos hasta llegar a su territorio. Otro tanto pasó con los reyes enemigos de Michoacán y Metztitlán, así como con huastecos y yopitzincas. La ceremonia había acabado y México-Tenochtitlan tenía un nuevo soberano, el más poderoso de su corta historia.

V. LOS PRIMEROS AÑOS DE REINADO

A comienzos del siglo XVI, como hemos tenido ocasión de ver con anterioridad, la Triple Alianza formada por Tenochtitlan, Texcoco y Tlacopan domina una larga lista de territorios heterogéneos y dispersos, manifestando ya síntomas de inestabilidad y problemas de gobernabilidad y administración. Cuando, en 1503, Moctezuma II accede al trono, las limitaciones del sistema político y administrativo mexica, larvadas desde sus propios comienzos en 1428, se pondrán claramente de manifiesto. Se puede decir, a grandes rasgos, que el Estado mexica presenta problemas de crecimiento, pues la expansión continuada inherente al propio sistema político mexica y que ha sido promovida por los soberanos que preceden a Moctezuma se ha hecho descuidando los aspectos logísticos y administrativos derivados del gobierno de tan vastos territorios. Moctezuma, de hecho, hereda un inmenso territorio construido a golpe de gloriosas campañas de conquista, cantadas por los poetas de su tiempo, pero difíciles de administrar. Su tío Ahuitzotl, que lo precede, es considerado un gran guerrero, responsable del poderío azteca, aclamado por el pueblo mexica gracias a sus victoriosas campañas, que surten a Tenochtitlan de tributo, mercancías para el comercio y cautivos para el sacrificio de sus dioses. Sin embargo, la política expansiva de Ahuitzotl tiene más resultados propagandísticos que prácticos, pues sirve apenas escasamente para solucionar los problemas de abastecimiento de la ciudad y su creciente población. Las campañas son exitosas, sí, pero nada se hace por consolidar lo conquistado, por administrarlo e incluso por mantenerlo. El incremento de la urbanización del Valle de México, con núcleos cada vez mayores y más poblados, hace que, para Tenochtitlan, la guerra se convierta en un mecanismo de mera supervivencia, obligada a emprender cada vez con mayor frecuencia una nueva expedición de inciertos resultados. A finales del reinado de Ahuitzotl existen ya evidencias de que el sistema ha entrado en crisis, pues las conquistas son más difíciles, lejanas y costosas. Las largas distancias hacen que las campañas sean cada vez menos rentables, pues es más complicado llevar

73

esclavos y productos hasta Tenochtitlan, más aún teniendo en cuenta que, debido a la ausencia de animales de carga, el transporte debe hacerse a hombros de porteadores.

Además, los territorios conquistados se rebelan con mayor frecuencia, conscientes de la lejanía de la metrópoli y la incapacidad de ésta para atender a la apertura de varios frentes. Por si fuera poco, el propio ideal de guerra mexica, según el cual se busca una victoria fácil y provechosa, hace dejar de lado la conquista de territorios y pueblos cuya dominación, desde el punto de vista estratégico, parece necesaria, pero que presentan serias dificultades debido a su belicosidad y potencial militar. Yopitzinco y los estados mixtecas de Tototepec en el Pacífico, y los enclaves de Meztitlán, Tlaxcala, Huexotzinco y Teotitlán eran territorios incontrolados y enemigos en pleno corazón del Estado azteca, pero su conquista es una tarea demasiado difícil y costosa, por lo que los sucesivos *tlatoque* apenas se la plantean.

La expansión mexica, además, ha tropezado con otros obstáculos. Por el norte, la aridez extrema del territorio hace que sólo vivan en él grupos de agricultura marginal y de nómadas, cuya conquista apenas interesa a los aztecas. La expansión hacia el oeste la cierran las altas montañas y los belicosos tarascos de Michoacán, nunca dominados. En dirección sur encuentran los aztecas los territorios y pueblos más ricos y cuyo control resultaría más provechoso: son las tierras del *cacao*, del algodón, de las gemas y de las plumas de *quetzal*. Sin embargo, las distancias son mucho mayores y el dominio de la Triple Alianza se diluye rápidamente después de cada nueva conquista. En el caso de las ciudades de las tierras bajas mayas, al sureste, el escaso desarrollo de sus mercados, demasiado localizados y económicamente menores, hace que su conquista apenas revista interés, pues el sistema de tributos azteca —la razón principal para emprender una campaña— dependía de unos mercados muy desarrollados en las provincias conquistadas. Tampoco resultaba rentable emprender la expansión hacia los reinos de las tierras altas de Guatemala, muy resistentes a la penetración exterior y sin demasiado interés económico desde el punto de vista azteca.

Por el sur, la Triple Alianza consigue llegar hasta el litoral del Pacífico, aunque a costa de inmensos sacrificios y constantes preocupaciones, pues, si bien se conseguía derrotar repetidamente a los pueblos de las montañas de Guerrero, siempre era necesario realizar una nueva campaña para someterlos de nuevo. Finalmente, por el este el dominio de la Triple Alianza superaba el istmo de Tehuantepec, aunque se trataba de

IMPERIO MEXICA Y SEÑORÍOS INDEPENDIENTES

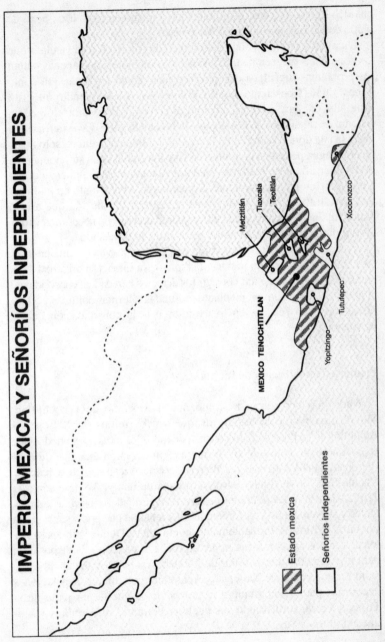

Metztitlán

Tlaxcala

Teotitlán

Xoconozco

MEXICO TENOCHTITLAN

Tututepec

Yopitzingo

Estado mexica

Señoríos independientes

una débil línea de puestos militares cuya misión era servir de nexo de unión con el rico territorio del Xoconusco.

Durante los últimos años del reinado de Ahuitzotl está ya claro que las conquistas ofrecen resultados cada vez menores, que apenas palían los problemas logísticos que produce una capital en expansión como Tenochtitlan. Consciente de ello, el *huey tlatoani* emprendió un vasto programa de obra públicas, cuya pieza clave fue la construcción de un sistema de canalización de agua que habría de llevarla desde tierra firme hasta la isla donde se asentaba la capital. La intención era no sólo abastecer de agua potable a la población sino aportar el agua suficiente para poder intensificar los cultivos y mejorar su rendimiento, alimentando así a una población en crecimiento. Sin embargo, el resultado no pudo ser más catastrófico, pues produjo una desastrosa inundación que arrasó Tenochtitlan y los campos de cultivo, por lo que fueron necesarios varios años y duros trabajos para poder reconstruir lo devastado.

Éste es el complicado panorama que encuentra Moctezuma cuando, en 1503, accede al trono mexica. Perspicaz, su intención principal será, como hemos visto, intentar corregir los defectos heredados, consolidando el poder del *huey tlatoani* mediante profundas reformas políticas y administrativas, y buscando, en lo exterior, más la consolidación que la expansión.

Primera demostración de fuerza

Nada más ser coronado como nuevo soberano de Tenochtitlan, Moctezuma recibe la noticia de que en los reinos de Xaltepec y Achiotlan se ha producido la matanza de todos los mexicas y aliados que se encontraban dentro de sus fronteras. Otra versión dice que quienes fueron asesinados fueron los mercaderes de Azcapotzalco, Chalco y Cuauhtitlan. En cualquier caso, se trataba de una grave agresión a la Triple Alianza, pues ponía en peligro la seguridad de las rutas comerciales y abría una vía de enfrentamiento y rebeldía que podía ser seguida por otros territorios. Probablemente, como señala Durán, la intención de los dos reinos agresores fue poner a prueba el poderío y la disposición para la guerra del nuevo señor de México. Así pues, realizada la agresión, los soberanos de Xaltepec y Achiotlan tomaron las disposiciones necesarias para hacer frente a la previsible respuesta por parte de la Triple Alianza, fortificando sus pueblos, cerrando sus caminos y bloqueando los accesos.

Conocida la agresión, Moctezuma hizo llamar a los soberanos de Texcoco y Tlacopan para reunirse en consejo. Cuando éste acabó, se decidió que era preciso emprender una campaña militar contra los dos reinos agresores, mandando

> *Motecuhzoma que luego en todas las ciudades se les diese noticia a los soldados y que luego se apercibiesen y que fuese la más que se pudiese juntar, y juntamente mucha cantidad de mantenimientos, porque para tierras tan apartadas de México y de las demás provincias era necesario llevar bastante provisión* (Durán).

Tomada la decisión de emprender la guerra, volvieron los reyes a sus respectivas ciudades para movilizar a los guerreros, y se produjo, según las fuentes, una auténtica avalancha de voluntarios, con el riesgo de que las ciudades quedasen despobladas. La guerra era, entre los mexicas, una ocasión para prosperar social y económicamente, pues los guerreros destacados, quienes capturan más prisioneros para el sacrificio, adquieren gran prestigio y reputación. Igualmente, quienes mueren en combate son apreciados y recordados en las ceremonias, siendo una muerte considerada dichosa. Por último, la guerra es ocasión para el robo y el exceso, buscando el beneficio personal. Así, son muchos los que se apuntan, no sólo de poblaciones de la Triple Alianza, sino también combatientes de fortuna venidos de Tlaxcala, Cholula o Huexotzinco, quienes se insertan en las compañías camuflados o como buenamente pueden.

Antes de partir, Moctezuma solicita de las provincias tributarias la provisión de armas, alimentos y otros pertrechos. Igualmente manda mensajeros para que den aviso a las poblaciones del camino del paso del ejército, ordenando que sea dispuesto todo lo necesario para su reposo y aprovisionamiento. También en Tenochtitlan se trabaja para proveer a los guerreros de todo lo necesario: cotas de algodón, arcos, flechas, rodelas de plumas, lanzas, macanas y lanzadardos o *atlatl*. En cada *calpulli* los ancianos y los guerreros veteranos entrenan a los jóvenes, mientras se preparan además los alimentos que habrá de llevar consigo el ejército en marcha.

Las fuentes mencionan que antes de partir se produjo un incidente con la ciudad hermana de Tlatelolco, con la que Tenochtitlan comparte el territorio de la isla en la que se asienta. Sujetada por ésta desde 1473, en que fuera derrotada por Axayacatl —con la excusa de que Moquihuix, *tlatoani* de Tlatelolco, había despreciado a su esposa, hermana de

Axayacatl, en favor de sus concubinas—, los tlatelolcas están obligados a pagar tributo, como cualquier pueblo conquistado. Mientras se está preparando la expedición, Moctezuma hace llamar a los señores de Tlatelolco, ante la tardanza de la ciudad en aportar los pertrechos requeridos. Inquiridos por su tardanza, los señores responden que es cierto que están obligados a pagar tributo, pero que los antecesores de Moctezuma, sus tíos Tizoc y Ahuitzotl, no se lo habían exigido. La respuesta de Moctezuma fue contundente:

> *«Si mis tíos disimularon con vosotros, yo no quiero disimular, sino llevar adelante lo que mi padre os mandó, pues lo ganó en buena guerra. Y aquí os mando que luego, antes que yo de aquí parta, me traigáis lo que sois obligados a traer, y agradeced que no os hago cumplir lo rezagado. Y esto haced; donde no, mandaré hacer justicia de vosotros»* (Durán).

Temerosos, los señores de Tlatelolco mandaron traer toda clase de víveres y pertrechos para el ejército expedicionario: cacao molido, maíz tostado y molido, frijol, pan de bizcocho, chiles, flechas, escudos para soldados y para capitanes, *macanas*, hondas, cotas y delgadas mantas de *nequén*. Satisfecho por la liberalidad mostrada por los tlatelolcas, Moctezuma dispuso que sus señores marcharan a su lado durante la expedición y que pudiesen acampar junto a su aposento, ordenando que fuesen servidos de todo cuanto necesitasen. Igualmente los restituyó en sus títulos y privilegios, permitiéndoles también reedificar su templo y considerando a Tlatelolco como una ciudad y provincia de por sí, *tratándolos como a deudos, parientes y amigos, dejándolos con sola la carga del tributo, que ésta jamás a nadie la perdonó* (Durán).

El día de partida de la expedición son los sacerdotes con sus ídolos a cuestas quienes primero se ponen en marcha. Un día más tarde salen los capitanes y guerreros destacados; al día siguiente partirán los guerreros mexicas, a los que seguirán, la mañana después, los texcocanos y, con otro día de intervalo, los tepanecas de Tlacopan, seguidos de los de las demás provincias. Esta peculiar disposición y manera de marcha, que teóricamente debilita al ejército, pues lo divide y favorece las emboscadas, obedece sin duda al hecho de que no existen grandes caminos ni rutas alternativas, por lo que un ejército tan numeroso debe dividirse y espaciar su salida para poder marchar convenientemente, por senderos estrechos, veredas y pasos montañosos. Componen la tropa miles de guerreros y un número aún superior de porteadores, que cargan sobre sus hombros víveres y pertrechos.

Puestos los ejércitos en ruta, *en maravilloso silencio y orden* (Hernández), van con ellos Moctezuma, el *cihuaóatl* Tlilpotonqui, Tlaltecatzin —recién elegido rey de Tlacopan— y todos los grandes señores. A la primera jornada de viaje mandó Moctezuma al cihuacoatl que regresase a Tenochtitlan, con el encargo de gobernar la ciudad en su ausencia y de ejecutar *a todos los ayos de sus hijos y a todas las amas que estaban en compañía de sus mujeres y mancebas y que pusiese otras de nuevo* (Durán). La medida, relacionada con la reforma administrativa que ya comentamos anteriormente, fue llevada a la práctica por el *cihuacoatl*, no sin antes asegurarse Moctezuma mediante el envío de espías de que sería cumplida.

Durante el viaje, Moctezuma manda adelantarse a los espías para reconocer el camino y las regiones que se habrán de atravesar, *para que mirassen la disposición de la tierra y la llanura y asperura de ella, y los passos peligrosos y los lugares por donde seguramente podrían entrar. Y todo lo traían pintado y lo presentavan al señor para que viesse la disposición de la tierra* (Sahagún).

Llegados ante los reinos rebeldes, Moctezuma ordena armar el campamento delante de las fortificaciones del enemigo, dividiendo a su ejército en tres partes. Tenochtitlan, Texcoco y Tlacopan, las tres ciudades aliadas, combatirán cada una por su lado, rodeando entre todas a la población enemiga. De esta forma, además, se sabrá cuál de los ejércitos de las tres ciudades ha sido más valiente y mejor dirigido. Establecida la táctica, el *huey tlatoani* ordena a sus espías que se adentren en la ciudad enemiga, para considerar sus defensas. La incursión se produce de noche, y con tanta facilidad que pueden robar de las mismas casas algunas piedras de moler, platos e incluso niños que se encontraban durmiendo junto a sus madres.

Las noticias complacen a Moctezuma, pues permiten anticipar una fácil victoria. Dirigiéndose a sus capitanes, les ordena no dejar con vida a nadie mayor de cincuenta años, *porque éstos eran los que cometían las traiciones y eran causa de las rebeliones e incitaban a la demás gente moza y les aconsejaban siempre mal* (Durán). El asalto comenzó cuando los sacerdotes lo consideraron conveniente, lo que manifestaron encendiendo fuegos y tocando sus caracolas. Rápidamente se formó un griterío, iniciándose el combate. Moctezuma marcha de los primeros, vestido con la piel de un prisionero desollado y tocando su tambor. Franqueadas las defensas de la ciudad, el objetivo es subir a su templo principal, en lo

79

alto de la pirámide, e incendiarlo. La resistencia de los xaltepecas apenas puede hacer nada frente a la superioridad del enemigo, que roba, saquea y mata según las órdenes y la costumbre. A lo largo de varios días los ejércitos de la Triple Alianza se dedican a asolar la región, tomando víveres y cautivos. Después de Xaltepec cae Achiotlan, y son varias las ciudades que se apresuran a rendir pleitesía al *huey tlatoani* de Tenochtitlan. Testigos de la victoria de los mexicas y sus aliados, una delegación de Tehuantepec se acerca hasta Moctezuma para felicitarlo por su victoria y agasajarlo como nuevo *huey tlatoani* de Tenochtitlan, llevándole ricos y cuantiosos regalos. Deseosos de emparentar con tan poderoso señor, le piden una hija o una hermana para desposarla con su señor, afianzando así los lazos de unión entre ambos reinos.

Durante el camino de regreso a la capital, Moctezuma es recibido con entusiasmo y júbilo por donde pasa. Por todas partes los señores locales se humillan y rinden homenaje al emperador, que es transportado en hamaca por algunos de sus principales. En cada pueblo que atraviesa la comitiva se le preparan aposentos bien dispuestos, recibiendo comida y regalos. Cuando llega a Chalco, Moctezuma es agasajado como nunca antes lo había sido un soberano mexica, comiendo y bebiendo de manera opulenta y siéndole ofrecida *mucha suma de riquezas recogidas en aquella provincia* (Durán). Descansando en Chalco, Moctezuma envió aviso al islote de Tepepulco para que todo fuera preparado para recibirlo, pues desea reposar allí antes de partir hacia Tenochtitlan, como ya hiciera al final de su campaña de coronación.

En Tepepulco tiene Moctezuma una casa de recreo, y es su intención, según dice, esperar en este lugar a que lleguen los prisioneros capturados durante la campaña. Al mismo tiempo envió mensaje al *cihuacoatl* ordenándole que, cuando llegasen los señores a la capital, fuesen recibidos con toda pompa y solemnidad, como si él mismo se encontrase entre ellos. Finalmente, Moctezuma ordena a sus capitanes que se encaminen a Tenochtitlan, mientras él toma el camino de Tepepulco.

Cuando llega a su residencia es recibido por todos los pescadores de la laguna, quienes le ofrecen toda clase de animales, peces, pájaros, reptiles y anfibios, saludándolo con halagos y parabienes. Agradecido, Moctezuma da de comer y de beber a todos los que vienen a saludarlo, regalando ropas a los ancianos, las viudas y los niños. Cuando llega la noche, embarca en una canoa con seis remeros y se dirige secretamente a Tenochtitlan, como era desde el principio su intención. Quiere ver cómo llegan los guerreros a la ciudad con sus prisioneros y si son recibidos como corresponde y él mismo ha ordenado. Disfrazado, puede observar cómo efectivamente la ciudad entera sale a recibir a los vencedores con grandes muestras de alegría. Los señores y capitanes se dirigen directamente al templo, donde dan gracias a los dioses y realizan el ritual acostumbrado, comiendo *con el dedo la tierra de junto a sus pies* (Durán). Antes de acabar las ceremonias, el sonido de las caracolas anuncia que Moctezuma se encuentra ya en su palacio, así que todos se dirigen allí para cumplimentarlo y felicitarlo por la victoria. Por todos los rincones de Tenochtitlan se muestra la algarabía y contento de la población, pues no sólo han regresado sus parientes con vida de la guerra sino que su nuevo soberano los ha conducido a una importante victoria, gracias a la cual las riquezas de la ciudad se acrecientan y sus dioses son, una vez más, alimentados. Ancianos y pobres acuden a felicitar y dar la bienvenida a los vencedores, como es costumbre, esperando recibir a cambio algo de comida y bebida, alguna vestimenta o parte del botín.

Moctezuma debe sentirse satisfecho, pues la campaña ha sido un éxito. No sólo se ha aplastado una rebelión sino que otras ciudades, viendo el poderío mexica, se han apresurado a declarar su vasallaje al *huey tlatoani* de Tenochtitlan.

La guerra contra Tlaxcala

En 1504, cuando apenas lleva un año de reinado, Moctezuma tiene la ocasión de intervenir en el Valle de Puebla, donde se encuentran sus grandes enemigos, Tlaxcala y Huexotzinco. La ocasión se presenta propicia, pues Huexotzinco aparece asolada por crueles guerras internas, de las que intentan aprovecharse tanto Tlaxcala como la Triple Alianza, tomando partido por uno de los dos bandos.

Las hostilidades se desencadenan cuando un grupo de huexotzincas penetra en territorio de Tlaxcala y se allega a la ciudad de Xiloxochitlan,

> *donde cometieron grandes tiranías y crueldades en las gentes que hallaron descuidadas y, ansimismo, allí mataron peleando a un principal de Tlaxcalla de mucha cuenta, que hallándose en este sobresalto y alboroto salió con alguna gente a defender y amparar la gente de aquel lugar, y como le faltase favor y socorro, obo de morir peleando. Llamábase Tizatlacatzin y era principal de la parte y cabecera de Ocotelulco y del barrio de Contlantzinco* (Muñoz Camargo).

La muerte de Tizatlacatzin y sus hombres fue muy sentida en Tlaxcala, así como el cruel e inesperado ataque, por lo que con toda presteza se organizó una expedición de castigo contra Huexotzinco. Ante la respuesta de sus enemigos, los huexotzincas solicitaron la ayuda de la Triple Alianza, sabedores de que Tenochtitlan y sus aliados no desperdiciarían una ocasión para infringir un severo castigo a su gran enemigo, Tlaxcala. Moctezuma envió un gran ejército, uno de cuyos capitanes era Tlacahuepantzin, uno de sus hijos. Antes de que el ejército de los mexicas y sus aliados puedan siquiera acercarse a Tlaxcala, éstos, excelentes guerreros, se adelantan a sus movimientos y los esperan bien pertrechados en Atlixco. Pillados por sorpresa, mexicas y huexotzincas sufren una severa derrota y huyen en desbandada dejando tras de sí gran número de muertos, entre ellos Tlacahuepantzin. Seguidamente, los tlaxcaltecas arrasan los cultivos de Huexotzinco e incendian el palacio de su rey, Tecayehuatzin, y las casas de otros principales. El castigo fue durísimo, pues, arruinadas sus cosechas, el hambre obligó a los huexotzincas al año siguiente a trabajar las tierras de los mexicas para poder ganarse el sustento.

La grave derrota de sus ejércitos es considerada por Moctezuma una afrenta imperdonable. Decide entonces acabar con la tenaz resistencia de Tlaxcala al poder mexica, y, para lograrlo, resuelve enviar un gran ejército en el que tendrán cabida no sólo mexicas y huexotzincas, sino todos los señoríos y poblaciones aliadas. Por medio de regalos y promesas intenta ganar adeptos, especialmente entre la población otomí, refugiada en Tlaxcala. La táctica consistirá en reunir el mayor número de guerreros posible y lanzar un ataque coordinado sobre Tlaxcala desde todas las direcciones. Para ello

> halláronse por las partes del Norte los zacatecas y tozapanecas, tetelaques, iztaquimaltecas y tzacuhtecas; luego los tepeyaqueños y quechollaqueños, tecamachalcas, tecalpanecas, totomihuas, chololtecas, huexotzincas, tezcucanos aculhuaques, tenuchcas mexicanos y chalcas (Muñoz Camargo).

La ofensiva comenzó como estaba previsto, atacando a la vez por todos los puntos. Sin embargo, pronto los atacantes se encontraron con la feroz resistencia de las poblaciones otomíes que guardaban las fronteras, quienes desconfiaron de los regalos y promesas ofrecidos por los mexicas. La respuesta de los otomíes sorprendió incluso a los tlaxcaltecas, quienes ni siquiera tuvieron tiempo de intervenir. Las guarniciones otomíes se bastaron para repeler el ataque y aún para contraatacar y seguir al enemigo en desbandada, capturando botín y prisioneros. Presentados por los otomíes los trofeos a los cuatro jefes de Tlaxcala, en agradecimiento *casaron muchos señores sus hijas con los capitanes otomíes (...) en pago de agradecimiento y armaron caballeros a muchos de ellos para que fuesen tenidos y estimados en la república por personas nobles y calificadas en ella* (Torquemada). Victoriosos, pero recelando de su poderoso enemigo, en adelante los tlaxcaltecas mostrarán más cautela, reforzando la ciudad, levantando fosos y apercibiendo guarniciones, pues saben que Moctezuma tendrá siempre como objetivo la conquista de Tlaxcala.

La gran hambruna

El reinado de Moctezuma había empezado con una profunda sequía, que se prolongó durante los tres años siguientes. Ya la fecha de su advenimiento al trono, 10 *tochtli* —conejo— (1502), despertaba el recelo del soberano, pues cuatro años más tarde, según el ciclo del calendario azteca, se llegaría al año 1 *tochtli*, precisamente aquel en el que durante el reinado de Moctezuma *el joven*, se produjo una grandísima hambruna y *fue tanta la esterilidad y falta que de todas las cosas había que la gente comenzó a desfallecer y enflaquecerse con la hambre que padecían, y muchos se morían, y otros se huían a lugares fértiles a buscar con qué sustentar la vida* (Origen de los mexicanos). El suceso debió causar una honda conmoción en el pueblo azteca y será recordado en los anales como una gran calamidad, pues las gentes hambrientas *vendían los hijos, y daban por un niño un cestillo muy pequeño de maíz a la madre o al padre, obligándose a sustentar al niño todo el tiempo que la hambre durase* (Ib.).

Moctezuma es un hombre supersticioso. Sabe que aquella hambruna se produjo en un año 1 *tochtli* y, conforme a la concepción cíclica del calendario azteca, los acontecimientos pueden volver a repetirse, como de hecho empieza a observar. 1 *tochtli* (1506) será además el inicio de un nuevo ciclo del calendario, y empezar un nuevo «siglo» bajo malos augurios no puede menos que ser una gran temeridad.

Cada cincuenta y dos años finaliza un ciclo del calendario azteca y comienza otro nuevo. El ciclo de cincuenta y dos años resulta de la combinación de dos sistemas: un año solar de 365 días o *xiuhpohualli*, compuesto por 18 meses de 20 días más cinco días aparte o *nemontemi*; y un año ritual de 260 días o *tonalpohualli*, integrado por trece veintenas. En el primer sistema, cada día recibía un número del 1 al 20 y el nombre del mes en curso, es decir, el año comenzaba por 1 *izcalli* y seguía con 2 *izcalli*... hasta completar 20 *izcalli*, pasando entonces a 1 *atlcahualo*. En el segundo, el *tonalpohualli*, cada día recibía un número del 1 al 13 y un nombre, de tal forma que a 1 *cipactli* le seguían 2 *ehecatl*, 3 *calli* y así hasta completar con 13 *acatl*, comenzando de nuevo la rueda de números con 1 *ocelotl*, 2 *cuauhtli*, etc.

Cuadro 3
Meses del Xiuhpohualli

NOMBRE DEL MES	SIGNIFICADO
Izcalli	Crecimiento
Atlcahualo	Cesan las aguas
Tlacaxipehualiztli	Desollamiento de hombres
Tozoztontli	Pequeña vigilia
Huey tozoztli	Gran vigilia
Tóxcatl	Sequía
Etzaqualiztli	Comida de etzalli (bledos)
Tecuilhuitontli	Pequeña fiesta de los señores
Huey tecuilhuitl	Gran fiesta de los señores
Tlaxochimaco	Ofrenda de flores
Xocotlhuetzi	Caída de xócotl (un fruto)
Ochpaniztli	Barrimiento
Teotleco	Bajada de los dioses
Tepeilhuitl	Fiesta de los montes
Quecholli	Flamenco
Panquetzaliztli	Erección de banderas
Atemoztli	Bajada del agua
Títitl	Estiramiento
Nemontemi	Días vanos

(Fuente: Rojas, 1987: 411)

Una fecha completa tenía su número y nombre del *tonalpohualli* y su número y mes del *xiuhpohualli*. De esta forma, la combinación de ambos calendarios hacía que un día no se repitiera hasta dentro de 52 años, lo que formaba un «siglo» azteca. La denominación de los años, aunque variable, respondía a un patrón más restringido: cada uno era designado por el nombre del día del *tonalpohualli* que coincidía con 20 *tititl*, de forma que sólo los días *calli*, *tochtli*, *acatl* y *tecpatl* podían ocupar esa posición, cada uno de ellos acompañado a su vez por uno de los 13 numerales: al año 1 *tochtli* le siguen 2 *acatl*, 3 *tecpatl*, 4 *calli*, 5 *tochtli*, 6 *acatl*, 7 *tecpactl*, etc.

El paso de un ciclo a otro se consideraba un momento de especial importancia en la cosmovisión de los mexicas, y debían realizarse cuidadosos ritos y ceremonias para asegurar la prosperidad del mundo y del pueblo azteca durante el ciclo siguiente. El número cincuenta y dos, clave en el calendario azteca, es también importante para la vida de las personas, pues al cumplir esa edad se les permite dejar de pagar impuestos y beber alcohol libremente.

Cuadro 4
Días del Tonalpohualli

NOMBRE DEL DÍA	SIGNIFICADO
Cipactli	Cocodrilo
Ehécatl	Viento
Calli	Casa
Cuetzpallin	Lagartija
Cóatl	Serpiente
Miquiztli	Muerte
Mázatl	Venado
Tochtli	Conejo
Atl	Agua
Itzcuintli	Perro
Ozomatli	Mono
Malinalli	Hierba
Ácatl	Caña
Océlotl	Jaguar
Quauhtli	Águila
Cozcaquauhtli	Buitre
Ollin	Movimiento
Técpatl	Cuchillo de pedernal
Quiahuitl	Lluvia de fuego
Xóchitl	Flor

(Fuente: Rojas, 1987: 411-412)

Al finalizar el ciclo, a fin de garantizar la prosperidad del siguiente se realiza la ceremonia del «Fuego Nuevo», que coincidía siempre con la fecha en que la constelación de las Pléyades pasaba el cenit a medianoche: mientras en todas las casas se desechaban los enseres viejos, a medianoche eran apagadas todas las hogueras, dejando todo sumido en la oscuridad; al mismo tiempo, en lo alto del Cerro de la Estrella, los sacerdotes prendían un fuego en un palo puesto horizontalmente sobre el pecho de un cautivo. Después encendían otro palo con cuidado de que no se apagase y arrancaban el corazón del cautivo *y arrojávanlo en el fuego, atiçándole con él; y todo el cuerpo se acabava en el fuego* (Sahagún). Si la llama se mantenía viva se consideraba que Venus, la estrella de la mañana, la primera luz que había vencido a las tinieblas, en un año 1 *tochtli*, se levantaría de nuevo, dando inicio un nuevo período de cincuenta y dos años de prosperidad y bienestar, pues la «ligadura de años» se había realizado con éxito. Rápidamente partían del cerro multitud de mensajeros para transportar el fuego hasta los hogares, incluido el palacio de Moctezuma. Por la mañana, las gentes renovaban sus vestidos, mobiliario y utensilios, incluidas las imágenes de los dioses, todo bajo una alegría general.

Hombre profundamente religioso, Moctezuma no quiere que bajo su reinado comience un nuevo período con connotaciones funestas, como piensa que sucederá en el futuro año 1 *tochtli*. Así pues, decide modificar el calendario y trasladar de fecha la fiesta del Fuego Nuevo al año siguiente al que le corresponderá, es decir, 2 *acatl* —caña—. La reforma en cuestión, analizada en detalle por Graulich, va más allá de un simple cambio de fechas, pues alcanza a tener unas derivaciones simbólicas de primer orden. En primer lugar, se descarta de un plumazo, como hemos visto, empezar un nuevo ciclo bajo los nefastos precedentes derivados de la fecha 1 *tochtli*. En segundo lugar, significa asegurar la preponderancia de la gran divinidad azteca Huitzilopochtli-Tezcatlipoca y del sol, haciendo pasar a un segundo término a Quetzalcoatl. Esto es así porque la ceremonia de la «ligadura de años» no sólo ha sido trasladada de año, sino también de mes, pasando de *Ochpaniztli* —mes en el que se celebra la creación de la tierra y el nacimiento de Cinteotl, la estrella de la mañana, asimilada también a Quetzalcoatl— a *Panquetzaliztli* —el mes en el que se celebra el nacimiento de Huitzilopochtli, el sol—. Por otro lado, la elección del año 2 *acatl* es deliberada, pues guarda también relación con Huitzilopochtli. En conclusión, no sólo es intención de Moctezuma iniciar un nuevo período del calendario bajo nuevos y mejores augurios, sino que establece toda una reforma de alcance astronómico y religioso para situar a Huitzilopochtli como el dios supremo del panteón azteca, en lo que podría interpretarse como un rasgo de afirmación «nacionalista», pues lo ubica ya definitivamente por encima de otros que, como Quetzalcoatl, son de origen extranjero. Estamos asistiendo, pues, a un proceso de fortalecimiento del Estado en torno a un dios nacional y propio, es decir, no compartido con otros pueblos, cuyo advenimiento es patrocinado por quien se ve a sí mismo como el más poderoso de los soberanos aztecas, Moctezuma.

El soberano piensa en realizar esos cambios para cuando llegue el momento, acuciado sin duda por la necesidad. A pesar de los éxitos militares y de los intentos por comenzar bajo su reinado una época de prosperidad y abundancia, lo cierto es que durante los primeros años de Moctezuma se reproduce la sequía que oscureció parte el reinado de su bisabuelo, Moctezuma Ilhuicamina. Las crónicas cuentan que durante tres años no llovió y que,

> *no teniendo los mexicanos ni su comarca qué comer, se apartaban a tierra muy lejas y extrañas a comprarlo; y llegó a extremo que habiendo gastado todo cuanto tenían estas cuitadas gentes en los bastimentos que les faltaban, llegó a punto de vender las madres a sus hijos por precios bien cortos y limitados* (Torquemada).

La hambruna debió ser terrible. Pese a las precauciones tomadas por la población, que cuando *llegava ce* [1] *tochtli, a quien temían mucho por la hambre, todos procuravan de juntar y esconder en sus casas muchos mantenimientos y todos los géneros de semillas que se podrían comer* (Sahagún), la sequía acabó por instalarse de manera permanente. El mismo Moctezuma se vio obligado a eximir de tributos a la población y a abrir sus depósitos para alimentar a los desesperados mexicas, recurriendo también a importar grandes cantidades de maíz desde la costa del golfo de México.

Nada de esto tiene efecto. La población huye de la ciudad en busca de tierras en las que poder sobrevivir, muriendo muchos en los caminos y marchando otros definitivamente de Tenochtitlan. Para poder mejorar el aporte de agua se intentó remozar el acueducto, pero con tan mala suerte que nada más comenzar a fluir el agua un rayo cayó sobre un templo y lo incendió. Viendo el humo y el gentío, los habitantes de Tlatelolco pensaron que Tenochtitlan estaba siendo atacada, por lo que acudieron armados en su ayuda. Moctezuma interpretó —o quiso interpretar— que se trataba de un golpe de mano de los tlatelolcas, a quienes castigó privándolos de sus cargos, aunque poco más tarde les serían restituidos.

Las desgracias parecen no venir solas. El 16 de marzo de 1504 un eclipse de sol siembra el pánico entre la población, que corre despavorida sin saber dónde esconderse. Se piensa que la oscuridad está ganando la batalla al sol, y que si éste es engullido el mundo será invadido por los monstruos de la oscuridad, los Tzitzimimes, quienes devorarán a los hombres. Mucho mayor temor tenían las mujeres embarazadas, pues pensaban que los niños podrían transformarse ellos mismos en Tzitzimimes, y que sólo podían evitarlo introduciendo en su vientre o su boca un trozo de obsidiana. Para acabar de una vez con los nefastos agüeros, en los templos debieron celebrarse solemnes ceremonias, con grandes gritos y lloros *porque entendían que se llegaba el fin del mundo* (Muñoz Camargo), rezando y sacrificando prisioneros albinos, custodiados en el palacio de Moctezuma. Afortunadamente, el sol volvió a salir de su *cautiverio*, aunque las desgracias no finalizaron.

En el año 1505 se llegó al momento más agudo de la hambruna y la sequía. El volcán Popocatepelt dejó de echar humo durante veinte días, lo que fue interpretado como una señal de que el año podría traer buenas cosechas. Un año después, en 1 *tochtli*, se celebró una ceremonia en la que participó Moctezuma para propiciar la fertilidad de la tierra. El sacrificio, celebrado durante la fiesta de Tlacaxipehualiztli o «desollamiento de hombres», consistió en sacrificar a una víctima vestida con los atributos de Xipe Totec, el dios de piel desollada que gobierna sobre el maíz maduro y los cambios de estación. Moctezuma mismo se encargó de realizar el sacrificio disparando numerosas flechas sobre un cautivo, sujeto de pies y manos. Para los aztecas, la sangre que mana del prisionero fertilizará la tierra, augurando un año de abundancia. Sin embargo, el resultado no puede ser más contrario, pues una plaga de roedores acabó por arruinar las cosechas. De alguna manera, Moctezuma tenía razón, y los años *tochtli* o conejo no le habían resultado en absoluto propicios. Debió pensar entonces que ahora más que nunca era necesaria la meditada reforma del calendario y que la próxima fiesta del Fuego Nuevo se celebraría no en un año 1 *tochtli*, sino en el siguiente 2 *acatl*. Eso es lo que finalmente se hará.

Las campañas de Oaxaca

Si la primera incursión de Moctezuma como *tlatoani* en Oaxaca había sido para aplastar la rebelión de los reinos de Xaltepec y Achiotlan y realizar una demostración de fuerza, ahora, en 1505, era necesario dirigir hacia allí de nuevo a los ejércitos, pero esta vez por razones comerciales. Para Tenochtitlan, Oaxaca es una pieza importante en la ruta que une el centro de México con las tierras del istmo de Tehuantepec y la región maya, por lo que controlar a los pueblos que allí se asientan y garantizar el libre paso de los comerciantes mexicas va a ser una constante a lo largo de su reinado.

Para la mentalidad de los aztecas es necesario tener una excusa antes de poder emprender una guerra. En este caso, la justificación se la dieron los lapidarios de Tenochtitlan. Conocido por los pulidores de piedra que en la región de Quetzaltepec y Tototepec existía una fina arena apropiada para labrar las piedras, así como el esmeril para bruñirlas, acudieron a Moctezuma para indicárselo y señalarle de paso que esas dos ciudades ponían al producto un precio, a su juicio, excesivamente alto. Asumiendo las quejas de los comerciantes, Moctezuma envió una delegación para intercambiar productos y abrir así el mercado a sus mercaderes y artesanos. Cien principales fueron enviados a Tototepec cargados de ricas mantas, joyas y trabajos de plumería, con el encargo de ofrecer la amistad del *huey tlatoani*. Recibidos por el señor de la región y expuestas sus demandas, éste los aposentó y les dijo que antes de tomar ninguna decisión sobre el asunto debía consultarlo con su aliado, el señor de Quetzaltepec. Enviado un mensajero a la corte de su socio, éste decide rebelarse contra los aztecas, pidiendo al señor de Tototepec que le envíe con engaños a la mitad de los mensajeros de Tenochtitlan para dar cuenta de ellos y aconsejándole que él haga lo mismo. Aceptada la proposición, así lo hicieron. Cuando los cincuenta emisarios aztecas llegaron confiadamente ante el señor de Quetzaltepec para presentarle los regalos de parte de Moctezuma, aquél les espetó:

«*¿Piensa Moctezuma de sujetar todo el mundo, que nos manda como si fuéramos sus vasallos? Bien parece que no ha probado el valor de los quetzaltepecas, ni los mexicanos han tenido guerra con nosotros, que no os atrevierais vosotros a venir con esos atrevimientos*» (Durán).

A una señal suya, sus guerreros se abalanzaron sobre los mensajeros mexicas y los asesinaron, echando sus cuerpos al río. Otro tanto ocurrió en Tototepec. Previendo la furiosa respuesta de Moctezuma, rápidamente se pusieron manos a la obra para fortificar sus ciudades y cerrar los caminos de acceso. En Tototepec fueron construidas cinco empalizadas de piedra, tierra y troncos de árboles. Acabados los trabajos, se pusieron guardias permanentes y centinelas, disponiendo vigilantes en los caminos.

Viendo la tardanza de su embajada, Moctezuma decide enviar nuevamente mensajeros, quienes le informan de que han hallado los caminos cerrados y los cuerpos de los embajadores muertos y comidos por las fieras. Y para probarlo traen consigo sus ropas, que son presentadas a los jefes de *calpulli* y a las viudas para que las reconozcan. La noticia enfureció al *huey tlatoani*, quien ordenó entonces salir a sus espías y apercibirse para la guerra. Tres días más tarde se puso en marcha un gran ejército, con guerreros de Tenochtitlan, Texcoco y Tlacopan, de todas las ciudades y provincias, con la orden de juntarse en Xaltianquizco. Durán dice, exageradamente, que eran de la partida 400.000 guerreros, cantidad a todas luces innecesaria y excesiva.

Reunidas las tropas en el punto fijado, Moctezuma se reunió con sus socios de la Triple Alianza y juntos determinaron cercar a Tototepec por tres partes: los guerreros de Texcoco por la derecha, los de Tlacopan por la izquierda y los de Tenochtitlan por el centro, *porque* [Moctezuma] *era amigo de ver en quién estaba la falta y flaqueza* (Durán). Enviados exploradores, éstos encontraron los caminos cerrados, aunque pudieron hallar atajos. Así llegaron al río Quetzalatl, que se encontraba crecido y bajaba rápido y en la otra orilla se hallaba el enemigo, confiado en que la corriente detendría a los mexicas. Moctezuma ordenó que se hicieran balsas y puentes y, a la noche, dio la orden de cruzar el río. Descuidada la guardia de Tototepec, los mexicas pudieron entrar a sangre y fuego hasta el centro de la ciudad, quemando el templo y las residencias reales. No quedando más que mujeres y niños, a los que Moctezuma mandó respetar la vida, los guerreros pasaron el día saqueando las casas y los pueblos de los alrededores. Los mexicas capturaron 600 prisioneros, por 400 de los texcocanos y 350 de los tepanecas de Tlacopan.

Cuando las tropas se hubieron reunido de nuevo, se decidió marchar contra Quetzaltepec. Informado de los seis sistemas de murallas que los quetzaltepecas habían levantado para proteger la ciudad, se decidió construir escalas para tomarlas al asalto. Sin embargo el enemigo, en previsión de esta maniobra, acumuló piedras y palos y dispuso a toda la población sobre los muros para que, cantando y voceando toda la noche, mostrasen a sus rivales que no podrían ser pillados por sorpresa.

A la mañana siguiente los cercados se decidieron a realizar una incursión. Moctezuma mandó contra ellos sólo a los mexicas, los chalcas y los tlalhuicas, reservando a texcocanos y tepanecas. Entablada la batalla, con muchas bajas por ambas partes, las tropas de la Triple Alianza se retiraron finalmente.

A la mañana siguiente los quetzaltepecas repitieron la operación y Moctezuma envió contra ellos a los tepanecas de Tlacopan. El resultado fue el mismo de la víspera, pues no consiguieron avanzar hacia el muro, fuertemente defendido desde lo alto. Al tercer día el resultado comenzó a cambiar ya desde temprano. Viendo Moctezuma que los tepanecas conseguían retrasar a sus enemigos hasta el muro, ordenó atacar a las tropas de mexicanos y texcocanos. Todos juntos consiguieron romper la resistencia enemiga, saltando las murallas con escalas. Pasada la primera cerca defensiva, en la segunda los defensores plantearon una resistencia desesperada que duró tres días. Agotados, mandaron una delegación a decir que no entregarían la ciudad y a conminar a Moctezuma a que se retirase, lo que éste rechazó. Ese mismo día cayó la segunda empalizada, y así fueron los atacantes llegando hasta la quinta. Minada por muchas partes, un grupo de aztecas y aliados entró de noche en la ciudad e incendió el templo. Los pobladores, visto el fuego, comprendieron que el enemigo pronto realizaría un asalto en masa y enviaron a mujeres y niños a ponerse a salvo en los montes. La resistencia de los guerreros de las empalizadas pronto fue menguando, muriendo muchos en el combate. Cuando entran los mexicas, las casas están vacías y a ellos sólo se allegan viejos y principales para pedir clemencia y reconocerse vasallos de Tenochtitlan. Recibidos por Moctezuma, éste los perdonó y ordenó que cesase el pillaje. Los señores locales le ofrecieron gran número de regalos y tributo como signo de sumisión. Las mantas que le entregan las reparte entre sus aliados texcocanos y tepanecas, mostrándoles así su agradecimiento por la ayuda prestada. Fijado el tributo y reconocido el vasallaje, la ciudad comenzó a ser poblada de nuevo.

El viaje de regreso a Tenochtitlan se hizo, una vez más, recibiendo los parabienes y felicitaciones de todos los pueblos por los que pasaba la comitiva. Llegado a la ciudad se hizo el ritual de rigor, aunque esta vez con una novedad: Moctezuma se untó el cuerpo de betún amarillo y se colocó sus orejeras, narigueras y bezote, mientras el *cihuacoatl* se vistió con las ropas de la diosa del mismo nombre, llamadas «ropas del águila». Entrados ambos en la ciudad y llegados al templo, Moctezuma, como siempre, se sangró en orejas, brazos, muslos y espinillas, dando las gracias a Huitzilopochtli por la victoria.

Finalizando el año de 1505 nuevamente Moctezuma tuvo que intervenir en Oaxaca para sofocar una rebelión. Esta vez fueron las ciudades de Yanhuitlan y Zozollan las que dificultaron las actividades comerciales de los mexicas. El interés de Moctezuma en Oaxaca, como el de sus antecesores, será una constante durante su reinado, viniendo motivado por su riqueza en materias primas, como el oro de Zozollan, y los objetos manufacturados que fabrican los artesanos de la región mixteca, cerámica u orfebrería, por ejemplo. Además, Oaxaca era una vía de paso hacia el istmo de Tehuantepec, la región maya y la provincia mexica del Xoconusco, área desde las que Tenochtitlan se surte de cacao, pieles de jaguar, plumas preciosas, jadeíta y otros elementos y objetos muy estimados. Por último, el control sobre Oaxaca permitía encerrar a las poblaciones enemigas del valle de Puebla y defender el lado sur de la ruta costera. Así pues, Moctezuma siempre tendrá motivos para enviar ejércitos a la región, bien para eliminar y someter a pueblos hostiles, bien para sofocar revueltas.

Yanhuitlan y Zozollan, los dos pueblos ahora insumisos, prohíben el paso a los mexicas. La respuesta de Moctezuma sigue un patrón similar al de casos anteriores: envío de mensajeros para tantear el terreno y al enemigo, resultados negativos de la misión y preparación y puesta en marcha de un ejército. Las tropas de la Triple Alianza masacraron a la población de Yanhuitlan, capturando prisioneros y quemando y rapiñando la ciudad. Cuando llegan a Zozollan encuentran una ciudad desierta, saqueándola durante cuatro días y regresando después a Tenochtitlan con cientos de prisioneros. La versión de otra fuente, Torquemada, difiere sin embargo en gran medida, citando que hubo una fuerte rebelión en toda la Mixteca, encabeza por los reyes Nahuixochitl —4 flor— de Zozollan y Cetecpatl —1 cuchillo de obsidiana— de Coixtlahuaca. Cuenta el cronista cómo, decididos a rebelarse al poder mexica, matan a todos los funcionarios aztecas de la región, y Moctezuma envía contra ellos un fuerte ejército, que sólo puede poner en retirada al enemigo, sin derrotarlo. Organizada una nueva expedición, dirigida por Cuitlahuac, hermano de Moctezuma, al llegar a la región rebelde se une a ella Cozcacuauhqui, hermano de Cetecpatl. Los mexicas logran vencer al enemigo, que había recibido refuerzos llegados de Tehuantepec, Tototepec y Yopitzinco, y capturar muchos prisioneros, entre ellos Cetecpatl, quien será llevado a Tenochtitlan y sacrificado. En pago por su alianza, su hermano le sustituirá en el trono, mientras que Nahuixochitl logra escapar, aunque posteriormente será derrotado y sacrificado. Los cautivos de guerra sobrepasan el millar y serán sacrificados en la fiesta del mes Tlacaxipehualiztli, en honor del dios Xipe Totec —«nuestro señor el desollado»—, en la que les serán arrancados los corazones y sus pieles serán vestidas por personas que representan así al dios.

A finales de 1506 se produce una tercera incursión mexica en Oaxaca. Esta vez el objetivo será Teuctepec, ciudad que, según Durán, se revolvió contra Tenochtitlan y se alió con Coatlan. Graulich difiere de esta versión, señalando que Coatlan era una ciudad tributaria del poderoso reino costero de Tototepec, contra cuyo señor se rebelará. La respuesta de éste será ordenar al señor de Tototepec que envíe a sus tropas contra Coatlan, solicitando ésta la ayuda de Moctezuma, ofrecimiento que aceptará gustoso el señor mexica. Razones comerciales aparte, Moctezuma necesita prisioneros para el sacrificio con motivo de la inauguración de un nuevo templo, que será llamado Coateocalli y habrá de reunir a todas las divinidades del Imperio.

Reunidas las tropas con contingentes venidos de todas las regiones tributarias o aliadas, que Durán cifra en 4.000, se allegaron hasta Teuctepec, estableciendo el campamento junto a un río embravecido. Tras construir balsas para cruzarlo, los primeros guerreros aliados que lo hicieron sufrieron la feroz resistencia del enemigo, por lo que determinaron volver a franquearlo y dejarse perseguir por el enemigo para tenderle una trampa en la otra orilla. Cuando los de Teuctepec cruzaron el río en persecución de los aliados, al otro lado les esperaba el grueso de éstos. La estratagema había surtido efecto: los aliados dejaron pasar cuantos enemigos consideraron que podrían llevar a Tenochtitlan como cautivos —unos 2.300—, cortando las amarras que unen las balsas con la orilla y dejando que los enemigos que van en ellas mueran ahogados o devorados por los caimanes. Viendo la ciudad demasiado difícil de conquistar, pues tenía cuatro altas empalizadas como defensa, los aliados deciden retirarse.

Esta vez Moctezuma espera en Tenochtitlan, pues no ha partido con la expedición. Aunque pesaroso por no haber conquistado la ciudad enemiga, está contento, ya que cuenta con muchos prisioneros que sacrificar para la inauguración del nuevo templo, el Coatecalli o Coatlan, templo que habrá de representar la grandeza y el dominio azteca sobre el resto de los pueblos, pues en él se hallarán representados todos los dioses del Imperio.

Antes de la inauguración, los reyes de Tenochtitlan, Texcoco y Tlacopan, las ciudades aliadas, hicieron entrega a los guerreros más destacados de armas, rodelas y enseñas, concediéndoles además distintos privilegios a partir de aquel día, como

> vestir de algodón, ponerse sandalias en los pies, entrar en palacio, comer de las comidas erales, beber cacao, usar de

suchiles y humazos, tener las mujeres que pudiesen sustentar,
y ser reservados de tributos y alcabalas (...), salir a todos los
bailes reales y comer carne humana, poder beber vino y dar
voto en cosas de guerra (...) y juntarse con los caballeros del
sol, que llamaban comendadores del águila (Durán).

Para la inauguración del gran templo, y como demostración del poderío mexica, se hizo llamar no sólo a los principales de las ciudades aliadas, sino a los señores de las grandes regiones enemigas, Huexotzinco, Tlaxcala, Cholula y Michoacán, que fueron instalados en un lugar secreto para observar la ceremonia. Con Moctezuma vestido como sacerdote supremo, el cuerpo ungido de betún «divino» y una mitra de oro en la cabeza, junto a él el *cihuacoatl* vestido de la misma manera, comenzó la ceremonia. Llevando un incensario de oro en la mano, entró el *huey tlatoani* al santuario en el que estaban las imágenes de los dioses para incensarlo, dirigiéndose después al altar de sacrificios. Moctezuma y el *cihuacoatl* sacrificaron a los primeros cautivos. En total, 2.300 prisioneros de Teuctepec fueron inmolados en aquella ceremonia, desde el mediodía a la noche, para admiración de amigos y enemigos. En adelante el gran templo, construido para reunir en él a todas las divinidades de los pueblos del Imperio, será el símbolo del poder de Tenochtitlan. En su interior estarán representados los dioses de las naciones conquistadas, de la misma forma que en el palacio de Moctezuma están obligados a residir los soberanos de las regiones sometidas.

La amarga victoria del valle de Puebla

Un conflicto entre Huexotzinco y Cholula elevó de nuevo la tensión en el valle de Puebla, de por sí el escenario de los mayores esfuerzos militares y preocupaciones de los mexicas. Sin que se sepan muy bien las causas, los huexotzincas lanzaron un ataque contra Cholula, quemando algunas casas y matando a varios de sus enemigos. Temerosos de una posible reprimenda por parte de Moctezuma, los de Huexotzinco le enviaron dos embajadores, Tolimpanectl y Tzoncuztli, para explicar al *huey tlatoani* los motivos del ataque. Éstos no sólo así lo hicieron, sino que exageraron sus explicaciones hasta el punto de decir que los cholultecas habían perecido y la ciudad había quedado desierta. Como quiera que Cholula tiene para los pueblos una profunda significación comercial y religiosa, pues *éste era uno de los lugares más reverenciados que en esta tierra había, y muy frecuentado de los reyes y señores de esta Nueva España, donde honraban al dios Quetzalcohuatl* (Torquemada), Moctezuma ordenó que saliesen emisarios a Cholula para que *supiesen la verdad de lo acontecido y si habían ofendido en algo a su dios Quetzalcohuatl* (*ib.*), manteniendo retenidos a los dos embajadores huexotzincas. Cuando vuelven los emisarios, Moctezuma comprende que ha sido engañado por los embajadores y ordena entonces formar un ejército contra Huexotzinco. Éstos, por su parte, se pusieron a su vez en marcha para frenar el ataque y salieron a recibir al enemigo. Antes de iniciarse el combate hubo un parlamento, en el que los mexicas explicaron el porqué de su ofensiva, diciendo que querían saber si los embajadores habían actuado por sí o por mandato de su señor. Los de Huexotzinco se excusaron diciendo que no tenían nada que ver con la mentira, dicho lo cual les fueron entregados los embajadores para cortarles la nariz y las orejas, castigo reservado para traidores y mentirosos. Aceptadas las excusas, las tropas de la Triple Alianza se volvieron en paz a sus lugares de origen.

Sin embargo, poco habría de durar la tranquilidad, pues pronto estallará otro conflicto en el que también estarán implicados los belicosos huexotzincas. Éstos, en compañía de la gente de Atlixco, devastaron los labrantíos de Cuauhquechollan y Atzitzihuacan, arrasando maizales, algodonales y campos de legumbre. Quejosos, acudieron los damnificados ante Moctezuma, quien les prometió castigar a los culpables enviando contra ellos un ejército. El *tlatoani* de Tula, Ixtlilquechahuac, solicitó hacerse cargo de la expedición, pues *él con su gente quería ir a probarse contra los atlixcas y huexotzincas* (Durán). Moctezuma accedió a los deseos de su pariente, aunque ordenó prevenir a sus guerreros por si tuviese necesidad de socorro.

Entablado el combate, la lucha no se decantó en los dos primeros días por ningún bando. Al tercero, queriendo Ixtlilquechahuac demostrar su valor, realizó en persona una irresponsable carga frontal en la que acabó preso y despedazado. Viendo la debilidad de los toltecas, los de Texcoco acudieron en su ayuda, aunque ya el enemigo se encuentra lanzado y apenas pueden sino sujetarlo. Prestamente acuden en su auxilio los tepanecas de Azcapotzalco y Tlacopan. Los combates son atroces, con numerosas pérdidas por ambos bandos.

Al día siguiente, viendo el desfallecimiento de sus aliados, entran en la lid los guerreros mexicas y chalcas. La situación de nuevo se ha equilibrado, aunque mueren en la batalla tres primos hermanos de Moctezuma: Tlacahuepan, Mactlacuia y Tzitzicuacua. El apoyo de los feroces chalcas, guerreros reputados, acaba por inclinar la balanza en favor de la Triple Alianza. Huexotzincas y atlixcas, al límite de sus fuerzas, solicitan el cese de los combates: «*Hermanos mexicanos, basta ya, sobrinos n<uest>ros, jugado emos con el sol un rrato y con los dioses de batallas. Quede esto concluso, con las boluntades u<uest>ras*» (Tezozomoc). Los mexicas y sus aliados acceden, pues la dureza de los combates ha sido extrema y se encuentran agotados. Entre ambos bandos, las pérdidas han sido de 40.000 guerreros.

Pese a la victoria, 10.000 mexicas y aliados han muerto, de ellos muchos señores y principales, como los tres primos de Moctezuma. No hay motivo, pues, en Tenochtitlan para las habituales expresiones de alegría, ni para el recibimiento multitudinario de costumbre. Se ha vencido, sí, pero las pérdidas han sido enormes. Sólo en Chalco reciben a sus guerreros con muestras de júbilo, pues su actuación fue decisiva para la victoria final de la Triple Alianza. En la capital, Moctezuma sale a recibir a los suyos con una rodela y una espada en las manos, ordenando que se hagan las exequias por los fallecidos, en especial por Ixtlilquechahuac, el *tlatoani* de Tula, y sus tres primos.

Muy poco tiempo después estalla otro conflicto con los mismos protagonistas y parecidos hechos, aunque acaso se trate de una versión diferente de los mismos, pues hay muchas coincidencias. Tezozomoc cuenta cómo un día aparecieron ante Moctezuma mensajeros de Quechollan y Atzitzihuacan, ciudades bajo soberanía azteca, para decirle que los de Atlixco y Acapetlahuacan quieren desafiar a los mexicas a un combate para dentro de tres días. Moctezuma no podía menos que aceptar el envite, y avisó a los reyes de Texcoco y Tlacopan, así como a los *tlatoque* de todas las ciudades y jefes de *calpulli* que apercibiesen a su gente para la batalla y *<que> todos fuesen muy bien armados a la guerra*. Huexotzinco y Cholula también participarán en los combates, del lado de Atlixco y Acapetlahuacan.

Cuando los guerreros de la Triple Alianza llegan a las fronteras del enemigo, éste les está esperando bien dispuesto. Las fuerzas parecen estar muy desequilibradas, pues Tezozomoc dice que los Huexotzincas y sus aliados eran seis veces más. El resultado es desastroso para el bando de los mexicas, pues se pierden 8.200 guerreros, entre ellos nuevamente tres parientes del *huey tlatoani*. A la noche, los mexicas piden al enemigo el cese de los combates, a lo que éste accede, pues sin duda sus bajas también debieron ser numerosas. La batalla se ha planteado como una *guerra florida*, a modo de divertimento, *como dezir batalla çebil y gloriosa, rroseada, con flores, preçiada plumería de muerte gloriosa, con alegría, en campo florida, pues no es con traición, sino de boluntad, de que todos los enemigos fueron muy contentos de ello* (Tezozomoc).

A pesar de ello, desde el bando mexica el resultado se observa como un desastre, pues Moctezuma, al recibir la noticia, comienza a llorar amargamente. Esta vez el recibimiento a los guerreros no tendrá la alegría de las ocasiones precedentes, pues *saliéronlos a recibir con las insignias tristes que solían, sin incensarios, sin embijarse los sacerdotes, sueltos los cabellos, sin ruido de bocinas ni caracoles, sin recibimiento de rosas ni fiesta, sino todos llorando y con mucha tristeza* (Durán). Todos tienen a un pariente muerto al que llorar y a la entrada de la ciudad salen *todas las mujeres de los muertos y de los que venían destrozados y heridos, dando grandes alaridos, los cabellos sueltos y dando grandes palmadas* (*Ib.*). Sólo un tercio de los que marcharon a la guerra están de regreso. Moctezuma y el *cihuacoatl*, vestidos de luto, esperan en el templo de Huitzilopochtli la llegada de los guerreros para hacer los rituales de agradecimiento. Después, marchan al palacio junto con los capitanes, para oír de primera mano el informe de la batalla.

Hechas las exequias, Moctezuma inquiere a los de Tlatelolco sobre el número de sus guerreros muertos. Se le responde que ninguno. Furioso, inquiere: «*Pues ¿adónde estáuades quando <en> la guerra y matança de los mexicanos?*» (Tezozomoc). Los tlatelolcas no aciertan a dar una respuesta satisfactoria, asustados ante la furia del emperador. Moctezuma resuelve darles una dura lección, mandando «*(...) que de hoy más me tributen esclavos, como me tributaban las demás provincias, y que cuando vamos a la guerra no vayan en nuestras compañías, sino que vayan por sí, y peleen por sí, y que de nadie sean ayudados*» (Durán). Humildemente los tlatelolcas solicitaron perdón y aceptaron cumplir la sentencia, pues algunos, los más mayores, se acordaban de la destrucción que el padre de Moctezuma, Axayacatl, había hecho sobre ellos. Durante un año les fue prohibido entrar en la corte ni presentarse ante el *huey tlatoani*. Finalmente alcanzaron a ser perdonados con motivo de una ofensiva contra Teuctepec en 1507 o 1508, después de la fiesta azteca del Fuego Nuevo, en la que los guerreros de Tlatelolco, combatiendo por su cuenta y adelantándose a los mexicas, ayudaron a éstos a sujetar la ciudad. Llegados de nuevo a Tenochtitlan, entraron primero los de Tlatelolco con quinientos prisioneros para ofrecer a Moctezuma, quien, en agradecimiento, les levantó el castigo.

VI. LA FORMACIÓN DEL IMPERIO

A finales de 1507, superada ya la gran hambruna de los años precedentes, Tenochtitlan inicia una época de prosperidad, en la que va a aprovechar para consolidar su hegemonía sobre la Triple Alianza. Los tiempos parecen haber cambiado, pues atrás queda el nefasto año 1 *tochtli*, marcado por la sequía y el hambre. Moctezuma quiere iniciar un nuevo período de felicidad y abundancia y decide, como vimos, reformar el calendario para que la «ligadura de años», el cierre del ciclo anterior y el comienzo de uno nuevo, comience un año más tarde, ya sin las negativas connotaciones y precedentes de los años *tochtli*. La ceremonia del Fuego Nuevo, aquella en la que se consagra el paso de un ciclo a otro, parece el momento apropiado para refrendar el momento extraordinario que viven Tenochtitlan y su *huey tlatoani* Moctezuma. La ceremonia será un éxito: una vez realizada, con el fuego renovado extendiéndose por templos, palacios y hogares a manos de mensajeros, la población alborozada se desprende de todo lo viejo, queriendo empezar así una nueva y prometedora era. Según algunas fuentes sobre el templo de Huitzilopochtli, según otras en el cerro de Huixachtlan, donde se había encendido el fuego, fueron sacrificados miles de cautivos capturados en las campañas de Oaxaca, en agradecimiento a los dioses por hacerles merecedores de vivir una nueva era, otra más. El sacrificio duró desde la medianoche hasta casi todo el día, y en él participaron el mismo Moctezuma y Nezahualpilli de Texcoco, cada uno ofreciendo veinte cautivos. La sangre de los desgraciados bañará a los sacerdotes triunfantes y gloriosos, y desde el altar saldrán vasos con ella para untar los umbrales de las puertas, los postes de los templos y los altares y estatuas de los dioses. Es el año 1507, el mes de Panquetzaliztli, y es necesario festejar el nacimiento de Huitzilopochtli en Coatepec —la Montaña de las Serpientes— y su victoria sobre sus hermanos, los Centzon Huitznahua —los 400 sureños— y su hermana, la diosa de las tinieblas Coyolxauhqui, que será desmembrada.

El hambre y la enfermedad se han acabado al fin. La extensión del Imperio hace que arriben a Tenochtitlan mayores riquezas, parte de las cuales es obligación del soberano dedicarlas al engrandecimiento de los templos. Es importante honrar a los dioses, garantes del bienestar de la nación mexica, y para ello es necesario construir nuevos y mayores templos, así como hacer tallar a los artesanos altares y estatuas para extender su culto entre la población. Ya en 1504 hizo Moctezuma levantar un templo en honor de Cinteotl, dios del maíz, y otro a Quetzalcoatl en su aspecto de dios del viento, Ehecatl. También hizo reconstruir el Tzonmolco, santuario consagrado al dios del fuego Xiuhtecutli, que había resultado destruido por un rayo.

Moctezuma, como sus predecesores, también debió preocuparse por engrandecer el recinto del Templo Mayor, que incluía 78 edificios, tales como el juego de pelota, el templo de Quetzalcoatl, el *tzompantli* y el propio Templo Mayor. Las recientes investigaciones arqueológicas realizadas en el Templo, dirigidas por un descendiente lejano del *huey tlatoani*, Eduardo Matos Moctezuma, han dividido las ampliaciones en siete etapas, de las cuales las dos últimas corresponden a la época de Moctezuma. Las fuentes indican, también, un propósito que no pudo llevarse a cabo: derribar la pirámide y levantarla de nuevo, pues opinaba que no se encontraba con la orientación correcta, exactamente en el eje ascendente del sol durante el equinoccio de primavera.

El poder y la hegemonía de Moctezuma se plasmó también en una serie de obras escultóricas realizadas a mayor gloria del *huey tlatoani*. El emperador promueve un tipo de escultura ciertamente propagandística, con el que intenta explicitar sus reformas y la ideología imperial, plasmar la grandeza de Tenochtitlan y exponer el favor de los dioses hacia el pueblo mexica. La fiesta del Fuego Nuevo de 1507 y el correspondiente comienzo de una nueva era bajo más prósperos augurios empuja a la realización de obras como el *Teocalli* de la guerra sagrada, una excelente pieza de basalto de 120 x 92 x 100 cm con forma de templo o trono, en el que se representa a Tenochtitlan como el poder legítimo en el valle de México.

Sin embargo, a pesar de la alegría que supone constatar el favor de los dioses y poder celebrar una nueva «ligadura de años», el nuevo «siglo» azteca que comienza a finales de 1507 no empieza con buen pie. Un temblor de tierra y un eclipse parecen presagiar nuevas desgracias para el futuro. No obstante, el fortalecimiento del Imperio prosigue imparable, aunque habrán de superarse todavía algunos obstáculos.

La primera campaña después de la fiesta del Fuego Nuevo fue, cómo no, en Oaxaca y contra la ciudad rebelde de Teuctepec, a quien se venció, como vimos, gracias al apoyo de los guerreros de Tlatelolco, quienes con esta acción levantaron las sanciones a que había sido castigada la ciudad por el emperador. Varios meses más tarde, hacia 1509, el objetivo es la pequeña localidad zapoteca de Amatlan, poco interesante desde el punto de vista económico pero cuyos guerreros planteaban habitualmente molestas escaramuzas contra las tropas de la Triple Alianza establecidas en Oaxaca. La ciudad fue sometida, aunque durante la expedición los ejércitos de las tres ciudades quedaron diezmados por una gran tempestad de nieve que provocó la muerte de muchos guerreros por frío, desprendimiento de rocas o caída de árboles. Los pocos supervivientes que llegaron a Amatlan debieron realizar un gran esfuerzo para someter la ciudad, aunque finalmente lograron tomarla, si bien *los que volvieron fueron pocos y muchos menos los cautivos que trajeron* (Torquemada).

En el camino hacia la consecución de la hegemonía otro problema se cruzó frente a Moctezuma, éste ciertamente más grave y de mayores consecuencias a medio plazo, aunque imprevisibles para el *huey tlatoani*. En 1509 surge un conflicto civil en Chalco, cuando cuatro principales de esta ciudad se presentan ante Moctezuma para quejarse de Itzcahua y su hijo Nequametl, señores de Tlalmanalco —uno de los cuatro Estados de Chalco—, alegando que estaban distribuyendo armas y que vivían en casas demasiado lujosas para ser vasallos. Graulich señala cómo una vez más Moctezuma utilizó una doble política, mano de hierro en guante de seda. Por un lado, evitó el conflicto y castigó a los acusados quitándoles una buena porción de su territorio, las tierras de Malinaltepec, Tenanyocan y Tlacuillocan; por otro, los trató como amigos y aliados y ofreció una de sus hijas en matrimonio a Nequametl. De paso, ordenó que se instalase en Tlalmanalco una guarnición de los temibles otomíes, con la misión de garantizar el sometimiento de la población local. La medida tendrá un alcance imposible de prever por Moctezuma: cuando Cortés llegue al valle de México será muy bien recibido por los chalcas, quienes *dieron tantas quejas de Montezuma y de sus recaudadores, que les robaban cuanto tenían, e las mujeres e hijas si eran hermosas las forzaban delante dellos y de sus maridos, y se las tomaban, e que les hacían trabajar como si fueran esclavos* (Díaz del Castillo). El sagaz conquistador prometerá hacerles justicia, consiguiendo de un plumazo la adhesión de los pueblos de Tlalmanalco, Chimalhuacán, Chalco y Amecameca, entre otros.

Nuevos combates en Tlaxcala y Huexotzinco

En el camino hacia la formación de un verdadero Imperio Moctezuma tropezaba siempre con un mismo problema: el valle de Puebla. Un enclave independiente tan próximo, siempre insumiso y deseoso de atacar a los aztecas a la menor ocasión, no podía ser tolerado por el *huey tlatoani*. La guerra en este territorio había tenido siempre una apariencia de *combate entre parientes*, con batallas previamente fijadas y establecidas, mantenida en unos límites diplomáticos y políticos concertados. Con estos combates se perseguía el objetivo, por un lado, de mantener un entrenamiento y tensión bélica permanente entre los guerreros y, por otro, asegurar una captura de prisioneros suficiente para el sacrificio. Sin embargo, en no pocas ocasiones los conflictos entre los distintos pueblos vecinos del valle de Puebla acababan por afectar a Tenochtitlan, cuyos dirigentes, por otro lado, aprovechaban la menor ocasión para intervenir y fortalecer su posición. Moctezuma siguió, como se ha visto, una política sibilina, no desperdiciando ninguna ocasión para plantear batalla contra Huexotzinco o Tlaxcala, pero al mismo tiempo invitando a sus líderes a las ceremonias importantes y considerándolos parientes.

Con todo, en la mente del *huey tlatoani* está siempre el objetivo de extender su dominio hasta donde le sea posible. Las campañas contra el valle de Puebla son permanentes, pero raramente están coronadas por el éxito. En el año 1508 murieron 2.800 guerreros de la Triple Alianza en el curso de una expedición contra Atlixco, entre ellos Macuilmalinalli, hermano mayor de Moctezuma, y otros principales. Un año más tarde una batalla contra los de Huexotzinco se salda con la pírrica cifra de 60 prisioneros.

Hacia 1510 se produjo una nueva guerra contra Tlaxcala. Según cuenta Durán, el motivo fue que Nezahualpilli, rey de Texcoco, quien tenía fama de adivino y de estar dotado de poderes mágicos, comunicó a Moctezuma que se encontraba próximo el fin del poderío mexica, así como de Texcoco y Tlacopan, pues «*de aquí a muy pocos años nuestras ciudades serán destruidas y asoladas, nosotros y nuestros hijos muertos y nuestros vasallos apocados y destruidos*» (Durán). Las crónicas, imbuidas de un sentido providencialista de la historia, hacen todas hincapié en señalar los muchos signos y prodigios ocurridos en tiempo de Moctezuma avisando de que el fin de su Imperio estaba próximo, debido a la venida de los españoles. Así pues, esta referencia debe ser encuadrada en este contexto, el de las señales o augurios sobre la caída de México.

Nezahualpilli continuó dando malas noticias al emperador: «*Y para más verificar lo que digo, y para que conozcas sea verdad, sé muy cierto que jamás que quisieres hacer guerra a los huexotzincas, tlaxcaltecas o cholultecas alcanzarás victoria; antes, los tuyos serán siempre vencidos, con pérdida de tus gentes y señores*».

Moctezuma, hombre profundamente religioso, debió sentirse desconsolado, a pesar de lo cual decidió poner a prueba las palabras de su aliado. Inmediatamente ordenó preparar un ejército y concertar batalla contra Tlaxcala. El resultado fue nefasto para el *huey tlatoani*, pues sus tropas fueron vencidas, muertas o apresadas, mientras que los supervivientes apenas habían podido, entre todos, capturar un centenar de prisioneros. Cuando recibió la noticia, Moctezuma enfureció y cargó contra sus guerreros: «*(...) ¿No tienen los mexicanos empacho ni vergüenza? ¿De cuándo a acá se han vuelto sin vigor ni fuerzas, como mujercillas flacas? (...) ¿Cómo se ha perdido y afeminado, para que quede yo avergonzado delante de todo el mundo? (...) No puedo creer sino que se han echado a dormir adrede, para darme a mí esta bofetada y hacer burla de mí*» (Durán). Moctezuma, encolerizado, dispuso que no se hiciera ningún honor ni recepción a los supervivientes: cuando los guerreros entraron en la ciudad, todo estaba en silencio, nadie salió a la calle a recibirlos. Los guerreros se dirigieron al templo para hacer las ceremonias de rigor y después, cuando marcharon a palacio para presentarse ante el rey, se encontraron con las puertas cerradas. Moctezuma, el *gran señor enojado*, como quiere decir su nombre, ordenó quitar a los capitanes sus insignias y trasquilarles el cabello, que se les retirasen sus armas y enseñas y que en adelante no pudiesen vestir prendas de algodón, sino que llevasen *mantas de nequén, como viles y bajos hombres, y no usasen de zapatos de señores, y que los privaba de entrar en las casas reales por un año* (Durán).

Al cabo de este tiempo tuvieron los degradados ocasión de redimirse ante el *huey tlatoani*. Moctezuma ordenó emprender una nueva expedición contra Tlaxcala, para dar ocasión a los castigados de lucirse en el combate y hacer méritos. Aunque no fueron llamados a formar en el ejército, todos los penados se aprestaron para el combate y pelearon con tanta furia que, aunque no hubo vencedores ni vencidos, lograron capturar un buen número de tlaxcaltecas, por lo que fueron rehabilitados en sus puestos, siendo, esta vez sí, recibidos con todos los honores a su entrada en Tenochtitlan.

El sacrificio de los cautivos tlaxcaltecas tuvo lugar en la fiesta del mes de Ochpaniztli — «barrimiento», en torno a agosto—, que se celebraba en honor de la diosa Toci, Teteo Inan, «nuestra abuela», «la madre de los dioses», diosa de la tierra. Los prisioneros fueron sacrificados en tres partes: un primer grupo fue inmolado a cuchillo, arrancados los corazones y arrojados sus cuerpos gradas abajo del templo; un segundo fue quemado en un gran brasero y después arrancados los corazones a cuchillo; el tercer y último grupo de prisioneros fue llevado al templo de la diosa, llamado Tocititlan, donde murieron a flechazos.

El sacrificio de los talxcaltecas fue bien recibido por Moctezuma, aunque no por sus enemigos. Los huexotzincas, queriendo ganarse el favor de

Tlaxcala, una noche quemaron el templo de la diosa, que se encontraba a las afueras de Tenochtitlan. Moctezuma montó en cólera, pues el acto no sólo era una afrenta imperdonable, sino un mal augurio. Su ira se dirigió en primera instancia contra los sacerdotes del templo, a los que acusó de haber descuidado su vigilancia. Así, mandó que fuesen recluidos en jaulas, con el suelo lleno de cortantes lascas de piedra, dándoles de comer lo justo hasta su muerte. En segundo lugar, ordenó dar aviso a las ciudades para averiguar quiénes habían sido los responsables del ataque. Al poco tiempo se supo, por medio de un prisionero tlaxcalteca en poder de Tlatelolco, que el asalto lo habían realizado los huexotzincas. Sabido por Moctezuma, hizo primero reconstruir el templo todavía con mayores dimensiones y riquezas; más tarde dispuso que la gente de guerra se apercibiese para plantear batalla a Huexotzinco, con cuyos prisioneros sería celebrada la inauguración del templo.

A la campaña acudieron los guerreros de Tenochtitlan y sus aliados, destacando en el combate los de Tlatelolco. Los encontronazos duraron varios días y finalizaron cuando los aliados decidieron que ya tenían suficientes cautivos para el sacrificio. Muchos de ellos fueron desollados, *y sus cueros sirvieron cuarenta días de pedir limosna por las puertas, hasta que los que los traían vestidos* [llamados *xipeme*] *no los podían sufrir de hedor* (Durán). La suerte de otros no fue más dulce, pues, aunque aún vivieron varios meses hasta las fiestas de la inauguración del santuario de Toci, fueron quemados vivos, asaeteados, arrojados desde lo alto del templo o encerrados en casas que más tarde fueron derribadas.

A pesar de ello, las particulares relaciones de amistad entre las elites de Huexotzinco y Tenochtitlan continuaron su curso. Los huexotzincas invitaron a Moctezuma a asistir a una fiesta en honor de su dios Camaxtli, ofrecimiento que fue rechazado por el *huey tlatoani*, quien se hizo representar por algunos principales. En la fiesta fueron sacrificados muchos cautivos mexicas, lo cual, cuando fue sabido por Moctezuma, le hizo responder: «*¿Qué es eso, qué os parece eso? Para eso nacimos y para eso salimos al campo, y esta es la muerte bienaventurada de que nuestros antepasados nos dejaron noticia y tan encomendada*» (Durán). Acto seguido procedió a recompensar a los *tlatelolcas* por su buen hacer en la batalla.

Nopallan, Icpatepec y Tlaxiaco

En 1511-12 Moctezuma fija nuevamente su atención en las tierras de Oaxaca. Los motivos ya son conocidos, por habituales: encerrar al hostil Valle de Puebla por uno de sus flancos, sujetar una región importante desde el punto de vista económico, densamente poblada y cuyos productos de lujo resultan muy estimados y, en fin, asegurar una ruta fácil de paso hacia el sur.

La primera campaña se emprende contra las ciudades meridionales de Nopallan e Icpatepec. Requeridas por dos veces al pago de tributo por los mexicas, deciden negarse, confiando en que las largas distancias y sus fuertes defensas disuadan a sus rivales de emprender ningún ataque. Sin embargo, las dos ciudades resultaban una pieza muy apetecible para Moctezuma, pues pertenecen al señorío independiente de Tototepec y se encuentran situadas cerca de Teuctepec, por lo que controlarlas sería una buena avanzadilla para el establecimiento del dominio definitivo sobre la región.

Decidida la guerra, la movilización de los guerreros se hizo como de costumbre. El relato sobre los acontecimientos aparece descrito con todo detalle en la anónima Crónica X —citada en la bibliografía como *Origen de los mexicanos*—, de la que beben también Durán y Tezozomoc. Para estas fuentes, la campaña de Nopallan e Icpatepec es la de coronación de Moctezuma, por lo que se produjo unos ocho años antes, aunque Graulich, estudioso de la figura de Moctezuma, opina que esta campaña debe situarse en los años 1511-12.

En la expedición fueron de la partida guerreros de Tenochtitlan, Texcoco, Tlacopan, Chalco y Xochimilco, además de los aportados por otras provincias de la Triple Alianza. El primer objetivo fue Nopallan, cuya empalizada fue asaltada por los espías aprovechando la noche, sorprendiendo a sus guardianes en pleno sueño. Como prueba de su acción llevaron ante Moctezuma las cabezas cortadas de algunos centinelas y varios niños arrancados de los brazos de sus madres. Sin duda estos hechos, que coinciden con los descritos con motivo de la campaña de Xaltepec y Achiotlan, corresponden a un patrón de narración preestablecido, pues son repetidos en los relatos de muchas batallas.

Según Durán, 60.000 guerreros atacaron la empalizada y abrieron numerosas brechas, por las que entraron y saquearon las casas, masacrando a sus habitantes. Conocida la victoria de los mexicas sobre Nopallan, fueron varias las delegaciones de lugares vecinos que se acercaron para rendir pleitesía a los vencedores. Tras dejar una guarnición y un gobierno propio, los ejércitos marcharon sobre Icpatepec. El regreso a Tenochtitlan, triunfal, se hizo acompañado de 5.100 cautivos de Nopallan y 3.860 de Icpatepec. Probablemente en la misma campaña fueran sometidas Quimichintepec y Izquixochitepec, logrando hacer en estos lugares unos 400 prisioneros.

En el año 1512 tuvo lugar una nueva incursión azteca en Oaxaca. Esta vez fue dirigida contra la ciudad de Tlachquiauhco o Tlaxiaco, en la Mixteca alta, y el motivo, a juzgar por las fuentes, parece ser algo prosaico. Llegó a oídos de Moctezuma que el rey de Tlachquiauhco, Malinal, tenía un árbol, llamado tlapalizquixochitl, que daba unas flores especialmente bonitas y de buen olor. Deseoso de conseguirlo para su jardín, ordenó a sus embajadores que se presentaran ante Malinal para obsequiarlo y pedirle que se lo entregara a cualquier precio. La respuesta del rey no sólo fue negativa, sino ofensiva para Moctezuma:

> «¿*Quién es este Motecuhzuma que decís, por cuyos mensajeros venís a mi corte? ¿Por ventura Motecuhzuma Ilhucamina [bisabuelo de Moctezuma II] ya no es muerto muchos años ha, al cual han sucedido en el reino mexicano otros muchos reyes? ¿Quién es este Motecuhzuma que nombráis? Y si es así, que hay alguno ahora y es rey de México, id y decidle que le tengo por enemigo y que no quiero darle mis flores y que advierta que el volcán que humea tengo por mis linderos y términos (...)*»
> (Torquemada).

La respuesta no debió sentar nada bien al altivo Moctezuma. No sólo su requerimiento había sido rechazado, sino que él mismo había sido ignorado y Malinal reclamaba como suyos unos territorios, los cercanos al volcán Popocatepetl. Antes esta respuesta la guerra parece el único camino. Moctezuma, enojado, envió un gran ejército que venció a los de Tlachquiauhco y mató a su rey, haciéndose no sólo con el árbol sino con todos los pueblos de la región, venciendo de camino a las gentes de Achiotlan.

Sobre esta extraña guerra, sin embargo, existen otras versiones. Una de ellas indica que no se trata de Tlachquiauhco, sino de Yucuañe. Otra, la llamada Crónica X, señala que el motivo de la guerra fue el ataque de los de Tlachquiauhco a una expedición mexica que llevaba a Tenochtitlan los impuestos de Coixtlahuaca y Oaxaca. Llegados ante Moctezuma los maltratados recaudadores, se puso en marcha el habitual mecanismo de represalias. Rápidamente se formó una expedición de guerra, con los chalcas como fuerza de choque, que se reunió en Acotepec. La orden impartida fue matar a la mitad de los enemigos, hacer prisionero al resto y dejar como pobladores de la ciudad a mujeres, niños y viejos.

Los espías informan de que en Tlachquiauhco no parece haber un ambiente de temor, pues *estauan en grandes borracheras y sus basallos* *sirbiéndoles y animándose para <en>trar en la guerra con los mexicanos, lo quales están muy contentos* (Tezozomoc). El ataque se produce desde varios lados, con los ejércitos aliados entrando a un tiempo en la ciudad. Los atacantes queman el templo y la residencia del señor de la ciudad. Los pobladores están arrinconados y sólo aciertan a pedir clemencia, indicando que devolverán el tributo robado y se someterán al vasallaje de la Triple Alianza, prometiendo también avituallar a los ejércitos en marcha y enviar regularmente tributo. De vuelta a Tenochtitlan, los guerreros vencedores fueron recibidos con la solemnidad y pompa acostumbradas, mientras que los prisioneros fueron inmolados en la fiesta del mes Tlacaxipehualiztli.

VII. LA GLORIA DE MÉXICO-TENOCHTITLAN

En 1512 Moctezuma se encuentra ya en pleno proceso de creación de un Imperio. Ese mismo año la Triple Alianza, que no tardará en dominar, envía una expedición a Guerrero con el fin de ayudar a la guarnición de Tlacotepec, que se encuentra siendo hostigada por los yopis. Como resultado, fueron capturados doscientos enemigos. En 1513 se consigue vencer en Alotepec, Tototepec y Quetzalapan —donde se capturan 1.332 enemigos—. Un año más tarde se emprenden campañas en Cihuapohualoyan, Quetzaltepec e Iztaztlalocan, distinguiéndose Cuauhtemoc en esta última. En 1515 se atacan Centzontepec, Texocuauhtli. Por último, en 1516 caen Xaltianquizco y Mitla, las últimas conquistas mencionadas y sobre las que ningún investigador se plantea duda alguna.

Otras batallas y lugares presentan más problemas. Algunas fuentes indican que los guerreros aztecas llegaron en tiempos de Moctezuma hasta Guatemala y Nicaragua, una afirmación que se basa preferentemente en la existencia de topónimos de origen nahua, que bien podrían corresponder a migraciones anteriores. Por otra parte, las numerosas relaciones y anales escritas atribuyen al reinado de Moctezuma muchas expediciones, que se producirían en los Estados actuales de Oaxaca, Guerrero, Veracruz, Puebla, Hidalgo y Chiapas, bien para conquistar lugares concretos, bien para aplacar rebeliones, algo muy frecuente en los últimos años de reinado. Además, serán muy frecuentes en estos años las expediciones que tengan como destino la zona maya, más concretamente la región de Xicalanco, señalando Graulich que el objetivo pudo ser vigilar la llegada de los españoles.

Con todo, Moctezuma siempre parece seguir un mismo patrón, cual es consolidar lo conquistado, más que conseguir una expansión permanente de un Imperio ya de por sí demasiado grande e inconexo. De ahí el interés constante por conservar el control sobre la rica región de Oaxaca. Y de ahí, también, el afán por fortalecer el papel de Tenochtitlan con respecto a sus socios de la Triple Alianza, cada vez en mayor grado una carga molesta con la que repartir los beneficios de la política económica y militar impulsada por los aztecas.

El control sobre Texcoco

Aunque las conquistas se realizan en nombre de la Triple Alianza —Tenochtitlan, Texcoco y Tlacopan— la participación de la primera, tanto en los medios como en los beneficios, parece ser netamente superior a la de las demás. Realmente no se sabe con certeza cuál es la naturaleza de las relaciones entre los aliados. Las fuentes no se ponen de acuerdo sobre el papel que cada una de las ciudades jugaba en la Alianza, juzgándose distinto en función de la procedencia de la información. Para la mayoría de los autores Tlacopan juega un rol de segundo orden aunque, si las fuentes pertenecen a esta ciudad, se dirá que su importancia y participación estaban al nivel de las otras dos. Tlacopan es la heredera del poder de otra ciudad, Azcapotzalco, antaño gran capital, que resultó derrotada por una confederación de ciudades encabezada por Tenochtitlan. También el papel jugado por Texcoco se juzga distinto en función de la procedencia de la fuente, pues si ésta es texcocana, como es el caso del cronista Ixtlilxochitl, parecerá que Texcoco y sus reyes tienen una importancia fundamental, a la altura de la azteca, en la historia prehispánica de México.

Desconocemos además cuáles eran las fronteras que delimitaban los territorios bajo control de estas ciudades y el reparto que hacían de los botines de guerra. Generalmente se admite que, en campañas conjuntas, Tenochtitlan y Texcoco recibían cada una dos quintas partes de la ganancia, quedando la otra para Tlacopan. Otras fuentes dicen que una quinta parte era para Tlacopan, cuatro quinceavas partes eran para Texcoco y las ocho restantes iban a parar a Tenochtitlan. Por otro lado, todo parece indicar que debieron existir acuerdos tácitos entre los socios para respetarse sus respectivas áreas de expansión, quedando para Texcoco un área comprendida entre el norte y el este. Eso sí, no parece que tales acuerdos fueran siempre respetados por una Tenochtitlan en continua expansión desde 1325, año en el que debió producirse su fundación.

Todo parece indicar que, a pesar de la entente que parece existir entre las tres ciudades desde una fecha cercana a 1433, con la creación de la Triple Alianza, las relaciones entre ellas no estuvieron exentas de problemas, especialmente por lo que respecta a Tenochtitlan y Texcoco, las poderosas. Las historias de ambos bandos presentan diferentes marcados por la rivalidad, la desconfianza y hasta la traición, do siempre que una ciudad ha superado a la otra en la compe- por la hegemonía sobre el valle de México.

a como fuere, lo cierto es que Tenochtitlan va paulatinamente ando la batalla a su rival pues, si a mediados del siglo XV es posible reciar una cierta igualdad entre ambas, en las décadas siguientes el papel de la capital mexica va a ser cada vez más importante. Cinco veces más poblada a comienzos del siglo XVI, sus tropas presentan también una mayor fortaleza y el papel de su *huey tlatoani* se refuerza cada vez más en el seno de la Alianza. Con este panorama, no resulta difícil creer que las rencillas y recelos debieron ser permanentes. Texcoco tenía razones para observar con cierta desconfianza el crecimiento acelerado de su vecino, mientras que Tenochtitlan, cuya participación en las conquistas es cada vez mayor, está disconforme con el reparto del botín.

Por si fuera poco, la tensión política acabó por concretarse debido a un contencioso ocurrido en tiempos de Axayacatl, cuando Moctezuma aún era niño, que refiere el cronista Ixtlilxochitl con cierto gusto por la recreación. Para que Nezahualpilli de Texcoco pudiera elegir una esposa de sangre mexica, Axayacatl y otros principales aztecas le enviaron a sus hijas para escoger entre ellas a su mujer legítima y quedarse las demás por concubinas. El autor del episodio refiere cómo en el grupo de muje- res mexicas estaba Chalchiuhnenetzin, hija de Axayacatl, todavía una niña de corta edad, por lo que Nezahualpilli ordenó que se criase en uno de sus palacios y fuese constantemente asistida por sus dos mil sirvien- tes. Al paso de los años, la joven esposa de Nezahualpilli comenzó a mos- trar una curiosa debilidad por el sexo opuesto, pues *a cualquier mancebo galán y gentil hombre acomodado a su gusto y afición, daba orden en secreto de aprovecharse de ella*. Malvada y satisfecha, según la fuente, a su amante *lo hacía matar y luego mandaba hacer una estatua de su figura o retrato, y después de muy bien adornado de ricas vestimentas y joyas de oro y pedrería lo ponía en la sala en donde ella asistía.* Parece ser que la afición de la joven por matar a sus amantes no tuvo límites, pues *fueron tantas las estatuas de los que así mató, que casi cogían toda la sala a la redonda, y al rey cuando la iba a visitar, y le preguntaba por aquellas estatuas, le respondía que eran sus dioses.*

Confiada, respetó la vida a tres de ellos, lo que será su gran error, pues Nezahualpilli vio a uno de sus amantes con una joya que él mismo le había regalado a Chalchiuhnenetzin. Sospechando la traición, una noche se dirigió a sus aposentos y, no pudiendo ser frenado por las excusas de los sirvientes, encontró que en la cama, a falta de su esposa, sólo había una estatua con una peluca. Enfurecido, ordenó a su guardia prender a todos los sirvientes y a su esposa, que, a la sazón, se encontraba con tres amantes.

Nezahualpilli denunció a Chalchiuhnenetzin ante los jueces, quienes ordenaron detener a todas las personas implicadas en el engaño, desde los sirvientes hasta los artesanos que habían confeccionado las estatuas. Señalado el día en el que habría de ser dictada la sentencia, mandó llamar a los soberanos de Tenochtitlan y Tlacopan, así como dar la voz en todas las provincias para que acudiesen los principales con sus mujeres e hijas, pues el castigo sería ejemplar. Chalchiuhnenetzin y sus tres amantes fueron públicamente muertos a garrote y después quemados, por ser principales, mientras que otros dos mil culpables recibieron el mismo castigo uno por uno. Todos los señores presentes felicitaron al rey por su escarmiento, que juzgaron ejemplar, aunque, señala el cronista, los representantes de Tenochtitlan, entre los que se encontraba Moctezuma, disimularon su pesar y dejaron para más adelante su venganza.

La historia referida, aun con todos los visos en muchos de sus detalles de ser más producto de la imaginación que de la realidad, muestra bien a las claras la dificultad de las relaciones entre Texcoco y Tenochtitlan. Otro episodio del desencuentro entre Nezahualpilli y Moctezuma se produjo en 1509, cuando Tezozomoc, gobernante de Azcapotzalco y suegro de Moctezuma, fue acusado de adulterio. Jueces de tres ciudades, convocados para el caso, fallaron que debía de ser condenado al destierro y a la destrucción de su palacio, sin duda para ganarse el favor del soberano azteca. Más duros se mostraron los tepanecas, quienes propusieron cortarle el cuello de un tajo. Pero los más severos fueron los jueces de Texcoco, quienes apelaron a la tradición para conseguir que Tezozomoc fuera muerto a garrote y quemado su cuerpo, lo que debió enfurecer a Moctezuma.

Sea como fuere, lo cierto es que las relaciones entre las dos ciudades y entre los dos soberanos ganaban cada vez más en tensión. Las fuentes mencionan que en alguna ocasión Nezahualpilli, a quien otorgan poderes de hechicero y adivino, habría sido atacado por Moctezuma. Pero el conflicto más grave entre ambos soberanos sucederá en 1514. Ese año, Moctezuma acusa a Nezahualpilli de no participar en las expediciones guerreras con la fuerza y el aporte de efectivos que le corresponde, algo que sucede desde 1510, el año en que Nezahualpilli predijo, como vimos, que nunca más ganaría Moctezuma una batalla contra los tlaxcaltecas. Para obligar a su aliado a entrar en combate y probar sus ganas,

Moctezuma le propone enviar una expedición conjunta contra Tlaxcala. Él mismo, afirma, la dirigirá, lo que obliga a su socio a hacer otro tanto.

Las fuentes texcocanas cuentan cómo la intención de Moctezuma es deshacerse de su rival, ya con cincuenta y dos años, despejando de esta forma el camino para la consecución de la hegemonía azteca. Para lograr su objetivo, Moctezuma avisó a los de Tlaxcala de que Nezahualpilli no tenía, como él, intención de capturar prisioneros, sino que pretendía destruir la ciudad y asesinar a sus habitantes. Llegando más allá, Moctezuma se comprometió a prestar auxilio a los taxcaltecas y a atacar a su vez a Texcoco. Puestos sobre aviso, los tlaxcaltecas esperaron a los de Texcoco con lo más granado de sus guerreros. Nezahualpilli, sin embargo, no salió al combate, sino que envió a sus hijos Acatlemacoctzin y Tequanehuatzin al frente de las tropas. Cuando se hallaban de camino, asentados en un lugar llamado Tlalpepexic, fueron sorprendidos por los tlaxcaltecas y masacrados. A juzgar por las fuentes, Moctezuma asistió impertérrito a la matanza desde las faldas del cerro Xacayoltepetl, *gloriándose de ver la matanza y cruel muerte de la flor de la nobleza tetzcucana, donde se echó de ver ser cierta su traición* (Ixtlilxochitl). Cuando volvió a Tenochtitlan, sabedor de que la derrota había diezmado a los guerreros texcocanos, ordenó a las ciudades tributarias de Texcoco que dejasen de pagarle tributos. Las protestas de Nezahualpilli fueron infructuosas. El envío de embajadores no sirvió tampoco para nada, pues volvían con la respuesta de que *ya no era el tiempo que solía ser, porque si en los tiempos atrás se gobernaba el imperio por tres cabezas, que ya el presente no se había de gobernar más que por una sola, y que él* [Moctezuma] *era el supremo señor de las cosas celestes y terrestres* (*Ib.*). Impotente, Nezahualpilli acabó por recluirse en su palacio, de donde ya nunca más saldrá, pues fallece en 1515, tras cuarenta y cuatro años de reinado, a la edad de cincuenta y dos años —nótese la *coincidencia*, pues se trata otra vez de un «siglo» azteca, es decir, según las fuentes indias, acaba un ciclo, como el que finalizará con Moctezuma a la llegada de los españoles.

La muerte del tlatoani de Texcoco provoca inmediatos movimientos en torno a la sucesión, que se empiezan a plasmar ya desde los funerales. Éstos se hicieron con toda la pompa posible, asistiendo los soberanos de Tenochtitlan y Tlacopan, entre muchos otros altos señores. El cuerpo de Nezahualpilli recibió el mismo tratamiento que el de su padre: ataviado con toda clase de piedras y plumas preciosas, de joyas de oro y plata, fue finalmente quemado, mientras eran sacrificados doscientos esclavos y cien esclavas.

De sus ciento cuarenta y cinco hijos e hijas, varios de ellos *legítimos* —aunque las fuentes no concuerdan en el número—, el sistema de sucesión texcocano fijaba que el heredero habría de ser el hijo mayor, aunque Nezahualpilli no lo había dejado designado o, si lo hizo, este honor recayó en el último, Yoyontzin. El hijo mayor, Tetlahuehuetzquititzin, fue declarado no apto para ocupar el trono, por lo que rápidamente surgió el conflicto. Moctezuma maniobró para que el elegido fuera su sobrino Cacama, un joven de veinticuatro años, que, lógicamente, representaba la influencia de Tenochtitlan.

Los electores texcocanos, aunque rechazaban a Cacama, se dividieron entre los que apoyaban a Ixtlilxochitl, declaradamente antimexica, y quienes eran partidarios de Coanacochtzin, quien tenía una postura menos declarada. La presión de Moctezuma debió hacer efecto, pues el elegido final fue Cacama. Coanacochtzin aceptó la designación, pero no así el belicoso Ixtlilxochitl, quien se mostró enfurecido, alegando que Cacama no era más que un títere en manos de Moctezuma y que pronto Texcoco estaría bajo control mexica. La rebelión se puso en marcha y, al frente de un ejército partidario, Ixtlilxochitl hizo huir a Cacama de la ciudad, marchando a Tenochtitlan para pedir ayuda a Moctezuma. Mientras tanto, los guerreros de Coanacochtzin, quien defendía a su hermano Cacama, consiguieron expulsar de la ciudad a las tropas de Ixtlilxochitl, quien hubo de retirarse a la sierra de Metztitlan y comenzó a hacer campaña en contra de los mexicas. Vuelto Cacama a Texcoco con su tío Cuitlahuac, hermano de Moctezuma, fue nuevamente elegido rey. Otra vez Ixtlilxochitl amenazó con cargar contra Texcoco, lo que obliga a huir a Cacama, aunque se queda en Otumba. Al final, un acuerdo entre los tres hermanos dio por zanjado el conflicto gracias a una repartición del territorio, quedando para Ixtlilxochitl las provincias septentrionales y el cargo de capitán general del reino. Cacama, por fin, es coronado rey en 1517 y Moctezuma, pese a haber intentado librarse de Ixtlilxochitl enviando contra él a un capitán mexica, Xochitl —quien fracasa en su intento y es quemado vivo—, debe contentarse con esperar una mejor ocasión para obtener venganza, lo que ya nunca llegará. Moctzuma ha triunfado de momento, pues ha debilitado y dividido a su socio y competencia, Texcoco. Pero el éxito le costará caro, pues la enemistad de Ixtlilxochitl, refugiado en el norte, hará que éste se alíe con la gran rival de Tenochtitlan, Tlaxcala. Esta relación será decisiva muy poco más tarde, en 1520, cuando Cortés reciba el apoyo de los enemigos de Moctezuma para derrotar al gran soberano azteca.

Huexotzinco y Tlaxcala

Los intentos por obtener el control sobre la díscola región del valle de Puebla son, ya lo hemos visto, una constante a lo largo del reinado de Moctezuma, quien emprende permanentes expediciones sobre sus poblaciones, no desaprovechando ninguna oportunidad de intervenir en las disputas que separan a sus enemigos. Ciertamente no se puede decir que la política haya dado sus frutos, debiendo más bien contentarse con establecer un sistema de guerra pactada —las «guerras floridas»—, lo que indica el potencial bélico de los enemigos de los aztecas. Más aún, desde que Nezahualpilli avisó proféticamente a Moctezuma de que nunca derrotaría a Tlaxcala, lo cierto es que, a pesar del envío de varias expediciones, ninguna se había visto coronada por el éxito. Así pues, debió pensar Moctezuma, más vale dejar las cosas como están, en una guerra de *baja intensidad*, la «guerra florida», en la que se capturan prisioneros y cuyos resultados son limitados, que emprender una ofensiva total cuyos efectos, vista la resistencia del enemigo, son impredecibles. La táctica, con todo, ha de ser la de mantenerse vigilante y esperar una ocasión más propicia, dejando que, de momento, sean la diplomacia y la presión las que trabajen para debilitar al contrario.

La ocasión que estaba esperando Moctezuma se le presenta cuando Huexotzinco y Tlaxcala se declaran la guerra, sin que se conozcan muy bien los motivos. Es probable que una hambruna en el valle de Puebla provocara la enemistad entre ambos pueblos. Al menos, de eso es de lo que acusan los huexotzincas a los tlaxcaltecas. A Moctezuma, en cualquier caso, se le ponía en bandeja la oportunidad de intervenir en el valle de manera decisiva, pues su enemigo se encontraba enfrentado.

Alegando que desde hacía un año Tlaxcala atacaba a su pueblo y destruía sus campos, un buen día se presentaron ante Moctezuma dos señores principales de Huexotzinco, para solicitar su ayuda. Los huexotzincas pedían colaboración militar y el envío de alimentos, pues su población se encontraba en estado de verdadera penuria. Al *huey tlatoani* la noticia debió llenarle de alegría: uno de sus enemigos se presentaba ante él para pedirle ayuda en contra del otro. Consultado con sus socios de la Triple Alianza, decidieron ofrecer a los de Huexotzinco la posibilidad de instalarse en Tenochtitlan, para marchar más tarde todos juntos en contra de Tlaxcala. La situación de los huexotzincas debía ser de auténtica privación, pues aceptaron el ofrecimiento. Hasta Tenochtitlan se trasladaron todas las mujeres, ancianos y niños, así como los principales, dando orden Moctezuma que fueran repartidos por todas las casas y barrios y disponiendo que los nobles se instalaran en sus palacios para ser servidos como convenía.

La nueva guerra contra Tlaxcala no tardó en llegar. En principio, a ella sólo acudieron los mexicas, quién sabe si en un alarde de orgullo o en un intento por no repartir con sus aliados el botín. Planteada la batalla, los tlaxcaltecas resisten durante veinte días, ganando a sus rivales por agotamiento pues, a decir de Durán, sus fuerzas se reponen cada día con guerreros enviados por las ciudades vecinas. Un general tlaxcalteca se distingue por encima de todos, Tlahuicole, a quien se describe como un guerrero indomable y bravo, *tan esforzado y valiente que, con solo oír su nombre, sus enemigos huían de él* (Muñoz Camargo).

Cuando Moctezuma conoce los resultados de la batalla manda pedir ayuda a sus aliados Texcoco y Tlacopan, aunque decide no lanzar un ataque general, quizás pensando que la ocasión aún no era la idónea o, tal vez, estando ocupado en aquel momento en conseguir penetrar en el territorio michoacano de los tarascos. Pasado un tiempo, Tlahuicole emprendió una expedición contra Huexotzinco, en la que finalmente resultó capturado.

Presentado ante Moctezuma, el guerrero se muestra sumiso: «*Señor, seáis bien hallado con u<uest>ra rreal corte. Yo soi el otomi llamado Tlahuicolee. Me tengo por dichoso de beer bisto u<uest>ra rreal prezençia y abeer rreconosçido ymperio tam baleroso y tan generoso emperador como bos sois, que agora lo acabo de beer y creer, que es más de lo que por a se trata*» (Tezozomoc). La admiración es mutua, pues también Moctezuma, al fin y al cabo guerrero como él, reconoce el valor de su enemigo e intenta reconfortarlo, diciéndole que es destino del que lucha vencer o morir: «*Seáis bien benido, que no baca de misterio, que no es cosa mugeril esto, usança es de guerra, oy por mí, mañana por ti. Descansad y sosegad. No tengáis pena*» (*Ib.*). Reconociendo su admiración por el tlaxcalteca, ordena que se le den vestimentas y aderezos de alto rango militar, así como insignias de caballero.

Con el paso del tiempo, Tlahuicole va perdiendo poco a poco el orgullo y la gallardía de los primeros días, mostrando con llantos la nostalgia que siente por el alejamiento de su familia. Cuando la noticia llega a oídos de Moctezuma, éste se muestra encolerizado por el cambio de actitud de su admirado enemigo, pues no corresponde a un noble guerrero llorar por su cautiverio, ya que deshonra a su linaje y *es grande afrenta que da a la sangre yllustre* (*Ib.*). Para castigar su cobardía, Moctezuma lo deja en libertad con deshonra, ordenando que nadie le dé de comer ni le preste ayuda. Tlahuicole es despreciado ahora por todos: por sus

116

enemigos, que lo tachan de pusilánime, y por los suyos, entre quienes no puede volver por haber escapado de manera infame a su destino como cautivo, el sacrificio. Humillado, finalmente sube al templo de Tlatelolco y se arroja escaleras abajo, sacrificándose a los dioses. Su cuerpo fue recogido por los tlatelolcas, quienes, no obstante, hicieron el sacrificio a su manera, arrancándole el corazón y cortándole la cabeza. Sabido por Tlaxcala el fin de Tlahuicole, cesaron ya para siempre las guerras con Huexotzinco.

El episodio de Tlahuicole, de su captura y su final, no deja de mostrar cierto aire propagandístico del lado mexica. Sin embargo, disponemos de otra fuente cuyos datos acerca del mismo son notablemente diferentes, más alejados de la visión etnocéntrica que los aztecas promueven de su mismo pasado, lo cual tampoco quiere decir que sea completamente cierta. Según la crónica de Muñoz Camargo, Tlahuicole fue capturado no por los aztecas, sino por los huexotzincas, quienes lo hallaron atascado en una ciénaga. Presentado ante Moctezuma como un trofeo, el *huey tlatoani* lo colmó de privilegios por sus méritos como guerrero y le dio libertad para volver a su tierra, algo que nunca antes había sido hecho.

La relación y el respeto entre Moctezuma y Tlahuicole debió de ser grande, pues el emperador mexica propuso al guerrero tlaxcalteca que dirigiera las tropas aztecas en una expedición que se estaba preparando contra los tarascos. Aceptado el ofrecimiento, en la campaña, de seis meses de duración, murieron muchos guerreros por ambas partes, aunque Tlahuicole *hizo por su persona grandes hechos y muy temerarios, [y] ganó entre los mexicanos eterna fama de valiente y extremado capitán* (Muñoz Camargo). Como recompensa, Moctezuma le ofreció la libertad para volver a su tierra, lo que Tlahuicole rechazó, pues sería visto como un traidor. La única salida que le quedaba, pensó, era morir como un auténtico guerrero cautivo, sacrificando su cuerpo a los dioses, por lo que pidió a Moctezuma *que, pues no había de servir en cosa alguna, le hiciese merced de solemnizar su muerte, pues quería morir como lo acostumbraban hacer con los valientes hombres como él* (*Ib.*). Aceptada la propuesta por el *huey tlatoani*, ocho días antes de morir comenzaron los festejos en honor del guerrero, en uno de cuyos banquetes, a decir del cronista, se le dio a comer *la natura de su mujer guisada en un potaje*, pues no soportando la lejanía de su esposo durante su cautiverio acudió a verlo a Tenochtitlan y también se hizo capturar. Al cabo de los ocho días, Tlahuicole fue objeto de un sacrificio gladiatorio: atado en la rueda sacrificial combatió contra todos los guerreros que se le iban presentando, matando a ocho de ellos e hiriendo a otros veinte. Cuando cayó derribado, fue finalmente sacrificado en el templo de Huitzilopochtli.

Poco duró, sin embargo, la amistad de Huexotzinco y Tenochtitlan. Durante tres años permanecieron los huexotzincas en Tenochtitlan, llegando incluso tomar Moctezuma a una de sus mujeres por concubina. Pese a todo, la enemistad resurgió cuando Moctezuma les pidió que le entregaran a su dios Camaxtli, a lo que se negaron los huexotzincas. La amistad se rompió por completo cuando éstos mataron a sus mujeres mexicas y a los hijos que con ellas habían tenido y huyeron de la ciudad. En su huida apresurada, muchos de ellos fueron capturados en Chalco y sacrificados.

Las guerras de los aztecas en el valle de Puebla no han terminado aún; se producirán todavía algunas campañas que enfrentarán a mexicas contra huexotzincas, a la Triple Alianza contra Tlaxcala y a Chalco contra Cholula. Sin embargo, muy pronto el enemigo será otro muy distinto e inesperado, un enemigo que viene del este y cuya entrada cambiará para siempre la historia de México.

VIII.   UN DÍA EN LA VIDA
DEL *HUEY TLATOANI*

Afortunadamente, por contraste a las primeras décadas de vida de Moctezuma, a partir de la llegada de los españoles disponemos de muchas fuentes de primera mano que nos hablan acerca del *huey tlatoani*, algunas de ellas ciertamente valiosas por cuanto sus autores pudieron ver con sus propios ojos lo que describen, hablar con el emperador o alojarse en uno de sus palacios. Hernán Cortés, Bernal Díaz del Castillo o Andrés de Tapia, entre otros, nos han dejado memoria y relatos fascinantes sobre las residencias de Moctezuma, su aspecto físico, su trato, sus gustos o su carácter. Otros, como Fray Bernardino de Sahagún, López de Gómara o Diego Durán, por citar sólo unos pocos, aunque no tuvieran ocasión de conocer personalmente al personaje sí tuvieron acceso a testimonios —bien orales, bien escritos— que nos han permitido realizar un rico cuadro acerca de la vida cotidiana del *huey tlatoani*.

En todos los relatos, no obstante, hay ciertas coincidencias, aunque la que sobresale por encima de todas es la admiración y el asombro que presentan, a ojos de los españoles, tanto Moctezuma como su majestuosa capital. Las crónicas hablan de las fastuosas comidas del emperador, de las calles anchas y los mercados atestados de productos y personas, de las incontables mujeres e hijos del *huey tlatoani*, de la algarabía callejera, del trato sumiso de sus vasallos o la riqueza de sus vestidos. Los soldados de la hueste cortesiana, y aun el mismo Cortés, no pueden dejar de admirar la grandiosidad y magnificencia del soberano azteca, a quien contemplan con una mezcla de asombro y reverencioso respeto. Muy lejos de su tierra, soldados de fortuna, se encuentran maravillados ante todo lo que ven sus ojos, un mundo extraño y ajeno, poblado por gentes de insólitas costumbres y con las que apenas se pueden hacer entender. Los relatos de la conquista, algunos de ellos escritos por sus autores mucho después de sucedidos los hechos, no pueden dejar de traslucir la tremenda impresión que debió producir en los protagonistas la contemplación de una cultura tan distinta a la suya.

Cuando llegan los españoles en 1519, México-Tenochtitlan, asentada en una laguna, es mucho mayor que cuando la fundaron, hacia 1325. Son numerosas las descripciones de los testigos, todas ellas narradas desde la maravilla y el asombro. Cortés escribe a Carlos V que

> *«(...) Es tan grande la ciudad como Sevilla y Córdoba. Son las calles de ella, digo las principales, muy anchas y muy derechas, y algunas de éstas y todas las demás son la mitad de tierra y por la otra mitad es agua, por la cual andan en sus canoas, y todas las calles de trecho a trecho están abiertas por donde atraviesa el agua de las unas a las otras, y en todas estas aberturas, que algunas son muy anchas hay sus puentes de muy anchas y muy grandes vigas, juntas y recias y bien labradas, y tales, que por muchas de ellas pueden pasar diez de a caballo juntos a la par.»*

Otro testigo presencial, por su parte, cuenta con viveza su fuerte impresión al contemplar la ciudad por vez primera:

> *«(...) y otro día por la mañana llegamos a la calzada ancha, íbamos camino de Iztapalapa; y desde que vimos tantas ciudades y villas pobladas en el agua, y en tierra firme otras grandes poblaciones, y aquella calzada tan derecha por nivel como iba a México, nos quedamos admirados, y decíamos que parecía a las cosas y encantamiento que cuentan en el libro de Amadís, por las grandes torres y cues [templos] y edificios que tenían dentro en el agua, y todas de cal y canto; y aun algunos de nuestros soldados decían que si aquello que aquí si era entre sueños. Y no es de maravillar que yo aquí lo escriba desta manera, porque hay que ponderar mucho en ello, que no sé cómo lo cuente, ver cosas nunca oídas ni vistas y aun soñadas, como vimos»* (Bernal Díaz).

En esta ciudad asombrosa tenía Moctezuma su corte. A su disposición poseía varias residencias, dentro y fuera de la capital, aunque su preferida era sin duda el gran palacio que él mismo se había hecho construir, muy cerca de la plaza principal de Tenochtitlan y el recinto del Templo Mayor. El palacio, de enormes dimensiones, levantado con muros de piedra y azoteas planas recubiertas de arena y mortero, se componía de numerosas estancias rectangulares dispuestas alrededor de patios, un modelo de clara tradición mesoamericana. Construcción sencilla, los muros, revestidos de piedras de colores, pintados con motivos decorati-

LAGOS Y POBLACIONES DEL VALLE DE MÉXICO

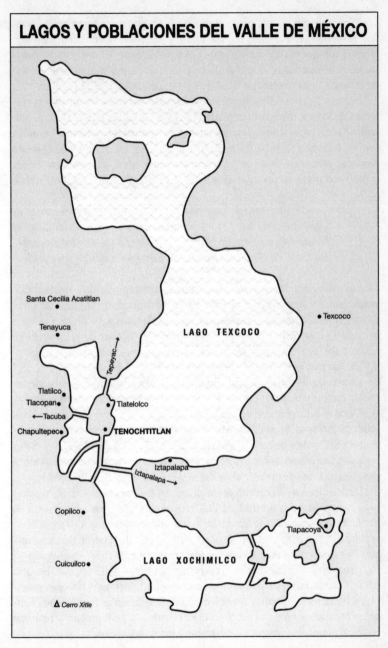

Santa Cecilia Acatitlan

Tenayuca

LAGO TEXCOCO

Texcoco

Tepeyac

Tlatilco

Tlacopan

Tlatelolco

←Tacuba

Chapultepec

TENOCHTITLAN

Iztapalapa

Iztapalapa →

Copilco

Tlapacoya

Cuicuilco

LAGO XOCHIMILCO

△ Cerro Xitle

vos o recubiertos de esteras de algodón, piel o plumas, apenas tenían huecos ni ventanas. Algunas habitaciones y estructuras contaban con dos plantas, aunque no conocemos muchos datos acerca de cómo estaba construido. Las puertas, con sus dinteles y jambas de madera, estaban cerradas por cortinas hechas de fibra de agave, de algodón o de plumas.

El palacio, inmenso y suntuoso, se elevaba sobre un basamento o plataforma. Veinte puertas daban a la plaza y a las calles públicas, teniendo también tres patios muy grandes, en uno de los cuales existía una hermosa fuente. La decoración de las numerosas estancias, utilizando toda clase de maderas y piedras, desde canto, mármol y jaspe, hasta cedro, palma, ciprés o pino, no pudo menos que asombrar al mismo Cortés, quien escribirá:

> «*Tenía dentro de la ciudad sus casas de aposentamiento, tales y tan maravillosas que me parecía casi imposible poder decir la bondad y grandeza de ellas, y por tanto no me pondré en expresar cosa de ellas más de que en España no hay su semejable.*»

Las otras residencias de Moctezuma, aunque menores en tamaño, igualaban en suntuosidad al palacio de Tenochtitlan. De una de ellas Cortés queda admirado, pues *tenía un muy hermoso jardín con ciertos miradores que salían sobre él, y los mármoles y losas de ellos eran de jaspe muy bien obradas. Había en esta casa aposentamientos para se aposentar dos muy grandes príncipes con todo su servicio.*

En cuanto al interior del palacio principal, el mobiliario resultaba ciertamente escaso y austero. Los suelos estaban recubiertos de esteras o alfombras, con muchos bancos de piedra adosados a los muros y adornados con relieves. Además de en éstos, Moctezuma y los principales podían sentarse en asientos hechos de caña o cestería, recubiertos con pieles de ciervo, puma o jaguar. Las camas, sobrias, consisten en colchones hechos de mantas grandes y almohadas de cuero y algodón, con colchas muy bien trabajadas.

De los cientos de dependencias, cámaras, habitaciones y salas, muchas tenían una función administrativa, existiendo salas para los invitados extranjeros —*coacalli*—; tribunales —*tlacxitlan*—; consejos —*teccalli*—; recaudadores de impuestos —*calpixcalli*—; sala de reunión de los maestros —*cuicaccalli*-; para uso de los altos mandos militares —*tecpilcalli*—; los guerreros —*cuauhcalli*— o como almacenes —*petlacalco*—. En otra sala, llamada *mixcoacalli*, estaban a disposición del *huey tlatoani* músicos y bailarines, mientras que en el *malcalli* estaban encerrados los cautivos apresados en combate y en el *achcauhcalli* se juntaban y residían los *achcacauhti*, encargados de matar a los condenados.

Especial admiración causó entre los españoles una de las dependencias del palacio, una especie de jardín zoológico y botánico en el que se hallaban representadas muchísimas clases de animales y plantas. Nuevamente Cortés nos cuenta que en una de las dependencias había

diez estanques de agua, donde tenía todos los linajes de aves de agua que en estas partes se hallan, que son muchos y diversos, todas domésticas; y para las aves que se crían en la mar, eran los estanques de agua salada, y para los de ríos, lagunas de agua dulce, la cual agua vaciaban de cierto a cierto tiempo, por la limpieza, y la tornaban a henchir por sus caños, y a cada género de aves se daba aquel mantenimiento que era propio a su natural y con que ellas en el campo se mantenían. De forma que a las que comían pescado, se lo daban; y las que gusanos, gusanos; y a las que maíz, maíz; y las que otras semillas más menudas, por el consiguiente se las daban. Y certifico a vuestra alteza que a las aves que solamente comían pescado se les daba cada día diez arrobas de él, que se toma en la laguna saladas.

No sólo aves, también tenía Moctezuma en su palacio sitio para todo tipo de animales terrestres, ubicados en *ciertas salas grandes bajas, todas llenas de jaulas grandes de muy gruesos maderos muy bien labrados y encajados y en todas o en las más había leones, tigres, lobos, zorras y gatos de diversas maneras y de todos en cantidad, a los cuales daban de comer gallinas cuantas les bastaban.*

Trescientos sirvientes tenían como misión cuidar de estos animales, dándoles de comer, curándoles las enfermedades o heridas y manteniendo limpias sus jaulas. Otra fuente, Bernal Díaz, afirma haber oído decir que algunos animales eran alimentados de *cuerpos de indios de los que sacrificaban*, concretamente el torso, aseverando que *aun tuvimos por cierto que cuando nos echaron de México y nos mataron sobre ochocientos y cincuenta de nuestros soldados e de los de Narváez, que de los muertos mantuvieron muchos días a aquellas fuertes alimañas y culebras.*

Además de animales, tenía también Moctezuma numerosos jardines, en los que solamente se cultivaban hierbas medicinales y olorosas, flores, rosas y árboles de flores aromáticas. No le gustaba, apunta Sahagún, que en sus jardines hubiese hortalizas o frutales, *diciendo que no era propio de reyes tener granjerías ni provechos en sus lugares de deleites; que las huertas eran para esclavos o mercaderes*, aunque algunos existían,

123

eso sí, en los lugares más apartados. Fuera de Tenochtitlan podía disfrutar de sus numerosas

> *casas en bosques de gran circuito y cercados de agua, dentro de las cuales había fuentes, ríos, albercas con peces, conejeras, vivares, riscos y peñones por donde andaban ciervos, corzos, liebres, zorras, lobos y otros animales semejantes para caza, en donde mucho y a menudo se ejercitaban los señores mexicanos. Tantas y tales eran las casas de Moctezumacín, que pocos reyes en eso se le igualaban.*

Moctezuma gustaba de pasear por entre los jardines para observar a sus animales, disponiendo de corredores y miradores muy finamente labrados desde los que disfrutar de su zoológico. Desconocemos, como afirma Graulich, la función exacta de esta colección de animales, impropiamente llamada zoológico, apuntando que tal vez su misión fuese la de servir de modelos para un arte y unos artistas que gustan de reproducir fielmente la naturaleza animal.

Más extraña aún resulta la existencia de una sala de palacio destinada a albergar a seres deformes o con características fuera de lo común. Enanos, albinos o jorobados ocupaban cada uno una habitación propia, teniendo sirvientes a su cargo. Los cronistas españoles ven en este hecho un afán de divertimento por parte de Moctezuma; incluso Gómara apunta que los tenía por pasatiempo, y hasta *dicen que de niños los quebraban y engibaban, como por una grandeza de rey.* Ciertamente, enanos y jorobados eran tenidos por bufones, aunque no se pueden descartar motivos religiosos para su presencia en palacio, como demuestra el hecho de que eran sacrificados a los dioses cuando había una gran hambruna.

Las inmensas dependencias de palacio estaban repletas de gente durante el día: principales de las provincias sometidas, obligados a residir en él, funcionarios diversos, nobles aztecas, sirvientes, esclavos... Una de las misiones diarias de Moctezuma era departir los asuntos de Estado con los altos funcionarios, quienes, como todo el mundo en palacio, debían mostrarse absolutamente sumisos y humillados, so pena de ser duramente castigados. Excepto los reyes aliados, nadie podía caminar calzado en palacio e incluso quienes debían comparecer ante el emperador antes tenían que cambiarse sus vestimentas por otras más pobres. El amplio catálogo de prescripciones prohibía mirarlo a los ojos y obligaba a no estar a menos de cuatro metros de su persona. Cuando tenía que desplazarse, lo que según Cortés era poco frecuente, lo hacía sobre unas andas cerradas y llevadas a hombros por dos nobles de alto rango, y *todos los que iban con él y los que topaba por las calles le volvían el rostro y en ninguna manera le miraban y todos los demás se postraban hasta que él pasaba.* Siempre le precedía un alto dignatario que portaba tres varas altas y delgadas, anunciando la presencia del emperador.

La jornada de Moctezuma comenzaba nada más levantarse en la mañana. Cerca de seiscientos sirvientes esperaban desde el amanecer a que el soberano se despertase, sentados, pululando por las salas y corredores o charlando entre ellos. Los españoles destacan las higiénicas costumbres del *huey tlatoani*, quien se lavaba dos veces al día o, al menos, una en la tarde. Asistido por sirvientes que le aportaban el agua en jarras, él mismo se aseaba su cuerpo, pues estaba prohibido que nadie lo tocase. Tampoco nadie podía tocar sus ropas, que eran tratadas con sumo cuidado y reverencia, envueltas en finos paños. Cada día llevaba cuatro vestimentas diferentes, todas nuevas, no repitiendo ninguna vez. Cortés mismo quedó maravillado cuando Moctezuma le hizo entrega de *mucha ropa de la suya, que era tal, que considerada ser toda de algodón y sin seda, en todo el mundo no se podía hacer ni tejer otra tal ni de tantas ni tan diversos y naturales colores ni labores.*

Moctezuma vestía a la manera en que lo hacían los notables aztecas, es decir, con un taparrabos o *maxtlatl* y una manta llevada por encima o *tilmatli.* Sahagún, en su apartado *De los atavíos de los señores*, describe cincuenta y seis tipos de mantas, todas ellas ricamente bordadas y ornamentadas, con franjas de múltiples colores y dibujos variados, como mariposas, caracoles, motivos geométricos, etc. Los aderezos, de numerosas formas y modelos, estaban realizados en oro, plata, piedras preciosas o materiales suntuarios, utilizando brazaletes, sandalias, *bezotes*, narigueras, penachos de plumas, discos para las orejas, medallas, diademas, etcétera.

El primer acto del día consistía en realizar las ofrendas correspondientes a los dioses, dirigiéndose al sol, quemando *copal* y decapitando varias codornices. Después, comía alguna cosa antes de marchar a la sala del tribunal para despachar los asuntos del día. Acompañado siempre de una camarilla de consejeros y capitanes, era misión del *huey tlatoani* elegir a los jueces de entre las personas notables, atendiendo a su educación y moralidad. En los casos de especial gravedad o dificultad, Moctezuma escuchaba de boca de los jueces el caso concreto y dictaba sentencia junto con trece jueces mayores que residían en el palacio. Otras obligaciones suyas eran tratar los asuntos de la guerra, la política del Estado, controlar los tributos y disponer todo lo necesario para que las fiestas se celebrasen convenientemente.

125

A mediodía llegaba la hora de comer, un momento de especial solemnidad. Si hacía frío, se calentaba la estancia quemando unas cortezas de árbol aromático, que no echaban humo. Si era demasiado el calor, se ponía delante de la lumbre una especie de biombo, con incrustaciones de oro y figuras de los dioses. Moctezuma, sentado en una especie de silla baja, era servido en una mesa también baja cubierta por manteles blancos. Una veintena de sirvientas le llevaban agua en aguamaniles para lavarse las manos, así como toallas para secárselas. Otras dos mujeres le servían tortillas de maíz, a modo de pan, y, cuando comenzaba a comer, se le ponía delante un cortinaje o biombo para que nadie pudiera verlo.

Algunas fuentes hablan de la frugalidad de Moctezuma a la hora de la comida, un acto que siempre realizaba solo, aunque cerca estaban cuatro, cinco o seis consejeros ancianos con los que departía y a los que ofrecía algún plato de comida, que ingerían de pie. Durante el almuerzo, nada debía importunar al emperador.

Los cocineros le preparaban una treintena de platos, dispuestos en braseros para que no se enfriasen. En ocasiones, Moctezuma se dirigía a las cocinas y se dejaba aconsejar sobre cuál plato estaba mejor guisado o era más sabroso. Elegido lo que comería, le eran presentados más de trescientos guisos, siempre en vajillas nuevas hechas de barro de Cholula, pues nunca usaba un mismo plato dos veces. La lista de tipos de comidas es inmensa, *porque cotidianamente le guisaban gallinas, gallos de papada, faisanes, perdices de la tierra, codornices, patos mansos y bravos, venado, puerco de la tierra, pajaritos de caña y palomas y liebres y conejos, y muchas maneras de aves e cosas de las que se crían en estas tierras, que son tantas, que no las acabaré de nombrar tan presto* (Díaz del Castillo). En su dieta también había toda clase de verduras y pescados, todo ello guisado y presentado de las más diversas maneras y regado con las más variadas bebidas. Bernal Díaz afirma haber oído decir que también le eran servidos guisos con carne de muchachos de poca edad aunque, señala, *como tenía tantas diversidades de guisados y de tantas cosas, no lo echábamos de ver si era de carne humana y de otras cosas*. Otros cronistas, como Gómara o Durán, insisten en la misma idea, indicando que se le servía parte de los sacrificados o bien que, para su comida y la de otros señores, se mataban esclavos. Ciertamente, aunque no esté confirmado, nada tiene de extraño, pues al *huey tlatoani* estaba reservado, al menos de forma teórica, un muslo de cada sacrificado.

Según Bernal Díaz, a la mesa de Moctezuma llegaban todo tipo de frutas, aunque no debían de gustarle mucho al emperador, pues era poca la que comía. Ocasionalmente se le servía cacao como bebida, en copas de oro fino, según oyó decir el cronista *para tener acceso con mujeres*. Las comidas podían ser entretenidas por bufones, cantantes y bailarines, a los que el mismo emperador recompensaba con comida o jarras de cacao.

Terminada la comida, las cuatro sirvientas retiraban los manteles y le ofrecían agua para lavarse las manos de nuevo, quedando Moctezuma reposando. También se le ponía en la mesa tres pipas para tabaco, muy decoradas, con un bálsamo revuelto con tabaco, y cuando acababa de comer, fumaba de una de ellas y al poco se dormía. En ese momento —o quizás al mismo tiempo que lo hacía Moctezuma, como señala Cortés—, comían los miembros de su guarda, el servicio y los invitados y embajadores, pudiendo entre todos ellos alcanzar el millar. Acabados de comer se sacaban muchas jarras de cacao, hecho de diversas maneras: blanco, negro, colorado, bermejo, con miel, etc.

Por la tarde, nuevamente Moctezuma retomaba sus obligaciones políticas, despachando con sus consejeros o concediendo alguna audiencia. Al acabar sus tareas, tomaba un baño y se divertía escuchando música o viendo a sus bufones. También era éste el momento para los juegos, a los que era muy aficionado, como el *patolli* o el *totoloque*. Igualmente gustaba de jugar con pelotas hecha de *hule* o hacía traer ante sí a jugadores del juego de pelota o *tlachtli*, participando él mismo en ocasiones o apostando en las partidas cuentas de oro o piedras preciosas.

Otra de sus ocupaciones favoritas era la caza, en la que Moctezuma mostraba su destreza y habilidad. Usando arcos, cerbatanas y redes, se entretenía capturando tanto animales salvajes como pájaros. Por último, gustaba de cultivar su propio jardín.

Obligación del *huey tlatoani* era también participar en los cultos y festejos públicos, algo que hacía con fervor y devoción, dada su religiosidad. Sus actividades rituales personales incluían diversos rezos, sacrificios, ayunos y penitencias, realizadas en relación con las actividades cotidianas o con hechos extraordinarios, como la consulta a los dioses antes de emprender una campaña. Si el resultado era favorable y salía la expedición, Moctezuma, como el resto de los familiares de los guerreros que habían partido, realizaba ayunos, abstinencias y sacrificios, ordenando que no hubiese cantos ni bailes, excepto las fiestas sagradas, mientras los guerreros estuviesen fuera de la ciudad. Se dirigía entonces al templo, lo que hacía con toda humildad, para rezar y realizar sacrificios, mientras que los viejos sacerdotes tomaban hongos y bebidas alucinógenas para tener visiones sobre el futuro. Si éstas eran negativas, eran tomadas por engañosas o simplemente no ofrecían ningún augurio, entonces eran ejecutados.

Moctezuma, como máximo representante del Estado, debía participar activamente en las grandes celebraciones que marcaba el calendario, aunque mostraba un especial interés por algunas en concreto. Así ocurría con las fiestas de los meses Panquetzaliztli y Tlacaxipehualiztli, en las que Moctezuma y sus dos socios de la Triple Alianza participaban activamente ofreciendo un gran número de cautivos y sacrificando él mismo. También le interesaban especialmente fiestas como las de Xocol Huetzi, fiesta del fuego, protector de los reyes; Huey Tecuilhuitl o fiesta de los señores; o Quecholli, fiesta del dios Mixcoatl, que intriga personalmente al emperador.

Como en Mixcoatl, de quien hace varios intentos por apropiarse de su imagen a costa de los de Huexotzinco, Moctezuma también se muestra interesado por otros dioses. Así Yacatecuhtli, probablemente un aspecto del dios Quetzalcoatl, de quien Moctezuma ordenó hacer averiguaciones para saber si debía eliminarlo de los templos. Máxima autoridad religiosa, Moctezuma ordena también investigar el origen del humo que sale del Popocatepetl, la «Montaña que humea», un volcán situado al sur de Tenochtitlan. Quiere saber el emperador de dónde proviene la columna de humo que sale de su boca, quizás suponiendo que es una vía de acceso al mundo subterráneo y al dios del fuego. También se dice que en esa montaña penetró el dios Tezcatlipoca y que desde allí lanzó su fémur, que ahora conservan los de la ciudad de Texcoco. Ocho miembros integraron la expedición, de los cuales dos murieron por el camino. El resto consiguió alcanzar la cumbre, aunque durante el viaje de regreso murieron cuatro. Los dos supervivientes, exhaustos, fueron puestos en las manos de los mejores especialistas médicos. Cuando se restablecieron, explicaron al emperador que se trataba de una inmensa cavidad de rocas por cuyas grietas salían humo y fuego. Para pesar de Moctezuma, ningún resto de Tezcatlipoca había sido hallado.

Como representante de la divinidad, el *huey tlatoani* debía intervenir de manera significativa en muchos rituales. Así, todos los días veinte tenía que dirigirse a Teotihuacan para, en compañía de sus sacerdotes, realizar sacrificios en el templo de la Luna. Con ocasión de las grandes fiestas, debía realizar un ayuno de varios días o, como en la fiesta de Xocotl Huetzi, comer el corazón de uno de los guerreros ofrecidos al fuego.

IX. LOS ESPAÑOLES ENTRAN EN ESCENA

Es más que probable que durante los últimos años del reinado de Moctezuma se sucedieran los rumores y las historias sobre unos seres blancos y barbudos que arribaban a las costas orientales. Las informaciones que llegaban al palacio imperial hablaban de varios contactos con extranjeros en el Yucatán, pero también se tenía noticia, por medio de las esporádicas relaciones mantenidas con indios antillanos, de unos individuos llegados por mar en grandes canoas. En 1509 Juan Díaz de Solís y Vicente Yáñez Pinzón exploran parte de las costas de la península del Yucatán. Un año más tarde le fue entregado a Moctezuma un cofre que debió caer de un navío español, o bien ser el resto de un naufragio, y que contenía vestidos, joyas y otros objetos que regala a los reyes de Texcoco y Tlacopan, asegurando, para calmarles, que se trata de pertenencias de sus antepasados.

En 1511 se produce el naufragio de un navío español en el Yucatán. La gran mayoría de sus supervivientes murió a manos de los mayas, aunque dos de ellos, Jerónimo de Aguilar y Gonzalo Guerrero, consiguieron sobrevivir, el primero como esclavo y el segundo, mejor adaptado a la cultura local, como guerrero, alcanzado a ser jefe militar y probablemente colaborando en la resistencia indígena ante la llegada de los españoles. Aguilar será liberado por Cortés ocho años más tarde y ejercéra como intérprete en la conquista de Tenochtitlan.

El ambiente entre los españoles asentados en Cuba debe ser de absoluta efervescencia, debido a las noticias que se tienen sobre la existencia de más territorios por descubrir en dirección al oeste. La isla, que habrá de servir de base de partida para la conquista de tierra firme, ya ha sido pacificada, en 1511, mediante una expedición dirigida por Diego Velázquez y en la que están presentes nombres como Hernán Cortés, Pedro de Alvarado, Bernal Díaz del Castillo, Pánfilo de Narváez, Grijalva o Hernández de Córdoba. Sin duda, la pacificación de la isla sirve a sus

129

protagonistas de campo de entrenamiento para las conquistas que habrán de venir.

En 1517 Francisco Hernández de Córdoba y dos socios más arman tres naves en Santiago de Cuba para ir a rescatar, es decir, ofrecer mercancías a los indígenas a cambio de oro u objetos preciosos, o bien para capturar esclavos que trabajen en las minas o el campo. Marchando en dirección oeste, llegan a las costas del Yucatán, donde los españoles pueden observar las grandes pirámides mayas, sus construcciones de piedra y los vestidos de sus pobladores, quedando maravillados de encontrar gentes con un alto desarrollo cultural. Luego de varios encuentros con las poblaciones locales, en los que reciben víveres y otros objetos, los nativos tienden una emboscada en la que los españoles demuestran la eficacia de sus espadas y armaduras, capturando dos prisioneros que, más adelante, serán intérpretes de otras expediciones. El viaje continuó costeando el continente en dirección norte, tocando Campeche y Champoton. Aquí fueron recibidos por indígenas en pie de guerra, que infligieron graves pérdidas a los españoles, obligados a retirarse a su lugar de partida. El Yucatán, del que se suponía todavía que era una isla, aparece después de este viaje como un mundo más atractivo que las Antillas, más poblado y civilizado.

Moctezuma conoce todos los detalles de las expediciones españolas, probablemente informado por sus mercaderes que comercian con Xicalanco, cerca de Champoton. Rumores y noticias le hablan de seres de piel blanca y pelo en la cara, que llegan por mar desde el oriente sobre unas grandes casas y que llevan consigo poderosas armas capaces de partir a un hombre en dos de un solo golpe. Poco a poco van llegando a Tenochtitlan más pormenores, que no hacen sino amplificar los recelos y las dudas del *huey tlatoani*, quien teme que sean ciertos los presagios que sobre la caída de su Imperio, de ser verdad lo que cuentan las crónicas, se habían ido produciendo en los últimos años de su reinado.

Negros presagios sobre el Imperio

Moctezuma es el soberano que ha logrado acumular más poder a lo largo de la corta historia de los aztecas. Pero, también, es quien concita más odios entre amigos y enemigos. Su política expansiva y centralizadora ha conseguido situarlo a la cabeza de un extenso Imperio que domina sobre pueblos y regiones muy diferentes, obligadas a pagarle tributo si no quieren sufrir un asalto a sangre y fuego por parte de las tropas aztecas, lo que se produce con cierta frecuencia. Enemigos tradicionales de los mexicas, como Cholula, Huexotzinco o, especialmente, Tlaxcala, sienten la presión cada vez mayor que el poderoso *huey tlatoani* realiza sobre ellos, tanto diplomática como militarmente. Los dos socios de la Triple Alianza han visto cómo su papel se ha ido desplazando y decreciendo, reducidos en los últimos tiempos a un rol de meros comparsas de la política dictada desde el trono de Tenochtitlan. Moctezuma, por último, ha magnificado el papel del *huey tlatoani*, rodeándose de una corte sumisa y controlando hasta los últimos resquicios del poder, a costa de profundas reformas que cuentan con múltiples detractores.

El soberano de Tenochtitlan va a ser criticado por las fuentes como un gobernante déspota, un auténtico tirano imbuido de soberbia y orgullo, pecados que cuentan con una especial mala prensa tanto entre los autores de origen indígena como los españoles. Para ellos, la caída del Imperio se explica, entre otras razones, por una especie de providencialismo que hace que los españoles lleguen a México con una misión divina, la de evangelizar y ofrecer una cultura superior a gentes que viven en la idolatría y el pecado. Pero también se explica, a la manera de ciertos relatos bíblicos, como un hecho prodigioso que comienza a ser anunciado a sus protagonistas con muchos años de antelación y que guarda una relación muy estrecha con las prácticas paganas del pueblo mexica, a cuya cabeza está Moctezuma.

Los datos que llegan a Tenochtitlan acerca de la aparición de extrañas gentes y objetos en la costa oriental parecen coincidir con ciertas profecías y mitos. El principal de todos era el que hablaba de que un día habría de producirse la vuelta del dios Quetzalcoatl, la serpiente emplumada, quien se habría marchado en otro tiempo hacia el este.

Quetzalcoatl, una de las divinidades más complejas y de mayor influencia del panteón mesoamericano, es también uno de los dioses más antiguos, apareciendo al menos desde el período clásico de Teotihuacan. Dios de múltiples advocaciones, una de las más importantes es la que hace de él, junto con su hermano gemelo Xolotl, el planeta Venus. Así, Venus sería Quetzalcoatl al amanecer y Xolotl al anochecer. Según un antiguo mito, Quetzalcoatl es el creador de la nueva humanidad pues, junto con su gemelo, viaja al inframundo para pedir a su gobernante, Mictlantecuhtli, que le entregue los huesos de las generaciones pasadas. Entregados o robados, los riega con su propia sangre y surge así el hombre de la era actual, una nueva humanidad que sucede a otras anteriores. Quetzalcoatl es visto pues como un dios creador y bondadoso, ya que también enseña a los hombres a pulir el jade y las piedras finas, a tejer el algodón, a componer mosaicos de plumas, a medir el tiempo y a conocer las estrellas. Es responsable, además, de la creación de calendario y de las ceremonias, es decir, de la civilización. Dios benéfico y bondadoso, se lo representa como un personaje barbudo, con atributos de ancianidad y sabiduría.

Otro mito relata que Quetzalcoatl funda Tula junto con los toltecas, una civilización avanzada, refinada y culta. Opuesto a Quetzalcoatl, entra en escena entonces el dios Tezcatlipoca, patrón de los hechiceros y representante del mal quien, junto con Ihuimecatl y Toltecatl, engaña a Quetzalcoatl cuando éste es sacerdote de Tula, haciéndole beber *pulque* y obligándolo a mantener relaciones sexuales con su hermana Quetzalpetlatl. El triunfo de Tezcatlipoca se produce cuando Quetzalcoatl se da cuenta de su pecado y del consecuente fin de Tula, partiendo hacia el exilio, en dirección este, junto con sus seguidores. Por el camino funda la ciudad de Cholula y, llegado al mar, se embarca en un navío y desaparece. Algún día, prosigue el mito, habrá de reaparecer su corazón en forma de lucero del alba, es decir, la estrella de la mañana que ilumina una era nueva.

Mezclada con el mito está la historia de un sacerdote de Tula, llamado Ce Acatl Topiltzin Quetzalcoatl, considerado al mismo tiempo un dios o un hombre, de quien nunca se sabrá si fue un sacerdote del culto a Quetzalcoatl o una divinización del hombre. Parece ser que Ce Acatl —1 caña— fue el responsable de la fundación de Tula, hacia el 960 d.C. Algún tiempo después, un sacerdote de la facción de Tezcatlipoca se enfrentó a él, venciéndolo y logrando expulsarlo de la ciudad junto con sus seguidores. Éste, mencionado por las crónicas como Kukulcan, se asentó en Chichén Itzá hacia el año 987, iniciando una etapa en la que la ciudad maya presenta una fuerte influencia tolteca.

Mito o realidad, lo cierto es que la narración que dice que Quetzalcoatl ha de volver algún día contribuirá en alguna medida al éxito de la expedición de Cortés en 1519 —año 1 *acatl*—, pues debió de impresionar moralmente a Moctezuma, quien pudo pensar que el dios volvía para tomar posesión de su reino tolteca.

Aparte de este relato, las fuentes señalan que hacia mediados del reinado de Moctezuma comenzaron a sucederse hechos prodigiosos, que interpretan como un preludio del fin de la era azteca. Sahagún, Durán, Torquemada, Camargo y muchos autores se explayan en explicarlos, atendiendo al carácter providencialista que preside las mentes de la época.

El primer presagio negativo sucede hacia 1510. Un cometa llameante apareció en el cielo llegado desde el oriente, siendo visible durante unos cuatro años y provocando el espanto de la gente. Más tarde, el templo de Huitzilopochtli se incendió sin que se supiesen las causas, *pero cuando le echaban agua, cuando intentaban apagarla, sólo se enardecía flameando*

Moctezuma contempla un cometa, dibujo del Códice Durán, siglo XVI.

133

más. No pudo apagarse: del todo ardió (Visión de los vencidos). El tercer presagio fue la caída de un rayo sobre el templo del dios del fuego Xiuhtecuhtli, sin haber estruendo ni apenas lluvia. El cuarto, sucedido en pleno día, es la visión de un largo cometa, dividido en tres partes, que atraviesa el cielo de oeste a este.

Un buen día sucedió el quinto presagio: las aguas de la laguna comenzaron a levantarse, como si estuviesen hirviendo, a pesar de que todo estaba en calma, llegando a anegar las casas. El sexto augurio fue que una vez, en la noche, se oyeron voces de mujer que decían *«¡Oh, hijos míos! Ya estamos a punto de perdernos.» Otras vezes dezía: «¡Oh, hijos míos! ¿A dónde os llevaré?»* (Sahagún). El séptimo fue que unos pescadores capturaron un ave similar a una grulla, que tenía en la cabeza un espejo. Llevada ante Moctezuma, éste vio reflejadas las estrellas en el espejo pero, cuando volvió a mirar, *vio allá, en la lontananza; como si algunas personas vinieran deprisa; bien estiradas; dando empellones. Se hacían la guerra unos a otros, y los traían a cuestas unos como venados* (Visión de los vencidos). Por último, el octavo presagio consistió en la aparición de personajes deformes, como siameses o personas con dos cabezas, los cuales, llevados ante Moctezuma, desaparecían.

Aún hubo otros varios presagios siniestros, incluso en Tlaxcala, donde se observaron varias señales inexplicables en el cielo. En Texcoco, hacia 1511, una liebre cruza la ciudad y entra en el palacio de Nezahualpilli. Cuando los sirvientes van a matarla, el soberano lo impide diciendo: *«dejadla, no la matéis, que ésa dice la venida de otras gentes que han de entrar por nuestras puertas sin resistencia de sus moradores»* (Torquemada).

Las distintas señales que se iban sucediendo no podían menos que intranquilizar a Moctezuma. Así, un día, tras observar una señal extraña en el cielo, decide consultar a Nezahualpilli, tenido por hombre sabio e intérprete de las estrellas. A éste le pareció que la señal era un presagio de malos tiempos que habrían de venir. Moctezuma, inquieto por el aviso, consultó a astrólogos y adivinos, sin que ninguno le supiese dar una respuesta satisfactoria. Decidió entonces reunirse con Nezahualpilli para hablar de lo que habían visto, y el texcocano ratificó que la señal del cielo marcaba la próxima llegada de gentes extranjeras y la caída de sus reinos.

El supersticioso Moctezuma recibe la noticia con grandes muestras de preocupación, pero a Nezahualpilli, resignado, parece no importarle. Para demostrárselo, decide apostarse su reino en el juego de pelota a cambio de tres gallos o pavos. Moctezuma acepta, no tanto por verse señor de un reino nuevo como por averiguar si Nezahualpilli tiene razón en su pronóstico. El partido se jugó a tres tantos, de los cuales Moctezuma ganó los dos primeros, por favor de su rival. El azteca le dijo entonces a éste: «*Paréceme, señor Nezahualpilli, que me veo ya señor de los aculhuas como lo soy de los mexicanos*», a lo que respondió Nezahualpilli: «*Yo, señor, os veo sin señorío y que acaba en vos el reino mexicano, porque me da el corazón que han de venir otros que a vos y a mí nos quiten nuestros señoríos; y porque lo creáis así como os lo tengo dicho, pasemos adelante con el juego y lo veréis*» (Torquemada). Prosiguiendo la partida, Moctezuma se esfuerza por ganar el último tanto, pero sin resultado, venciendo el texcocano de corrido sus tres puntos. Moctezuma quedó sumamente triste. A él se dirigió Nezahualpilli con estas palabras: «*Señor, ya que gané los gallos, me pesa de no haber perdido en esta ocasión el reino; porque entrando en vos era ganarlo y en ganar gallos ahora creo que lo he de perder después y lo he de entregar a gentes que aunque se lo dé no me lo agradezcan*» (*Ib.*).

Otro presagio referido por Sahagún, quien recoge testimonios de sus informantes indígenas, ocurrió un día en que una mujer que había muerto y había sido enterrada resucitó tras cuatro días de sepultura, con gran espanto de todos los presentes. La mujer se dirigió al palacio de Moctezuma y le dijo, una vez más: «*La causa porque soy resucitada es para dezirte que en tu tiempo se acabará el señorío de México, y tú eres último señor, porque vienen otras gentes, y ellas tomarán el señorío de la tierra, y poblarán a México*» (Sahagún). La mujer resucitada todavía vivió veintiún años y dio a luz a un hijo.

Similar a este relato, y para acabar de resumir la larga lista de presagios que citan las fuentes, señala Torquemada la leyenda de Papantzin, hermana de Moctezuma. Ésta había contraído matrimonio con el señor de Tlatelolco, aunque al poco enviudó. Unos años más tarde ella misma, enferma, falleció y fue enterrada en su palacio en una tumba abovedada, cubierta por una losa ligera. Al amanecer del día siguiente una niña vio sentada en el jardín a Papantzin y dio aviso a todos de que estaba viva. Cuando acuden a comprobarlo, ven con gran estupor que la niña tiene razón. Rápidamente se manda llamar a Nezahualpilli de Texcoco, quien acude a ver a la resucitada. Ésta le pide que se avise a Moctezuma, su hermano, quien se muestra incrédulo ante el relato de la resurrección de Papantzin. Por fin accede a verla y ésta le cuenta cómo, tras su muerte, pudo ver a un hombre blanco y con alas que tenía en la frente marcada una cruz, quien le indicó que aún no era el momento de atravesar el río que tenía delante de sí, «*que Dios te quiere bien aunque no le conoces*». Tomándola de la mano, la llevó por un valle donde pudo ver muchas cabezas y huesos de muertos, y a gente quejándose con grandes alaridos.

Más adelante pudo ver a hombres negros con cuernos en la cabeza, que se afanaban en la construcción de una casa. Por último, mirando hacia el oriente, «*al tiempo que el sol salía, vi que venían por las aguas del río arriba unos navíos (...) muy grandes, con muchas personas de otro traje, diferente de este nuestro que vestimos y usamos (...) los cuales decían ser hijos del sol*». El hombre le explica que pronto habrá guerra entre esos hombres y los indios, y que ellos serán señores de las tierras de México. Le revela también que aquellos que daban alaridos no son sino los antepasados de los indios muertos, que penan su devoción a dioses falsos, y que la casa que construyen los hombres negros es para albergar a los indios que morirán en las batallas que habrán de venir. Finalmente le dice que ella no puede aún morir, pues deberá vivir para facilitar la llegada de la nueva fe y ser ella la primera bautizada.

Papantzin fue tenida por loca, aunque sus palabras causaron una honda preocupación en Moctezuma, quien marchó en silencio y nunca más volvió a verla. La visionaria Papantzin vivió para ver que se cumplía lo que le había sido revelado, llevando hasta ese momento una vida recogida y comiendo sólo una vez al día. Efectivamente, continúa Torquemada, cuando los españoles entraron en la ciudad y comenzaron las conversiones, Papantzin fue la primera bautizada en Tlatelolco y recibió el nombre de María Papan, *la cual, haciendo vida de buena cristiana, acabó sus días loablemente.*

Los relatos acerca de los prodigios y presagios que auguran la venida de los españoles en tiempos de Moctezuma son la mayoría de época tardía, al menos una década después de la llegada de los españoles. Sin embargo, es fácil pensar que durante los últimos años del reinado de Moctezuma se produjeron acontecimientos que, para una mentalidad cíclica como la azteca y una personalidad religiosa como la de Moctezuma, debieron ser interpretados como señales que algo negativo habría de ocurrir en el futuro. En la conformación de estos pensamientos tuvieron mucho que ver las noticias que llegaban de la costa este, que señalaban el avistamiento de gentes extrañas, de grandes casas sobre el agua y de objetos nunca antes vistos. La incertidumbre sobre lo que estaba pasando debió de crear un clima de temor y angustia que se iba acrecentando a medida que llegaban nuevos datos a la capital, traídos por mercaderes que volvían de las tierras mayas y decían haber oído hablar de la llegada por mar de extranjeros de piel blanca y pelo en la cara.

Todavía se producirán nuevos hechos que incrementan la angustia de Moctezuma, su convencimiento de que no goza del favor de la divinidad y de que un grave cataclismo se está acercando. Incidiendo en el punto de vista según el cual el *huey tlatoani* fue castigado por su soberbia, Durán y otras fuentes relatan cómo Moctezuma, deseoso de aventajar a sus predecesores, quiso hacerse labrar una piedra más grande que las que hicieron esculpir Ahuitzotl o Tizoc, un *temalacatl* destinado al sacrificio gladiatorio. La piedra debía estar preparada para la fiesta del mes de Tlacaxipehualiztli —«desollamiento de hombres»—, por lo que mandó reunir a todos los canteros de la ciudad y los envió luego por todas las provincias para buscar la piedra más grande y apropiada.

La piedra en bruto fue hallada en Acolco o Aculco, cerca de Chalco. Informado Moctezuma, ordenó que se apercibiesen los habitantes de varios pueblos cercanos para que llevaran sogas y palancas con las que trasladar la piedra a Tenochtitlan. Hechos los rituales de rigor por los sacerdotes, diez o doce mil personas empezaron a tirar de la piedra, sin poder moverla. Moctezuma pidió que llegaran refuerzos de Texcoco, con cuya ayuda consiguen llevarla hasta Tlapechhuana, aunque de allí no lograrán moverla durante dos días, rompiéndose las sogas. Nuevamente se dio aviso a Moctezuma, quien pidió la colaboración de las gentes de la provincia de Cuauhtlapa. Cuando se dispusieron de nuevo a tirar, una voz surgió del interior de la piedra para decirles:

> «*Miserable gente y pobre desventurada: ¿Para qué porfías a quererme llevar a la ciudad de México? Mirad que vuestro trabajo es en vano y yo no he de llegar, ni es mi voluntad. Pero pues que tanto porfiáis, estirad, que yo iré hasta donde a mí me pareciere, por vuestro mal*» (Durán).

Atónitos los presentes, cuando se repusieron de la sorpresa tiraron de nuevo, y esta vez la piedra se movió con mucha facilidad, llegando en la tarde hasta Tlapitzahuayan. Cuando Moctezuma conoció el suceso, tuvo por mentirosos a quienes se lo contaron y mandó encarcelarlos. Mientras tanto, la piedra volvió de nuevo a ser imposible de mover, ni siquiera con la ayuda de las gentes de Azcapotzalco. De nuevo volvió a hablar a los presentes:

> «*Pobre desventurados, ¿Para qué trabajáis en vano? ¿No os he dicho que no he de llegar a México? Andad, id y decidle a Motecuhzoma que ya no es tiempo, que acordó tarde, que más temprano había de acordar traerme. Que ya no soy menester allá, porque ya está determinada otra cosa, la cual es divina voluntad y determinación; que no quiera él hacer contra ella (...) Y avisadle que ya se le acaba su mando y oficio, que presto*

lo verá, y experimentará lo que ha de venir sobre él, a causa de
que se ha querido hacer más que el mismo Dios...» (Durán).

Sabido el suceso por Moctezuma, no acaba de creérselo, aunque le causa intranquilidad. No obstante, ordena que continúen los trabajos de transporte, que se producen sin ninguna dificultad. La piedra es llevada hasta la entrada de México, saliendo la multitud y los sacerdotes a recibirla con toda solemnidad. Los canteros avisan a Moctezuma de las palabras y voces que han salido de la piedra, así como de sus advertencias. Moctezuma no les cree, pero por si acaso ordena realizar sacrificios y ofrendas. En un momento dado, mientras se está atravesando un puente, éste se rompe y la piedra desaparece en el agua, llevándose consigo a muchos de los porteadores. En vano intentan localizarla en el fondo de la acequia. Vueltos al lugar de donde fue extraída, la encontraron allí como estaba originalmente, aunque cubierta de sogas, tal y como había caído. El hallazgo fue comunicado a Moctezuma, quien se dirigió a ver la piedra y realizar ofrendas, sacrificando algunos esclavos delante de ella. De vuelta a Tenochtitlan, dice a sus principales:

«Verdaderamente, hermanos míos, que ahora creo que
nuestros trabajos y afticciones han de ser muchos y que nues-
tra vida es ya poca, y así yo determino dejarme morir, de mí,
como mis antepasados, y haga el Señor de lo criado lo que
fuera servido» (Durán).

Aun el jade se rompe...

El episodio de la piedra, unido a los funestos presagios y a las intranquilizadoras noticias que llegan cada vez con mayor frecuencia desde la costa oriental, deja a Moctezuma desconsolado. Cada vez está más convencido de que su fin está próximo, así como el de su Imperio. Para los aztecas, el mundo en el que ellos mismos vivían era el *quinto sol*, un período de tiempo o era que sucedía a otros cuatro anteriores. Cada uno de estos soles estaba presidido por la lucha entre Quetzalcoatl, como dios benigno y civilizador, y Tezcatlipoca, dios maligno y de las tinieblas. Los cuatro soles anteriores habían terminado con una gran catástrofe, y los aztecas pensaban que esa catástrofe podría producirse al final de un ciclo de cincuenta y dos años, lo que justificaba la ceremonia del Fuego Nuevo. Así pues, creen, nada es eterno, sino cíclico y temporal, ya que:

Aun el jade se rompe
aun el oro se quiebra,
aun el plumaje de quetzal se rasga...
¡No se vive para siempre en la tierra!
¡Sólo un breve instante perduramos![2]

Interesado en dejar constancia de su paso por este mundo, Moctezuma mandó llamar a los canteros para pedirles que le labrasen una estatua en el cerro de Chapultepec, donde estaban esculpidas las de sus antepasados. Hecho el trabajo, el *huey tlatoani* quedó muy contento y los artesanos fueron muy generosamente pagados con mantas, cargas de maíz, frijol, cacao y chile, así como camisas para sus mujeres e hijos y a cada uno un esclavo. Moctezuma fue representado

> *como él era de cuerpo baxo, bien hecho, buen rrostro, con una cabellera trançado de pluma de* tlauhquechol *y <en> la nariz le pintaron un cañuto de oro muy sotilmente y una orexera de esmeralda <que> llaman* xiuhtezcanacochtli *y beçolera de oro muy sotilmente, <en> las muñequeras del braço derecho y pie derecho collarexos de cuero de tigueres, con su rrodela y una sonaxa <que> llaman* omichicahuaz, *asentado <en> un estrado, tiguereado el asiento y silla de las grandes espaldares de cuero de tiguere, mirando con mucha grabedad* (Tezozomoc).

El desasosiego y la preocupación de Moctezuma iban cada día en aumento, angustiado por un final que todo parece anunciarle y ante el que nada puede hacer. Al menos así lo indican las fuentes, empeñadas en convertir a Moctezuma en un gobernante pusilánime y acobardado. Lo cierto es que, en cualquier caso, las noticias que sus espías y mercaderes le hacen llegar desde el este no deben ser nada tranquilizadoras.

Una nueva expedición llega a las costas mexicanas en 1518, dirigida por Juan de Grijalva. Al frente de cuatro navíos, *descubre* el 3 de mayo de ese año la isla de Cozumel. A partir del 7 de mayo la expedición costea el litoral de Yucatán. El primer intento de desembarque se hace difícilmente, pues los indígenas atacan en gran número aunque, al final, los españoles los vencen y obligan a pedir la paz, si bien el mismo Grijalva es herido en el combate. La victoria de los españoles les permite adentrarse en un río

---

[2] Garybay, Ángel Mertín: *Historia de la Literatura Nauatl*, citada en J. Alcina Franch, *Mitos y literatura azterca*. Alianza Editorial, Madrid, 1989: 55.

y proseguir su exploración. En general, los expedicionarios son bien recibidos por los naturales, quienes les regalan joyas de oro y tejidos preciosos. Después de dejar Puerto Deseado, los españoles continúan explorando nuevas tierras y contactando con los nativos. Tienen intención de ir *a descubrir otra tierra que se llama Mulua* (Díaz), es decir, *Culhua* o tierra de los mexicas, de la que sin duda ya han oído hablar.

La expedición prosigue adelante y una mañana se encuentra con numerosos indios agitando banderas blancas y llamando a los españoles. Grijalva manda una comitiva bien pertrechada de armas para allegarse ante ellos, poniendo al mando a Francisco de Montejo, futuro conquistador de Yucatán. El contacto es caluroso y amigable, intercambiando regalos y prometiendo más para unas horas más tarde. Efectivamente, al mediodía vuelven varios indios en una canoa, trayendo nuevos regalos y la promesa de oro para el día siguiente. Ese día, Grijalva baja a tierra y bautiza el lugar como San Juan, al tiempo que toma posesión de él. Los nativos agasajan a los españoles, a los que examinan con la misma curiosidad con la que son a su vez ellos mismos observados. Sin duda, se trata de un territorio bajo control mexica, y han recibido la orden de vigilar y dar noticia a Tenochtitlan de todo cuanto suceda. Pronto se presenta ante los españoles una embajada, compuesta por el *huey calpixqui* Pinotl de Cuetlaxtlan, el *calpixqui* Yaotzin de Mictlancuauhtla, un teocinyateca y dos capitanes enviados por Moctezuma, Cuitlalpipitoc y Tentlilli, hijo de éste. Los embajadores aztecas agasajaron a los extranjeros, pues *en seis días que estuvimos allí trajeron más de quince mil pesos en joyezuelas de oro bajo y de muchas hechuras* (Díaz del Castillo). Más adelante, la expedición decide retomar su camino y, tras varias peripecias, regresa a Cuba.

También los embajadores han regresado en presencia de Moctezuma. Su salida había sido motivada por la noticia de que unos seres extraños han sido vistos en la costa oriental. Sobre cómo llega la noticia a Moctezuma existe la leyenda de que un indio sin orejas ni dedos pulgares en manos y pies se presentó ante el *huey tlatoani* y le contó que había visto *en medio del agua un cerro redondo que andaba de una parte a otra* (Durán). Moctezuma manda encarcelarlo hasta que se confirme lo que dice. Envía entonces a Tlillancalqui y a Cuitlalpitoc, citado como su servidor, para que se alleguen a la costa y confirmen lo dicho con Pinotl, el gobernador de Cuetlaxtlan. Subidos a un árbol, dibujan cuanto ven y vuelven a Tenochtitlan para describir a un aterrado Moctezuma lo que han visto: *una casa en el agua, de donde salen unos hombres blancos, blancos de rostro y manos y tienen las barbas muy largas y pobladas y sus bestidos son de todos los colores (...) y traen en sus cabezas unas coberturas redondas y echan al agua una canoa grandecilla y saltan en ella algunos... (Durán).*

Moctezuma ha escuchado con toda atención y no poco espanto. Tras comprobar que el aviso que le habían dado era verdad, ordenó liberar al mensajero, pero éste ya no estaba en la prisión, sino que había desaparecido, por lo que fue tenido por un mago. Después convoca a plateros, lapidarios y plumajeros, a los que manda realizar todo tipo de regalos para los extraños. A Tlillancalqui le encarga entregárselos y, muy especialmente, averiguar *quien es el señor y principal de ellos, al cual quiero que le des todo lo que llevares y que sepas de raíz si es el que nuestros antepasados llamaron Topitlzin, y por otro nombre Quetzalcóatl, el cual dicen nuestras historias que se fue de esta tierra y dejó dicho que habían de volver a reinar en esta tierra, él o sus hijos... (Ib.).* Para saber si se trata del antiguo hombre-dios, Moctezuma indica al emisario que dé de comer a los extraños y observe su reacción, pues *si lo comiere y bebiere es cierto que es Quetzalcóatl, pues conoce ya las comidas de esta tierra (Ib.).*

Tlillancalqui cumple lo ordenado. Según el relato, se allega a la costa, habla con los españoles a través de una intérprete de éstos y vuelve a Tenochtitlan un día más tarde para informar a Moctezuma y hacerle entrega de unos pedazos de bizcocho que los españoles le han dado para el emperador. Moctezuma lo observa y lo sopesa, no atreviéndose a comerlo. Finalmente decide que sea llevado a Tula por los sacerdotes y entregado en el templo de Quetzalcoatl, pues son sus hijos quienes se lo han dado a él. Algo parecido hizo con unas cuentas de vidrio que también le mandan los españoles, éstas enterradas en el templo de Huitzilopochtli. Moctezuma no quiere que cunda el pánico entre la población y se esfuerza por interpretar todos los datos que le llegan. Ordena que nadie de los implicados, bajo pena de muerte, revele lo que sabe; después hace interrogar a los ancianos para saber más sobre los extraños, aunque nadie sabe darle una respuesta satisfactoria.

Hasta aquí el relato sobre este primer encuentro entre los españoles y emisarios aztecas. Aunque valioso en muchos aspectos, es preciso sin embargo tener en cuenta el gran número de incongruencias que presenta, lo que cuestiona su veracidad. El cronista parece mezclar los acontecimientos que tienen lugar en las expediciones de Grijalva y la posterior de Cortés, pues la presencia de la intérprete india alude directamente a Doña Marina, la india que traducirá las palabras de Cortés. Ocurre lo mismo con los personajes, pues Tentlilli y Cuitlalpitoc estarán presentes en la llegada de Cortés. Tampoco Moctezuma necesita enterarse de la llegada de extranjeros a las costas por medio de un mago indio, pues los gobernantes locales le tienen constantemente informado. Por último, en los seis o poco más días que están los españoles en el lugar resulta imposible que un emisario vaya y vuelva a Tenochtitlan dos veces.

Con todo, y no obstante, el relato, aunque plagado de inexactitudes y más cercano al mito que a la realidad, presenta de manera clara la que debió ser la actitud lógica de Moctezuma ante la llegada de los extranjeros, es decir, su temor y su miedo ante lo desconocido. Moctezuma quiere saber si se trata de Quetzalcoatl o de enviados suyos, y las primeras indagaciones así lo indican. En cualquier caso, los extranjeros son denominados *teteo*, término que se puede traducir como *dioses*, pero que también alude a algo maravilloso, extraordinario, fuera de lo común, terrible o peligroso. Moctezuma quiere saber si se trata realmente de dioses, haciéndolos observar y dibujar, preguntando a los sabios ancianos. Pero, sobre todo, desea saber el *huey tlatoani* qué es lo que puede hacerse contra ellos, quiere informarse de su enemigo, saber cuáles son sus posibilidades en caso de tener que enfrentarse a él.

La llegada de los dioses

El 21 de abril de 1519 —1 *acatl*, aniversario del nacimiento de Quetzalcoatl—, Cortés desembarca en Veracruz. Hijo de pobres hidalgos, aprendió rudimentos de leyes en la Universidad de Salamanca y trabajó como empleado en una escribanía de Valladolid, antes de partir al Nuevo Mundo en busca de fortuna. Hasta 1511 vive tranquilamente en La Española como hacendado a cargo de un repartimiento de indios, hasta que, *bullicioso, travieso, amigo de las armas* (Díaz del Castillo), se una a Diego Velázquez en la conquista de Cuba, alcanzado grandes méritos. Ya en Cuba puede ver cómo las sucesivas expediciones a las tierras situadas al oeste resultan un fracaso, pues Hernández de Córdoba y Grijalva regresan con las tropas diezmadas y un botín escaso, amén de noticias fabulosas sobre los reinos de esa parte. Así las cosas, Cortés se las arregló para ser nombrado jefe de una nueva expedición, que ha de preparar a toda prisa ante los recelos del gobernador, Velázquez.

La flota se dirige a Yucatán y alcanza la isla de Cozumel a finales de febrero. Allí reprende a su lugarteniente Pedro de Alvarado por no haberle esperado en su navío, conforme eran sus órdenes, y por saquear las aldeas indígenas desiertas que encontró a su paso. Cortés manda reponer lo robado y liberar los tres cautivos que tomara Alvarado, a los que

142

encarga llamar a su gente y decirles que él y los suyos vienen en son de paz. Cortés sabe de los fracasos de expediciones anteriores y, sin duda, quiere ensayar un nuevo método de conquista. Al día siguiente aparece el cacique con los suyos, al que trata con deferencia y explica que se encuentra allí en nombre de los soberanos de España, haciendo derribar las estatuas de los dioses y levantar un pequeño adoratorio cristiano.

Por los indios se enteran Cortés y los suyos de que hay otros españoles en la región, a dos días de marcha. Cortés manda llamarlos entregando a los emisarios indios una carta y muchas cuentas para pagar el rescate de uno de ellos, esclavo de un jefe local. La misión no rinde frutos, ni tampoco la búsqueda por parte de la expedición. Un buen día aparece en una canoa uno de los españoles cautivos, Jerónimo de Aguilar, superviviente del naufragio de 1511. Éste, clérigo de Écija, cuenta cómo ha sobrevivido como esclavo de un cacique maya, hasta que le han llegado noticias de la presencia de los españoles y ha podido acercarse hasta ellos. También narra cómo otro español, Gonzalo Guerrero, náufrago como él, rechazó la invitación de Aguilar de sumarse a la hueste de Cortés diciéndole:

> *«Hermano Aguilar, yo soy casado, tengo tres hijos, y tiénenme por cacique y capitán cuando hay guerras; íos vos con Dios; que yo tengo labrada la cara e horadadas las orejas; ¿qué dirán de mí desque me vean esos españoles ir desta manera? E ya veis estos mis tres hijitos cuán bonicos son. Por vida vuestra que me deis desas cuentas verdes que traéis, para ellos, y diré que mis hermanos me las envían de mi tierra»* (Díaz del Castillo).

La mujer del cacique Guerrero no dudó en expulsar con cajas destempladas a Aguilar, quien quería llevarse a su marido: *«Mirá con que viene este esclavo a llamar a mi marido: íos vos, y no curéis de más pláticas»* (*Ib.*). Con Aguilar, Cortés gana un elemento valiosísimo para su expedición, pues su estancia en tierras mayas le ha permitido aprender la lengua maya-quiché, la religión y las costumbres indígenas. El otro intérprete, Melchorejo, es un indígena de Cozumel que, capturado por la expedición de Grijalva y llevado a Cuba, fue allí bautizado y aprendió algo de castellano. A la menor ocasión, en Tabasco, se quitará sus ropas y huirá a bordo de una canoa, recomendando a los nativos que resistan a los españoles. Así hecho, los indios serán derrotados y Melchorejo ejecutado por éstos, acusado de darles un mal consejo.

Continuó Cortés la expedición por tierras que ya había explorado Grijalva, llegando hasta la desembocadura del río Tabasco, que remontan hasta Potonchan. Por el camino comienza a aparecer una nube de canoas con guerreros armados y en actitud hostil. A través de Aguilar, los españoles piden desembarcar para repostar agua y víveres. Los indígenas les piden que se marchen.

A la mañana siguiente, algunas canoas llevan agua y comida a los extranjeros. Cortés dice a los emisarios que quiere reconocer el país para informar a su rey. Después, manda a doscientos soldados que avancen hacia Potonchan, saliendo seguidamente él mismo con otros veinticuatro. En la orilla se produce el encuentro con los indígenas, a los que el legalista Cortés lee el requerimiento establecido por la Corona en el que se insta a los indios a someterse de buen grado y convertirse al cristianismo. Como toda respuesta los indios comenzaron a atacar, pero fueron rechazados por los españoles y puestos en fuga. Éstos se instalan en la parte mejor defendible de Potonchan.

Los días siguientes las escaramuzas continúan, y Cortés decide desembarcar más refuerzos, así como una docena de caballos. La batalla final se resuelve en Cintla, y en ella se enfrentan los españoles a un sinnúmero de indígenas, de los que dirá Díaz del Castillo que *había para cada uno de nosotros trescientos indios*. La lucha es feroz y las espadas se muestran más eficaces que los disparos de arcabuces y la artillería, muy lentos e imprecisos. Los filos de las espadas de los españoles muestran toda su potencia contra las vestimentas acolchadas de los indígenas, que nada pueden hacer por detener los mandobles. Pero los españoles son mucho menores en número y comienzan a ser rodeados, así que Cortés decide hacer intervenir a la caballería, animales nunca antes vistos por los indios, que los toman por monstruos espantosos. A pesar de ello, los indígenas resisten, aunque acaban finalmente por ceder y retirarse. Los mayas han sufrido doscientas bajas, por una de los españoles y doce heridos.

Al día siguiente, Cortés envía mensajeros para decir al enemigo que quiere hablar de paz. Los mayas aceptan y entregan a los vencedores regalos, víveres y veinte mujeres como esclavas, pues han observado que entre sus enemigos sólo hay hombres. Entre ellas viene la que, con el tiempo, se convertirá en una de las piezas fundamentales de la conquista de México, Malinalli, más tarde bautizada como Doña Marina. Malinalli es hija de los señores de una población cercana a Coatzacoalcos y, al morir su padre y casarse su madre de nuevo, fue vendida como esclava a los mercaderes de Xicalanco, quienes la vendieron a su vez en Potonchan. Malinalli sabe hablar nahuatl y maya, y será pronto el momento en que demuestre su utilidad para la expedición.

En Potonchan, Cortés manda destruir los ídolos locales y erige un santuario dedicado a la Virgen. Es aquí donde los españoles oyen a los indígenas pronunciar la palabra *culhua*, es decir, el nombre por el cual eran conocidos los mexicas. Preguntando a los mayas sobre la existencia de oro en esas tierras, uno de éstos les responde *que adelante, hacia donde se pone el sol, hay mucho; y decía: «Culúa, Culúa, México, México»; y nosotros no sabíamos qué cosa era Culúa, ni aun México tampoco* (Díaz del Castillo).

Los españoles envían varias expediciones al interior para recabar más datos y buscar náufragos. Su presencia no ha debido pasar inadvertida para Moctezuma, a quien han debido informar los mexicas de Xicalanco. Probablemente, el *huey tlatoani* sea responsable de la feroz resistencia que han ofrecido los mayas a Cortés.

El 20 de abril la expedición recala frente a San Juan de Ulua y recibe una embajada de Moctezuma. Los enviados

> *Preguntaron por el capitán, y cuando les fue mostrado, hicieron su reverencia, y dijeron que Teudilli, gobernador de aquella provincia, enviaba a saber qué gente y de dónde era aquélla, a qué venía, qué buscaba, si quería parar allí o pasar adelante. Cortés, aunque Aguilar no los entendió bien, les hizo entrar en la nao, les agradeció su trabajo y venida, les dio colación con vino y conservas, y les dijo que al día siguiente saldría a tierra a ver y hablar al gobernador; al cual rogaba no se alborotase de su salida, que ningún daño haría con ella, sino mucho provecho y placer. Aquellos hombres tomaron algunas cosillas de rescate, comieron y bebieron con tiento, sospechando mal, aunque les supo bien el vino; y por eso pidieron de ello y de las conservas para el gobernador; y con tanto, se volvieron* (López de Gómara).

Es éste el primer contacto entre castellanos y mexicas. Según una versión nativa, Moctezuma, informado de la presencia de los españoles en aquel territorio, envía a un principal o a cinco embajadores —las fuentes, como de costumbre, difieren— para saber cuáles son las intenciones de los recién llegados, a los que lleva cuantiosos regalos. Sahagún dice que el *huey tlatoani* les despide diciendo:

> *«Id con priesa y no os detengáis, y adorad en mi nombre al dios que viene, y dezilde: "Acá nos ha embiado vuestro siervo Motecuçoma; estas cosas que aquí traemos os embía, pues habéis venido a vuestra casa que es México".»*

145

El cronista, que escribe mucho después de la conquista basándose en fuentes indígenas, continúa relatando cómo los mensajeros llegaron ante los navíos y se les invitó a subir a bordo, presentándose ante Cortés. Los emisarios le hicieron entrega de los regalos y le vistieron con algunos objetos. Según esta versión, Cortés, indignado por un regalo tan pobre, mandó encadenarlos y disparar el cañón más potente de a bordo, ante lo que los indios se aterraron. Tras reanimarlos con vino, el capitán español, desafiante, retó a los emisarios a un combate para el día siguiente, tachando a los mexicas de cobardes. Los enviados rehúsan, alegando que sus órdenes son sólo las de saludar a los extranjeros en nombre de su señor. A toda prisa, montan en sus canoas y se alejan. La versión de los hechos, apócrifa y desacreditada por la mayoría de los especialistas, sin duda intenta presentar a un Moctezuma atemorizado y pusilánime, soberano de una nación, la mexica, igualmente entregada. Ante ellos se opone la figura de un Cortés poderoso e indómito, destinado a acabar con el despótico Moctezuma.

Otra versión de los hechos apunta, sin embargo, una reacción muy diferente por parte de Moctezuma. Éste ordenó a sus emisarios que regalasen al jefe de los españoles atributos y vestimentas de los dioses Quetzalcoatl, Tlaloc y Tezcatlipoca, por ver cuáles de éstos le gustan más y tratar de identificar así si en verdad se trata de Quetzalcoatl. Sin duda Moctezuma actúa de una manera *lógica*, pues no sólo quiere saber si se está produciendo el anunciado regreso de Quetzalcoatl, de lo que parece desconfiar, sino, en caso contrario, si los extranjeros son dioses, admitiendo la posibilidad de que se trate de enviados de alguna otra deidad, como Tezcatlipoca.

El viernes santo, 21 de abril de 1519, los españoles desembarcan en Chalchihuecan, cerca de la actual Veracruz. Allí reciben la visita de varios miles de indios procedentes de Cuetlaxtlan que llevan consigo alimentos, quienes rápidamente se ponen manos a la obra para levantar chozas donde alojar a los extranjeros. Con los indios llegan Tentlilli y Cuitlalpitoc, a quienes algunas fuentes también hacían erróneamente contactar con la expedición de Grijalva. Se presentan como embajadores de Moctezuma y, a decir de Graulich, proceden a vestir a Cortés con los atributos de los dioses, por ver a cuál de ellos es preciso adscribirlo.

En este lugar es donde se produce la crucial entrada en escena de Malinalli o Doña Marina. Los españoles la observan hablar perfectamente con los subordinados del gobernador de Cuetlaxtlan y Cortés manda llamar a la joven, prometiéndole la libertad si le sirve como intérprete, trato que ésta acepta. A partir de entonces, su participación en los hechos de la conquista será fundamental, pues ella traducirá del nahuatl al maya y Jerónimo de Aguilar del maya al castellano. Secretaria personal de Cortés, con el paso del tiempo tendrá un hijo de éste, Martín Cortés, uno de los primeros mestizos.

Gracias a sus dos intérpretes, Cortés puede por fin exponer a los emisarios de Moctezuma sus intenciones: se encuentra en esas tierras en nombre del emperador Carlos V, quien le envía porque «*lo quiere* [a Moctezuma] *tener por amigo, y decirle muchas cosas en su real nombre, y cuando las sepa e haya entendido se holgará dello, y para contratar con él y sus indios y vasallos de buena amistad*» (Díaz del Castillo). Los españoles comienzan a entrever la inmensidad y la riqueza de un Imperio y un emperador, el azteca, que le envía lujoso regalos por medio de protocolarios embajadores, sin duda un objetivo mucho más rico que el que hasta ahora les habían mostrado las aldeas y pueblos mayas del litoral.

Tentlilli respondió a la demanda de Cortés con orgullo: «*Aun ahora has llegado y ya le quieres hablar; recibe ahora este presente que te damos en su nombre, y después me dirás lo que te cumpliere*» (*Ib.*). El encuentro entre el capitán y el emisario está siendo cuidadosamente observado por pintores mexicas, *tlacuiloque*, quienes tienen la orden de reflejar todo cuanto vean sus ojos para ofrecer a Moctezuma una descripción detallada.

Después de la conversación, Cortés ordenó traer algunos regalos para el mexica y realizar a sus hombres un alarde, para impresionarle. Con gran aparato comenzaron los soldados a desfilar al son del pífano y del tambor, a hacer correr a los caballos y disparar sus cañones y arcabuces. Los mexicas, maravillados ya por las barbas, los vestidos y las maneras de los españoles, caen al suelo en cuanto escuchan los estruendos. Sin duda están sobrecogidos, y este sentimiento le será transmitido a Moctezuma cuando lleguen sus emisarios.

Antes de marcharse, Tentlilli se fija en un casco medio dorado que lleva sobre su cabeza un infante, a quien se lo pide, afirmando que se *parecía a unos que ellos tienen que les habían dejado sus antepasados del linaje donde venían, el cual tenían puesto en la cabeza a sus dioses Huichilobos* [Huitzilopochtli], *que es su ídolo de la guerra, y que su señor Montezuma se holgará de lo ver* (Díaz del Castillo). El astuto Cortés acepta entregarle el casco, pero pide que, en la próxima entrevista, le sea devuelto repleto de pepitas de oro. La extraña solicitud no debió sorprender al embajador mexica, pues Cortés, para justificar su ansia del metal precioso, le dice que «*(...) tenemos yo y mis compañeros mal de corazón, enfermedad que sana con ello*» (López de Gómara). Tentlilli se despide más tarde dejando a Cuitlalpitoc con un millar de hombres para auxiliar a los españoles, quienes les construyen casas y les proveen de agua, madera y comida.

Cuando llega a Cuetlaxtlan, Tentlilli envía varios mensajeros a Tenochtitlan para informar al emperador de todo lo sucedido y entregarle las pinturas de los *tlacuiloque*. Desgraciadamente, una vez más las fuentes muestran divergencias sobre un asunto fundamental: la reacción de Moctezuma. Según Bernal Díaz del Castillo, cuando Moctezuma vio los dibujos *quedó admirado, y recibió por otra parte mucho contento, y desque vio el casco y el que tenía su Huichilobos, tuvo por cierto que éramos del linaje de los que les habían dicho sus antepasados que vendrían a señorear aquesta tierra.* Desde el lado contrario, las fuentes mexicas describen a un Moctezuma postrado y abatido, sumido en el espanto y la duda, gimiendo por su desgracia y sin poder dormir ni probar bocado, tomando cobardes disposiciones de última hora ante lo que se le avecina. Según Durán, un lloroso Moctezuma hizo llamar a su consejero el *tlillancalqui* para decirle:

> «(...) pues mi suerte y ventura así lo ha ordenado, y el Señor de lo criado se ha enojado y airado contra mí, cúmplase su voluntad, pues no la puedo huir. (...) Lo que te ruego y pido de merced es que después que sean venidos los dioses y yo sea muerto a sus manos, que yo sé que me han de matar, que tomes mis siete hijos, que dejo a tu cargo, y los ampares y escondas de estos dioses y de los mexicanos, que ya sabes cuan perversos son (...).»

Sea cual fuere la reacción de Moctezuma, lo cierto es que debió de sentirse lógicamente preocupado e indeciso, pues ante él se presentaba un conjunto de seres sobre los que nunca antes se había dicho ni escrito nada, que nadie había visto hasta ese momento, con aspecto, lengua y costumbres extrañas. Dicen venir en nombre de otro gran señor y quieren presentarse nada menos que ante el gran emperador de los aztecas; pretenden imponer una religión diferente, se hacen acompañar por animales extraños y tienen armas poderosas; tienen, por último, avidez de oro. Nada de esto figura en las historias aztecas. ¿Cómo no sentirse, pues, preocupado? ¿Qué debe hacer el *huey tlatoani*?

El primer paso es celebrar consulta, para lo que Moctezuma reunió en consejo a todos los notables del Imperio. Se trata de decidir entre una doble alternativa: o bien los seres de la costa son Quetzalcoatl y sus seguidores, que vuelven para tomar posesión de sus antiguos dominios, en cuyo caso se impone impedírselo por la fuerza de las armas; o bien se trata, como ellos mismos dicen, de enviados de un gran señor desconocido, a los que, siguiendo las costumbres aztecas, es preciso atender y recibir. El planteamiento fue largamente discutido y, en un momento dado, Moctezuma pidió su opinión a su hermano Cuitlahuac, quien le contestó: «*Mi parecer es, gran señor, que no metáis en vuestra casa quien os eche de ella, y no os digo ni aconsejo más*» (Ixtlilxochitl). Cacama, rey de Texcoco, presenta una actitud más conciliadora, diciendo que es necesario no mostrar miedo ni preocupación a los recién llegados, y que si se trata de embajadores de un rey extranjero, deben ser recibidos y escuchados conforme a la costumbre mexica. Por último, dice, en el caso de que sus intenciones sean aviesas, los guerreros aztecas serán suficientes para defender el Imperio de cualquier ataque. El discurso de Cacama fue del agrado del consejo, aunque Moctzuma se inclinó por seguir las recomendaciones de su hermano Cuitlahuac e impedir el avance de los extranjeros hacia el corazón del Imperio.

De momento, la primera disposición es la de esperar y ver. Enviar un ejército a la costa sería peligroso, pues eso dejaría desprotegida Tenochtitlan de los enemigos tradicionales. Hay que evitar el enfrentamiento directo, ya que los enemigos son poderosos y aún son desconocidas sus tácticas de combate y sus armas, como quedó demostrado en el choque de Cintla. Por ahora, los recién llegados sólo piden comida, agua y oro, así que lo mejor es dárselo y esperar, sin mostrar temor sino respeto, pues son enviados por un gran señor extranjero. Y aún es posible que se marchen, como ocurrió con las expediciones anteriores. Como última salida siempre quedará el ataque, en el que los guerreros mexicas, con ayuda de Huitzilopochtli, saldrán victoriosos.

Tomada esta opción, Tentlilli es enviado ante los españoles con cien porteadores para llevarles víveres y regalos, entre los que se incluyen un disco de oro de más de veinte kilos de peso representando el sol y otro de plata de la mitad de peso, símbolo de la luna, así como el casco repleto de pepitas de oro que fue solicitado por Cortés en la primera entrevista. Tentlilli dice a éste, en nombre de Moctezuma —y de los soberanos de Texcoco y Tlacopan, según Ixtlilxochitl—, que el *huey tlatoani* se alegra mucho

de tener noticia y de saber de un tan grande y poderoso señor como era el de España, y mucho más el dignarse de ser sus amigos, de que se tenían por muy dichosos, y lo mismo de que en sus días hubiesen venido nuevas gentes de tanto valor y

nunca vistas en su imperio; por tanto, que rogaban al embaja-
dor viese lo que había menester para que fuese proveído de
todo bastantemente.

Pero el verdadero objetivo de la embajada de Tentlilli es otro: impedir
a toda costa que los extranjeros se decidan a entrar en el corazón del imperio. Con toda delicadeza y diplomacia continúa diciéndole a Cortes que:

> *en cuanto al ir a su corte y verse con Motecuhzoma su tío y con*
> *ellos, que no había lugar ni orden porque estaba Motecuhzoma*
> *impedido y mal dispuesto para poder ir a la costa, ni Cortés a*
> *la corte, por ser el camino largo y fragoso, y por él había*
> *pobladas algunas gentes bárbaras y crueles enemigos de los*
> *mexicanos y aculhuas.*

Contrariamente al efecto previsto por Moctezuma, el sagaz Cortés ve en
la respuesta del *huey tlatoani* elementos que avivan aún más su ansia por
avanzar hacia el interior y conocer al emperador azteca. Los regalos esti-
mulan la codicia de los españoles, que sueñan con las riquezas que se les
presentan al alcance de sus manos. Y el camino, poblado de enemigos de
los mexicas, puede ser una oportunidad para ganar aliados, muy necesarios
pues las fuerzas españolas son magras y se desconoce la potencia del rival.
Cortés agradece los regalos y, hábilmente, indica a Tentlilli que de
ninguna manera puede dejar de agradecer en persona al emperador
azteca los bienes recibidos ni faltar a la misión que le ha sido encomendada por su propio rey. Mientras nuevos mensajeros son enviados a
Tenochtitlan para informar a Moctezuma de la determinación de los españoles, éstos son agasajados y bien aprovisionados. Pero Tentilli tiene,
además de la embajada, otra misión. Con él han viajado, además de porteadores, sacerdotes, cautivos para el sacrificio —que, según algunas
fuentes, son ofrecidos a los españoles y éstos rechazan enérgicamente—
y un grupo de magos. La labor de estos últimos es comprobar quiénes son
los extranjeros, el poder que tienen y si es posible hechizarlos o encan-
tarlos para derrotarlos o hacerles volverse atrás. Los magos constatan,
para su pesar y el de Moctezuma, que los extranjeros no muestran debilidad ante sus sortilegios y hechizos.
En un sentido semejante, los aztecas llevan consigo otra arma: un
acompañante de Tentlilli muy parecido a Cortés. Integra la embajada por
expreso deseo de Moctezuma, pues, cuando le son presentados los dibujos que representan a los extranjeros, el soberano y sus principales se

150

asombran por el parecido de Cortés con un noble azteca, que los españoles llaman Quintalbor y del que, por su parecido con su capitán, se pasan el día diciendo *Cortés allá, Cortés acullá* (Díaz del Castillo). No se sabe muy bien el sentido de la acción de Moctezuma, apuntándose que quizás se trate de demostrar a los españoles que los aztecas no los consideran dioses, pues nadie mortal puede parecerse a un dios; o tal vez se intentase realizar algún tipo de acto mágico, presentando ante Cortés un doble suyo para anular sus poderes o espantarle.

Mientras tanto, los días van pasando y la situación parece estancada, con el capitán español que insiste en presentarse ante Moctezuma y Tentlilli que pone excusas. El embajador finalmente se retira y con Cortés quedan Cuitlalpictoc y sus servidores para atender a la hueste extranjera, lo que cada vez se hace con menor interés y más negligentemente. Probablemente, la táctica mexica es esperar que los extranjeros se hastíen, consumidos por el hambre, la inacción y los mosquitos. De hecho, algunos de ellos mueren.

Algunos días más tarde, los españoles descubren que todos los aztecas se han marchado, lo que los pone a la defensiva ante un previsible ataque. Nada pasa. A la mañana siguiente aparecen dos enviados de la ciudad de Cempoala para presentarse ante Cortés y ofrecerle la colaboración de su cacique —conocido como el *Cacique gordo*—, quien pretende sublevarse contra el dominio al que lo someten los aztecas. Rápidamente Cortés se da cuenta de la oportunidad que se le presenta de contar con un aliado, por lo que ofrece regalos a los totonacas y promete dirigirse a Cempoala. El cronista Ixtlilxochitl, deseoso de dar protagonismo a Texcoco en la lucha del *liberador* Cortés frente al *tirano* Moctezuma, dice, de forma poco creíble, que una embajada de Texcoco se presentó ante el español para ofrecer regalos y la amistad de su rey.

La táctica azteca, una vez fracasados los intentos por persuadir a los extraños de que se alejen, será ahora la de favorecer su entrada en el Imperio, donde, en caso de plantearse una batalla, los guerreros de la Triple Alianza gozarán de la ventaja del número, el conocimiento del terreno y la facilidad de avituallamiento. Se trata de dejar avanzar a Cortés hacia Tenochtitlan, lo que además tiene la ventaja de permitir ganar tiempo para plantear una defensa eficaz.

En principio, la táctica parece acertada. Los soldados de Cortés, hambrientos y asaeteados por los mosquitos, inician una rebelión, comandada por un grupo de ellos, partidarios del gobernador de Cuba, Diego Velázquez. Pretenden éstos regresar a la isla con el tesoro obtenido e informar a su gobernador, alegando que Cortés no tiene potestad para fundar una población, como pretende. Éste, conocedor de los entramados legales y apoyado en sus partidarios, decide convertir el campamento en una población, la Villa Rica de la Vera Cruz, organizando un consejo municipal o comuna que, conforme a las leyes de Castilla, depende sólo del rey, y no del gobernador de Cuba. Después él mismo se hace nombrar alcalde mayor y capitán general, con lo que, legalmente, la ruptura con Cuba es ya un hecho. Sus enemigos y detractores son encadenados y, más tarde, convencidos con la promesa de hallar oro.

El pequeño ejército se puso después en movimiento siguiendo la costa, a la vista de los navíos que llevaban el bastimento y la artillería. Al llegar a Quiahuitzlan, en el camino hacia Cempoala, los nobles de la sublevada región totonaca reciben a Cortés con regalos y parabienes. Entretanto, Moctezuma parece reaccionar con tranquilidad ante la posibilidad de una alianza entre Cortés y sus enemigos. Astuto, utilizará un arma psicológica contra sus enemigos: envió a cinco recaudadores de tributos a Quiahuitzlan, quienes entran en la población con altivez y sin ningún atisbo de temor, impresionando a sus moradores. Éstos, asustados ante la posibilidad de una feroz represión por parte azteca, corren a recibir a los recaudadores, abandonando la compañía de Cortés.

Es en este momento donde se demuestra la gran habilidad e inteligencia política de Cortés, donde realiza la primera jugada maestra sobre el tablero de la conquista de México. Cortés no se puede permitir una alianza entre Moctezuma y los totonacas, ya que eso pondría en peligro su propia supervivencia. Así, pues, decide arrestar a los funcionarios de Moctezuma, alegando ante los totonacas que

> *el rey nuestro señor le mandó que viniese a castigar los malhechores e que no consintiese sacrificios ni robos; y pues aquellos recaudadores venían con aquella demanda, les mandó que luego los aprisionasen e los tuviesen presos hasta que su señor Montezuma supiese la causa cómo vienen a robar y llevar por esclavos sus hijos y mujeres, e hacer otras fuerzas* (Díaz del Castillo).

Los sorprendidos totonacas apenas saben cómo reaccionar, aunque acaban alineándose con los españoles, a los que prometen cien mil hombres. Con este acto audaz, Cortés gana su primera gran alianza, aunque aún no es el momento de plantar cara a Moctezuma, sino de observar al enemigo y ganar todos los apoyos posibles. Del lado del *huey tlatoani*, la rebelión de los totonacas hace obligatorio enviar una expedición de castigo, que comienza a prepararse con presteza. Pero, antes de partir, llegan a Tenochtitlan dos de los funcionarios cautivos, que han sido liberados por Cortés. Se trata de una nueva jugada inteligente, pues de esta forma el capitán español se pone al margen del conflicto entre totonacas y aztecas y se gana el favor de Moctezuma, al salvar de la muerte a sus dos recaudadores.

La jugada de Cortés devolvió de nuevo las relaciones entre ambos líderes al nivel que ambos —de momento— pretenden, el de la diplomacia, aunque con clara ventaja por parte del español. Moctezuma envía una nueva embajada a Veracruz, agradeciendo a Cortés la liberación de sus dos hombres y enviándole un yelmo repleto de pepitas de oro para curar su enfermedad, pidiendo *que le diese noticia de ella* (López de Gómara). También le dijo que perdonaba a los españoles el desacato en que habían incurrido, aunque los totonacas serían castigados en otra ocasión. Por último, señalaron los mensajeros, Moctezuma se excusaba de no poder recibir a Cortés, como era deseo de éste, por hallarse *malo, y ocupado en otras guerras y negocios importantísimos* (*Ib.*).

Cortés, por su parte, mandó llamar al cacique de Quiahuitzlan para pedirle, ante los embajadores aztecas, que soltase a los otros tres recaudadores pues, de esta forma, los totonacas serían perdonados y podrían considerarse libres, sin temer a la represión azteca. Después, los embajadores marcharon. Ahora, ya, es el momento de iniciar el camino hacia el corazón del Imperio, hacia la gran México-Tenochtitlan.

X. MOCTEZUMA Y CORTÉS

Las noticias que llegan a Moctezuma no son nada tranquilizadoras aunque, como vinos anteriormente, algunas fuentes se empeñan en dar una visión exagerada y manipuladora de las reacciones del *huey tlatoani*. Así, Durán —basándose en la anónima Crónica X— y Sahagún —que obtiene su información de varios informantes indígenas, décadas después de la conquista— relatan cómo Moctezuma, aterrado, planea refugiarse en una caverna para salvarse así de la destrucción a la que está abocado su Imperio. Según este relato o mito, del que hay varias versiones y que asimila la caída de México con la de Tula y a Moctezuma con Quetzalcoatl, Moctezuma se encuentra en un constante sobresalto y el pánico se ha hecho general. También se dice que ha perdido el sentido. Reunido con sus enanos y bufones, les dice que debe buscar un lugar en el que refugiarse en secreto, marchando hacia el oeste, como el astro que se oculta. El lugar ideal está en la caverna de Chapultepec, donde se encuentra el Cincalco o Casa del Maíz, una especie de lugar paradisíaco gobernado por el mítico Huemac. Moctezuma quiso enviar primero a sus sirvientes para saludar a Huemac y hablarle de su llegada. Así lo hicieron los sirvientes, quienes pudieron localizar el lugar gracias a las indicaciones que Moctezuma había recibido en un sueño la noche anterior. Al comentarle el motivo de su visita, Huemac se enojó con la propuesta de Moctezuma, reprochándole su intención de huir:

> «Decidle a Motecuhzoma que ¿a qué quiere venir acá? ¿Piensa que en este lugar hay joyas y oro y piedras preciosas y plumas y mantas ricas, como las que él goza allá en el mundo? Decidle que se engaña, que goce de lo que goza y se esté quedo, que lo que está determinado, que no lo puede huir (...)» (Durán).

La respuesta de Huemac enoja a Moctezuma, quien mandó matar a los emisarios y enviar otros nuevos, con el mismo resultado. Envió luego a dos principales, quienes volvieron con el mensaje de que, para entrar en el Cincalco, debía realizar ayunos, abstinencias y mortificaciones durante ochenta días. Hecho esto, envió de nuevo a los dos principales para comunicárselo a Huemac, quien le respondió que debía encontrarse con él pasados cuatro días en un lugar llamado Tlachtonco. Al cuarto día Moctezuma atravesó el lago en canoa en dirección al lugar indicado y se preparó para esperar a Huemac. Pero, en Tenochtitlan, un joven sacerdote que se encuentra durmiendo en el templo del dios, a quien encarna, es despertado por una voz que le avisa que Moctezuma está huyendo. Abriendo los ojos y viendo una claridad como si fuera de día, salió corriendo del templo y se allegó a Tlachtonco. Dirigiéndose a Moctezuma, le afeó su conducta con estas palabras:

> *¿Qué es esto, señor poderoso? ¿Qué liviandad tan grande es ésta, de una persona de tanto valor y peso como la tuya? ¿Dónde vas? ¿Qué dirán los de Huexotzinco y los de Cholula y de Tliliuhquitepec, y los de Michoacán y Metztitlan? ¿En qué tendrán a México, a la que es el corazón de toda la tierra? Cierto, gran vergüenza será para tu ciudad y para todos los que en ella quedaron, que suene la voz y se publique tu huida. (...) Vuélvete, señor, a tu estado y asiento y déjate de semejante liviandad, y mira la deshonra que nos haces a todos»* (Durán).

Avergonzado, Moctezuma regresó a su palacio, donde estuvo cuatro días sin salir. Tan sólo recibió el consuelo del joven sacerdote, quien prometió guardarle su secreto.

Cortés de dirige hacia Tenochtitlan

El 16 de agosto de 1519, tras dejar en la villa fortificada de Veracruz una guarnición de treinta hombres, Cortés emprende camino hacia la gran Tenochtitlan, sin duda estimulado por las descripciones que le llegan. Los totonacas aconsejan al capitán español tomar el camino de Tlaxcala, por ser sus habitantes enemigos de Moctezuma.

Sin embargo, el *huey tlatoani* había tomado medidas y vigilaba de cerca, pues ya cree firmemente que los recién llegados vienen a destronarlo e instaurar una nueva era. Su objetivo, a partir de entonces, será dificultar su marcha y esperar acontecimientos, manteniendo una vigilancia constante en espera de una oportunidad de actuar. No obstante, decide hacer un nuevo intento de anular a sus enemigos, enviando un grupo de hechiceros para encantar a los extranjeros y hacer que las serpientes y alimañas los envenenen. Consultado su parecer a Tlillancalqui, éste, escéptico, le dice: «¿*Señor poderoso: buen acuerdo me parece, pero si son dioses ¿quién les podrá hacer daño? Aunque no se perderá nada probar para ver si esos brujos harán algo y serán de algún efecto sus hechicerías*» (Durán).

El ataque duró cuatro noches pero, para su desgracia, comprobaron que ninguna de las artes de los mejores brujos tenían efecto sobre los recién venidos. Vueltos ante Moctezuma, confesaron su impotencia, aunque éste los consoló diciéndoles que habían hecho todo lo posible y que ahora era el momento de descansar y tomar fuerzas, pues se imponía dejar a los extranjeros entrar en la capital, «*que acá buscaremos modos y maneras para destruirlos y que se cumpla el deseo que tengo, para que no quede hombre con vida, ni vaya nueva de ellos de donde salieron*» (Ib.).

Con la excusa de que nada faltase a los españoles durante su larga marcha a la capital del Imperio, el *huey tlatoani* ordenó a un alto cargo militar, el *huitznahuatl* Motelchiuh, que se presentase a los extranjeros en Cempoala. El encuentro con éstos se produce en Chichiquila. Motelchiuh saluda a Cortés y le entrega el regalo de rigor, para después aconsejarle marchar lentamente, paso a paso, por el bien de la expedición. Motelchiuh se ofrece como guía, lo que Cortés rechaza, probablemente desconfiando de sus intenciones. Ciertamente, Moctezuma debió haber preparado una celada, pues sólo así se explica que enviase a un alto cargo militar para una misión propia de un embajador. Motelchiuh no tiene más remedio que regresar a Tenochtitlan.

Entretanto la hueste continúa su marcha y arriba a Zacatlan o Xocotlan. El señor local, Ollintetl, recibe a los extranjeros, como se le ha ordenado, con regalos y víveres. Cortés pretende que el cacique le reconozca vasallaje y le entregue un tributo en oro, pero éste se niega alegando que su único señor es Moctezuma. Seguidamente pasa a describir el lujo y boato de la corte mexica, así como los miles de guerreros que guardan el Imperio. La respuesta, exagerada o no, debió poner aún más en guardia a Cortés. Éste decide finalmente seguir la ruta de Tlaxcala, bien por consejo de sus aliados totonacas, bien por desconfianza hacia las indicaciones de Ollintetl, quien señaló a los españoles que la mejor ruta pasaba por la ciudad de Cholula, en la que —este dato lo desconocía lógicamente Cortés— los mexicas tenían asentadas guarniciones permanentes.

Para Moctezuma, el paso de los españoles por Tlaxcala suponía un gravísimo riesgo. Podrían ser aniquilados por los fieros tlaxcaltecas, sí, pero también podía ocurrir que sus enemigos se uniesen y el problema fuese aún peor. Sin duda, Moctezuma realizó grandes esfuerzos por hacer ver a los tlaxcaltecas que los españoles eran amigos de los aztecas, incitándoles a atacarles.

Los combates se produjeron nada más entrar la hueste de españoles y aliados en territorio de Tlaxcala, el 31 de agosto de 1519. Después de algunos encuentros parciales, el 5 de septiembre se dio la gran batalla, en la que los tlaxcaltecas fueron derrotados. Por fin, tras una incursión nocturna resuelta en fracaso, el jefe tlaxcalteca Xicotencatl se vio obligado a retirarse. A pesar de la victoria, el estado de las tropas españolas y aliadas era precario. Varios hombres habían muerto y, lo que resultaba todavía peor, comenzaban algunos a pedir la retirada, temiendo adentrarse más en territorio hostil.

Cuando Moctezuma comenzó a conocer cómo iba resultando la batalla entre españoles y tlaxcaltecas debió sentirse conmocionado. El poder de los extranjeros los hacía fuertes como nunca antes se había visto, siendo muy difícil abatir a alguno de sus soldados, con sus armaduras y sus poderosas espadas, contra las que nada pueden las cotas de algodón y las macanas indígenas. Aún peor, de producirse una alianza entre los extranjeros y los tlaxcaltecas, los odiados enemigos de los mexicas, el resultado sería funesto para Tenochtitlan, abocada a la destrucción y la esclavitud. Era preciso dar un golpe de efecto, ganarse la amistad de los poderosos extranjeros a cualquier precio, incluso el de la propia independencia del Imperio azteca. A toda prisa envió Moctezuma a seis embajadores ante Cortés

> *«a decirme cómo él quería ser vasallo de vuestra alteza y mi amigo y que viese yo qué era lo que quería que él diese por vuestra alteza en cada año de tributo, así de oro como de plata, piedras, esclavos, ropa de algodón y otras cosas de las que él tenía y que todo lo daría con tanto que yo no fuese a su tierra y que lo hacía porque era muy estéril y falta de todos mantenimientos y que le pesaría de que yo padeciese necesidad y los que conmigo venían»* (Cortés).

El resultado de los combates y la presencia de los embajadores de Moctezuma junto a Cortés empujó a los tlaxcaltecas a pedir la paz. De improviso, Xicotencatl se encaminó al campamento español para ganarse la amistad de su capitán. Entre Xicotencatl y los embajadores mexicas se produjo una agria discusión, en presencia de un satisfecho Cortés, que ve así la oportunidad de ganar un aliado poderoso. Atempanécatl, emisario de Moctezuma, reprocha al tlaxcalteca:

> *«¿A qué vienes aquí?, ¿qué embajada es la que traes?, quiero saber de ella y ¿sabes a quién se la traes?, ¿es tu igual,*

para que le recibas con las armas acostumbradas de la profanidad de la milicia?» y no respondiéndole palabra, prosiguió el embajador de Motecuhzoma diciendo: «¿quién tiene la culpa de las desvergüenzas y contiendas que ha habido en Hultzilhuacan, Tepatlaxco, Tetzmolocan, Teotlaltzinco, Tepetzinco, Ocotépec, Tlamacazquícac, Atlmoyahuacan, Zecalacoyocan y en todo el contorno hasta Chololan?, veamos lo que vas a tratar con Cortés, que quiero verlo y oírlo» (Ixtlilxochitl).

La respuesta del tlaxcalteca fue reprochar al embajador tenochca el imperialismo de su señor Moctezuma, echándole en cara todas las conquistas realizadas por la fuerza de las armas, *haciendo mil agravios y vejaciones y desde el un mar al otro, sin que nadie os lo dé en cara ni estorbe y que por vuestra causa, por vuestras traiciones y dobleces (Ib.)*.

Acabado su discurso, el tlaxcalteca pidió a Cortés que lo acompañase a su ciudad para firmar la paz, respondiendo el español que sólo aceptaría si se lo pedían los cuatro gobernantes de Tlaxcala. Cuando los tlaxcaltecas se retiraron, el embajador mexica aprovechó para aconsejarle que desconfiase de su proposición, pues pretendían tenderles una emboscada. Cortés se mantuvo en su opinión de marchar a Tlaxcala, por lo que el mexica le pidió que esperase seis días para emprender el camino, el tiempo que el funcionario necesitaba para recibir nuevas órdenes de su señor. Cortés aceptó, pues el descanso convenía a sus planes. Pasado el plazo, llegaron seis enviados de Moctezuma, todos principales, con regalos y una petición del *huey tlatoani*, quien

> *le ruega muy ahincadamente que ni en bueno ni malo no fuese con los de Tlascala a su pueblo ni se confiase dellos, porque son muy pobres, que una manta buena de algodón no alcanza; e que por saber que el Montezuma nos tiene por amigos y nos envía aquel oro y joyas y mantas, lo procurarán de robar muy mejor; y Cortés recibió con alegría* (Díaz del Castillo).

Aceptado el regalo, Cortés se mantuvo en su opinión de ir a Tlaxcala. Pronto llegaron los cuatro gobernantes tlaxcaltecas, como había sido convenido, y se firmó el armisticio entre ellos y los españoles. Éstos se pusieron en camino, en compañía de los emisarios de Moctezuma, quienes no pierden detalle de todo cuanto pasa. En Tlaxcala, al acuerdo entre tlaxcaltecas y españoles se unen Huexotzinco y otros estados enemigos de Tenochtitlan. Además, sabedor de las victorias de Cortés, Ixtlilxochitl de

Texcoco, el príncipe alejado del trono por Moctezuma, envía a sus representantes para unir sus fuerzas a las españolas. A partir de entonces miles de guerreros formarán la tropa de Cortés, un auténtico ejército auxiliar sin el que la conquista no hubiera sido posible.

En Tenochtitlan la preocupación no puede menos que aumentar, pues todo parece ir en contra de la capital del Imperio. Los extranjeros y sus aliados se encuentran a 120 kilómetros de la ciudad, bien descansados y pertrechados de todo lo necesario. Nada parece detenerlos, ni la diplomacia ni, cada vez menos, la fuerza de las armas... al menos en campo raso, como se demostró en Cintla. Se impone, pues, un cambio estratégico: invitar a Cortés a entrar en Tenochtitlan, pero antes tenderle una emboscada. La pregunta es ¿dónde? Lo mejor era hacerlo en un espacio cerrado, una población, con miles de guerreros esperando a los enemigos y apareciendo de improviso. No podía ser una ciudad de la Triple Alianza, pues si el ataque sobre los españoles fracasaba, Moctezuma quedaría ya definitivamente como responsable y se desvelaría su jugada, marchando los españoles sobre Tenochtitlan. Era necesario, pues, elegir bien el lugar. Y el escogido fue Cholula, la ciudad sagrada de Quetzalcoatl, un lugar de peregrinación en toda Mesoamérica, con 150.000 habitantes. Moctezuma ordenó a sus gobernantes-sacerdotes recibir a los extranjeros, lo que así hicieron, pero se negaron a permitir la entrada de las huestes tlaxcaltecas, quienes acamparon en el exterior, no sin antes transmitir sus sospechas a Cortés de que se estaba tramando una emboscada.

El recibimiento a los españoles debió ser impresionante, tanto para unos como para otros. La ciudad tenía cerca de cuatrocientos templos y por todas partes salieron hombres, mujeres, niños y ancianos para ver a los extranjeros. Instalados en Cholula, el embajador azteca regresó a Tenochtitlan, lo que hizo levantar las primeras sospechas de Cortés. Pasado un día, nadie se había presentado ante ellos y el trato de los anfitriones no era satisfactorio. Los recelos del conquistador fueron en aumento hasta que, al día siguiente, apareció una embajada de Moctezuma para intentar convencer a Cortés de no acercarse a Tenochtitlan, unas veces con excusas, otras con veladas amenazas. Las sospechas del capitán español no hacían sino aumentar, por lo que decidió interrogar a uno de los gobernantes de Cholula para conocer qué es lo que se estaba tramando. Presionado, el atemorizado gobernante confesó que Moctezuma les había dado orden de no suministrarles comida ni dejarlos salir de la ciudad. Los recelos de Cortés acabaron por confirmarse cuando llegaron tres cempoaltecas para decirle que han visto trampas preparadas para matar a los caballos y en las azoteas piedras y pertrechos de guerra. Otro tanto hicieron los tlaxcaltecas.

También Doña Marina contó cómo una anciana le había aconsejado ponerse a buen recaudo ante lo que pudiera pasar. Sabido esto por Cortés, mandó prender a la anciana y dos sacerdotes. La anciana confesó toda la trama, señalando que Moctezuma

> (...) había enviado el día antes veinte mil hombres de guerra, y la mitad están ya aquí dentro desta ciudad e la otra mitad están cerca de aquí entre unas quebradas, e que ya tienen aviso que os habéis de ir mañana, y de las albarradas que se mandaron hacer y de los dos mil guerreros que os habemos de dar, e cómo tenían ya hechos conciertos que habían de quedar veinte de nosotros para sacrificar a los ídolos de Cholula (Díaz del Castillo).

Reunido el Estado Mayor de los españoles, decidieron pasar al ataque, castigando a Moctezuma en la piel de los cholultecas. Adelantándose a la ofensiva del enemigo, el 18 de octubre de 1521 hizo pregonar por toda la ciudad que la población debía reunirse en una gran plaza. Cuando fue hecho, cerraron las entradas y comenzó un baño de sangre que duró varias horas, junto con el saqueo de la ciudad por parte de los tlaxcaltecas.

La noticia de la cruel matanza de Cholula llegó rápidamente a oídos de Moctezuma, quien se encuentra en una posición desairada ante Cortés. Éste manda convocar a los enviados mexicas para reprocharles la participación de Moctezuma en la emboscada, quejándose de los dobleces del emperador mexicano, pues, por un lado, había enviado sus mensajeros *a decirme que era mi amigo* y, por otro, buscaba *maneras de ofenderme con mano ajena, para salvarse él de culpa si no le sucediese como él pensaba* (Cortés). Así pues, continuó el capitán español, en adelante

> así como iba hasta entonces a su tierra con voluntad de verle, hablar, tener por amigo y tener con él mucha conversación y paz, que ahora quería entrar por su tierra de guerra, haciéndole todo el daño que pudiese como a enemigo y que me pesaba mucho de ello, porque más le quisiera siempre por amigo y tomar siempre su parecer en las cosas que en esta tierra hubiera de hacer (*Ib.*).

Las palabras de Cortés debieron crear aún más confusión y división en el palacio de Moctezuma, enfrentados como estaban los partidarios de recibirlo, con Cacama a la cabeza, y los de expulsarlo, representados por Cuitlahuac. Moctezuma envió una nueva embajada a Cortés con regalos - —*diez platos de oro, mil quinientas piezas de ropa, mucha provisión de gallinas, pan y cacao* (Cortés)— y con la misión de desmentir su participación en los hechos de Cholula. Por último, los embajadores intentaron, una vez más, hacer desistir a los españoles de entrar en Tenochtitlan. Pero Cortés está determinado a ello y tiene ahora una posición de fuerza, material y psicológica. Así, indicó a los embajadores su determinación de marchar hacia Tenochtitlan y aconsejó a Moctezuma *que él lo hubiese por bien y que no se pusiese en otra cosa porque sería mucho daño suyo y a mí me pesaría de cualquiera que le viniese (Ib)*. Indefectiblemente, Moctezuma se vio obligado a invitar a los extranjeros a entrar en la capital imperial.

Antes de emprender la marcha se despidieron de la hueste de Cortés los aliados cempoaltecas, aterrorizados ante la idea de entrar en la capital mexica. Fueron despedidos con grandes regalos. Los tlaxcaltecas, por su parte, advirtieron al español de la dificultad de la empresa, aportando ellos mismos 10.000 hombres más a la expedición de los que, al parecer, Cortés sólo aceptó un millar. Iniciado el camino, al llegar a Calpan los ejércitos pernoctaron, recibidos por las autoridades civiles y religiosas de Huexotzinco. Al día siguiente comienzan a pasar por entre los impresionantes volcanes Popocatepetl e Iztaccihuatl. Aunque están prevenidos, ningún ejército se les presenta para hacerles frente; sólo unas débiles barreras de estacas y cactus cruzan los caminos, que los españoles no tardan en retirar. Las barreras son puestas por los aztecas, según su costumbre, como señal de aviso, un lenguaje simbólico que los españoles obviamente no entienden.

En la cumbre, hacen noche en unos edificios dispuestos para acoger a los mercaderes. Estando allí ocurre un extraño suceso, sólo reseñado por Sahagún y Tovar. Parece ser que se presenta ante los españoles un emisario azteca, Tzihuacpopoca, que dice ser Moctezuma, aunque el engaño es descubierto por los indios que acompañan a Cortés. La acción de Moctezuma no resulta en absoluto pueril, pues para los aztecas, como aparece en algunos de sus relatos míticos, quien se deja engañar por estratagemas de ese tipo estará abocado a una muerte segura. Desgraciadamente para Moctezuma, su acción no ha tenido el efecto deseado.

Tampoco resultará eficaz un nuevo ataque por parte de magos y hechiceros, quienes resultaron frenados, según relata Sahagún, por un hombre con aspecto de borracho que se cruzó en su camino y les espetó:

> «¿*Para qué porfiáis vosotros otra vez de venir acá? ¿Qué es lo que queréis? ¿Qué piensa Motecuçoma de hazer? ¿Agora acuerda a despertar? ¿Agora comiença a temer? Ya ha errado; ya no tiene remedio porque ha hecho muchas muertes injustas; ha destruido muchos; ha hecho muchos agravios y engaños y burlas.*»

Los magos tomaron al hombre por un dios disfrazado e intentaron realizar diversos encantamientos, lo que le enojó aún más:

> «*Por demás havéis venido. Nunca más haré cuenta de México. Para siempre os dexo. No tendré más cargo de vosotros, ni os ampararé. Apartaos de mí. Lo que queréis no se puede hazer. Volveos y mirad hazia México.*»

Fracasados en su misión, los encantadores deben retirarse, convencidos de haberse encontrado con el dios Tezcatlipoca. Conocido el suceso por Moctezuma, sigue relatando el cronista, el *huey tlatoani* se conformó: «*Ya estamos para perdernos; ya tenemos tragada la muerte. (...) Nacidos somos; venga lo que viniere*».

El 3 de noviembre de 1519 la hueste por fin penetró en el valle de México. Dirigiéndose a Amecameca toman después camino hacia Chalco, donde son recibidos conforme a la costumbre. A los españoles les son entregados diversos regalos, entre los que se incluyen cuarenta hermosas muchachas, por parte de los señores locales, quienes se quejan amargamente de la sumisión a que les tienen sometidos los aztecas. Con el mismo propósito se acercan dos delegaciones de poblaciones cercanas. También se allegan hasta Cortés altos dignatarios enviados por Moctezuma para acompañarlo en el tramo final hasta Tenochtitlan.

Dos días después, la hueste de Cortés llega a Ayotzinco, hasta donde se acerca Cacama de Texcoco para presentarse ante Cortés, con la misión de acompañarlo en su camino y excusar al emperador de no poder hacerlo él mismo. El ejército extranjero, junto con sus aliados, continuó su marcha en dirección a Colhuacan e Iztapalapa, llegando a Cuitlahuac, una pequeña población de dos millares de habitantes que asombra a los españoles por su belleza. Aquí son muy bien recibidos por las autoridades locales, quienes los invitan a un banquete que los españoles rechazan, quizás por miedo a una emboscada.

Entretanto, poco sabemos de lo que está ocurriendo en el palacio imperial, más allá de lo que dicen las acostumbradas fuentes acerca de los miedos y la incapacidad de Moctezuma. Durán afirma que, cuando el *huey tlatoani* conoció que Cortés se hallaba tan cerca, llamó a los reyes de Texcoco y Tlacopan para recibir entre los tres a los *dioses*. Cuando se juntaron, Moctezuma empezó a hablarles y a llorar, lo que fue seguido por los otros dos

> *y consolándose unos a los otros, y despidiéndose y abrazándose con mucho dolor, dice la historia que Motecuhzoma se fue a sus*

163

oráculos y delante de los dioses e hizo y formó una lamentosa querella contra ellos, quejándose de ellos por haberle traído a término tan trabajoso, habiéndoles él servido con el cuidado posible y agrado y procurado el aumento de su culto y reverencia. Esta lamentosa plática y querella hizo delante de los reyes y delante de todo el pueblo con muchas y abundantosas lágrimas.

Otra vez la tesis de presentar a un Moctezuma lloroso y pusilánime, responsable con su inacción de la caída del Imperio. Y, desde luego, en las palabras de Durán también se ve extrañamente a un Cacama ubicuo, pues ¿no debía estar acompañando a Cortés?

Los informantes indígenas, mucho tiempo después de la conquista, describieron a Sahagún un panorama desolador, ya que en Tenochtitlan

todos lloravan y se angustiavan y andavan tristes y cabizbaxos; hazían corrillos y hablavan con espanto de las nuevas que havían venido. Las madres, llorando, tomavan en braços a sus hijos, y traéndoles la mano sobre la cabeça, dezían: «¡Oh, hijo mío, en mal tiempo has nacido! ¡Qué grandes cosas has de ver! ¡En grandes trabaxos te has de hallar!»

El encuentro

Por fin, tras dejar atrás Iztapalapa, el 8 de noviembre de 1519, los españoles comienzan a cruzar los últimos puentes que llevaban a Tenochtitlan, la inmensa ciudad que los aztecas habían levantado en medio de una laguna. El espectáculo del variopinto ejército debió ser grandioso. Sobre una larga calzada, con agua a ambos lados, desfilaban en primer lugar cuatro jinetes para prevenir una emboscada, haciendo alarde de monturas y espadas. Con ellos, los terribles mastines llevados por los españoles, que tanto aterrorizaran a los indígenas y que fueron, sin duda, un arma fundamental. Con toda marcialidad iba detrás, solo, el portaestandarte, haciendo ondear su enseña ostensiblemente. La infantería y la caballería caminaban a continuación, cargando los primeros con sus pesadas espadas y sus rodelas de cuero, mientras que los segundos llevan cotas de algodón, espadas y lanzas. Atrás va el grupo de los ballesteros, seguidos por otra compañía de caballería, con plumas sobre los cascos, y los arcabuceros, atentos éstos a la seguridad del jefe de la hueste, Cortés. El capitán marcha rodeado de sus ayudantes y hombres de confianza. Por detrás, caminan, excitados y desafiantes, los guerreros de los enemigos tradicionales de los aztecas, los de Tepoztlan, Tliliuhquitepec, Tlaxcala y

Huexotzinco. Finalmente, cierra la marcha un nutrido grupo de cargadores, auxiliares, mujeres y gente diversa que se les ha ido uniendo por el camino. En total, a decir de Gómara, componen el ejército de Cortés 400 españoles y 6.000 indios amigos, que desfilan a tambor batiente.

También los españoles no pueden menos que sentirse fascinados, porque el espectáculo que se presenta ante a ellos es grandioso. Miles de espectadores en canoa los observan desde ambos lados de la calzada, con una mezcla de espanto y asombro. La misma calzada es admirable, tan ancha que por ella pueden caminar en paralelo ocho o diez caballos. A unos tres kilómetros del centro de Tenochtitlan se encuentran una puerta de entrada a la ciudad, donde les esperan para saludarlos miles de principales mexicas, vestidos con sus mejores y más vistosas galas. Uno a uno lo van haciendo, dando la bienvenida a Cortés y tocando el suelo y besando la tierra con la misma mano.

Cacama, Cuitlahuac y los señores de Tlacopan y Coyoacan se adelantaron para recibir al emperador Moctezuma, quien venía transportado en una litera algo más atrás. Uno de los testigos del encuentro, Bernal Díaz, describe con lógica admiración la impresión que le causó la visión del emperador azteca:

> (...) traíanle del brazo aquellos grandes caciques debajo de un palio muy riquísimo a maravilla, y la color de plumas verdes con grandes labores de oro, con mucha argentería y perlas y piedras chalchihuites, que colgaban de unas como bordaduras, que hubo mucho que mirar en ello; y el gran Montezuma venía muy ricamente ataviado, según su usanza, y traía calzados unos como cotaras, que así se dice lo que se calzan, las suelas de oro, y muy preciada pedrería encima de ellas; e los cuatro señores que le traían del brazo venían con rica manera de vestidos a su usanza (...) y venían, sin aquellos grandes señores, otros grandes caciques, que traían el palio sobre sus cabezas, y otros muchos señores que venían delante del gran Montezuma barriendo el suelo por donde había de pisar, y le ponían mantas porque no pisase la tierra. Todos estos señores ni por pensamiento le miraban a la cara, sino los ojos bajos e con mucho acato, excepto aquellos cuatro deudos y sobrinos suyos que le llevaban del brazo.

Detrás de Moctezuma vienen doscientos personajes de alto rango, todos descalzos, excepto el emperador. Les siguen miles de soldados y sirvientes, en un escenario engalanado con millares de flores. Cientos de guirnaldas son

165

colgadas del cuello de los españoles, a modo de bienvenida. La maravilla tiene su punto álgido cuando Moctezuma, llevado del brazo por Cacama y Cuitlahuac, se acerca hacia donde Cortés le está esperando. Por vez primera, están frente a frente. *Yo me apeé —dice Cortés— y le fui a abrazar solo y aquellos dos señores que con él iban, me detuvieron con las manos para que no le tocase y ellos y él hicieron asimismo ceremonia de besar la tierra.*

Después comienza un breve diálogo:

— *¿Acaso eres tú? ¿Es que ya tú eres? ¿Es verdad que eres tú Motecuhzoma?*
Le dijo Motecuhzoma:
— *Sí, yo soy.* (Visión de los vencidos).

Inmediatamente tomó la palabra Moctezuma, quien se dirigió a Cortés al modo que acostumbran los aztecas:

«*Señor nuestro: te has fatigado, te has dado cansancio: ya a la tierra tú has llegado. Has arribado a tu ciudad: México. Aquí has venido a sentarte en tu solio, en tu trono. Oh, por tiempo breve te lo reservaron, te lo conservaron, los que ya se fueron, tus sustitutos.*

Los señores reyes, Itzcoatzin, Motecuhzomatzin el viejo, Axayácac, Tízoc, Ahuítzotl. Oh, breve tiempo tan sólo guardaron para ti, dominaron la ciudad de México. Bajo su espalda, bajo su abrigo estaba metido el pueblo bajo.

¿Han de ver ellos y sabrán acaso de los que dejaron, de sus postreros?

¡Ojalá uno de ellos estuviera viendo, viera con asombro lo que yo ahora veo venir en mí!

Lo que yo veo ahora: yo el residuo, el superviviente de nuestros señores.

No, no es que yo sueño, no me levanto del sueño adormilado: no lo veo en sueños, no estoy soñando…

¡Es que ya te he visto, es que ya he puesto mis ojos en tu rostro!…

Ha cinco, ha diez días yo estaba angustiado: tenía fija la mirada en la Región del Misterio.

Y tú has venido entre nubes, entre nieblas.

Como que esto era lo que nos habían dejado dicho los reyes, los que rigieron, los que gobernaron tu ciudad:

Que habrías de instalarte en tu asiento, en tu sitial, que habrías de venir acá...

Pues ahora, se ha realizado: ya tú llegaste, con gran fatiga, con afán viniste.

Llega a la tierra: ven y descansa; toma posesión de tus casas reales; da refrigerio a tu cuerpo.

¡Llegad a vuestra tierra, señores nuestros!» (*Ib.*).

Terminada la plática de Moctezuma, se acercaron a Cortés los señores que acompañaban al azteca para saludarlo, regresando cada uno a su lugar después de haberlo hecho. Se dirigió entonces Cortés a Moctezuma, ofreciéndole un collar que él mismo llevaba de margaritas y diamantes de vidrio. Cortés agradeció a Moctezuma su gesto y la comitiva comenzó a caminar, con el *huey tlatoani* algo adelantado, acompañado por Cacama, y Cortés un poco detrás, llevado del brazo por Cuitlahuac. Al poco vino un servidor de Moctezuma para traer

> *dos collares de camarones envueltos en un paño, que eran hechos de huesos de caracoles colorados, que ellos tienen en mucho y de cada collar colgaban ocho camarones de oro de mucha perfección, tan largos casi como un geme y como se los trajeron se volvió a mí y me los echó al cuello* (Cortés).

Seguidamente siguieron caminando hacia el centro de la ciudad, con la multitud observando expectante desde las planas azoteas de las casas. Llegados al palacio de Axayacatl, padre de Moctezuma, éste toma de la mano a Cortés y lo lleva a una gran sala, donde le hace sentar en un rico estrado y le pide que lo espere. Entretanto, los españoles son aposentados en el palacio. Al rato, regresa Moctezuma con regalos para Cortés, que éste mismo nos describe: *muchas y diversas joyas de oro, plata, plumajes y hasta cinco o seis mil piezas de ropa de algodón, muy ricas y de diversas maneras tejidas y labradas.* Tras darle los regalos, se sienta junto a él y comienza a hablarle, a decir de Cortés, explicándole cómo desde hace tiempo su pueblo esperaba la venida de Quetzalcoatl y cómo, a partir de ese momento, se declara vasallo del rey de España y pone su reino a su disposición. También se excusa y defiende de las acusaciones por parte de sus enemigos, intentando ganar la confianza del capitán español, quién sabe si con la esperanza de que acabe por marcharse:

167

«(...) Y pues estáis en vuestra naturaleza y en vuestra casa, holgad y descansad del trabajo del camino y guerras que habéis tenido, que muy bien sé todos los que se os han ofrecido de Puntunchán acá y bien sé que los de Cempoal y de Tascalecal os han dicho muchos males e mí. No creáis más de lo que por vuestros ojos veredes, en especial de aquellos que son mis enemigos y algunos de ellos eran mis vasallos y se me han rebelado con vuestra venida y por favorecerse con vos lo dicen; los cuales sé que también os han dicho que yo tenía las casas con las paredes de oro y que las esteras de mis estrados y otras cosas de mi servicio eran asimismo de oro y que yo era y me hacía dios y otras muchas cosas. Las casas ya las véis que son de piedra, cal y tierra.»*

Moctezuma intenta a toda costa justificarse ante Cortés. Sabe que es éste quien ostenta el máximo poder en México y que se ha convertido en árbitro de la situación, pues ha conseguido vencer a los poderosos tlaxcaltecas y ha logrado penetrar hasta el mismo corazón del Imperio mexica. Sabe, también, que sus rivales tlaxcaltecas estarían satisfechos si Tenochtitlan resultara destruida, y que no pierden ocasión de criticar y reprochar ante Cortés el excesivo poder de Moctezuma y las continuas guerras expansivas que ha llevado a cabo durante su reinado.

Para Moctezuma se impone, pues, defenderse a toda costa de las acusaciones de sus enemigos. Alzándose las vestimentas y mostrándole el cuerpo, se dirige a Cortés y le dice: «*A mí me veis aquí que soy de carne y hueso como vos y como cada uno y que soy mortal y palpable*». La escena, contada por el mismo Cortés, debe ser dramática, con Moctezuma intentando salir al paso de las imputaciones de codicia y endiosamiento que le achacan sus rivales:

> Asiéndose él con sus manos de los brazos y del cuerpo [dijo]: «*Ved cómo os han mentido; verdad es que tengo algunas cosas de oro que me han quedado de mis abuelos; todo lo que yo tuviere tenéis cada vez que vos lo quisiéredes; yo me voy a otras casas donde vivo; aquí seréis provisto de todas las cosas necesarias para vos y para vuestra gente. Y no recibáis pena alguna, pues estáis en vuestra casa y naturaleza*».

Cortés agradeció muy políticamente las palabras de Moctezuma y su sometimiento, *satisfaciendo a aquello que me pareció que convenía, en especial en hacerle creer que vuestra majestad [Carlos V] era a quien ellos esperaban*, es decir, a Quetzalcoatl. Después de esto, se retiró satisfecho a descansar.

Moctezuma recibe a Hernán Cortés, dibujo del Códice Durán, siglo XVI.

XI.   LA CAÍDA DEL IMPERIO

Instalados en el palacio de Axayacatl, los españoles lo convirtieron en una fortaleza; no en vano se encontraban en el corazón mismo del enemigo. Decenas de servidores les fueron proveyendo de todo lo necesario para su sustento. Durante los seis días siguientes, el palacio se convirtió en un trasiego de sirvientes que llevaban y traían comida. También aparecen en muchas ocasiones señores principales que vienen con curiosidad para ver a los extraños. O quizás para espiarlos, para aprender de ellos. El mismo Moctezuma aparece ocasionalmente para conocer más detalles sobre los españoles, discutiendo con Cortés sobre sus diferentes puntos de vista en materia religiosa o preguntándole quiénes, de entre su hueste, son nobles y quiénes vasallos o esclavos, para poder regalarles como les corresponde. A esta última cuestión responde que todos son compañeros suyos; no en vano el capitán es considerado por los españoles el jefe de la hueste.

También los extranjeros sienten curiosidad, dedicándose a explorar las salas de palacio. En una de ellas encuentran una abertura recientemente cerrada. Cuando la traspasaron hallaron un inmenso tesoro que, a decir de Durán, era el de los antepasados de Moctezuma. Cortés ordenó, prudentemente, que nadie tocase nada y mandó cerrar de nuevo la puerta. Los españoles convinieron en no hablar a nadie de ello para que no llegase su hallazgo a oídos de Moctezuma.

Aunque agasajados, los soldados españoles son conscientes de su precaria situación. Están en medio de un pobladísima ciudad, con miles de guerreros rodeándolos dispuestos a atacar a la menor orden. *Ni de noche ni de día no dormíamos ni reposábamos, con aqueste pensamiento*, dirá Bernal Díaz del Castillo. Al cuarto día de estancia, llevados por la curiosidad y la previsión, salen a reconocer la ciudad.

A juzgar por sus mismos testimonios, todos quedan maravillados por la grandiosidad del espectáculo que contemplan. Tenochtitlan es, en ese momento, una ciudad que puede albergar hasta los 300.000 habitantes, mientras que Toledo, la principal ciudad española, ronda los 40.000. La capital azteca, que los españoles comparan con Venecia, está levantada en una isla, a la que llegan varias calzadas, todas hasta el centro de la ciudad. Las calzadas unen Tenochtitlan con otra serie de ciudades del valle de México, como Tlacopan, Xochimilco, Chalco, Iztapalapa, Coyoacan, Texcoco o Tlatlelolco. La anchura de las calzadas, el orden de las calles, el buen trazado de los edificios y la gran cantidad de gente no dejan de asombrar a los españoles. Las casas, bajas y de adobe, tienen azoteas planas en su parte alta y están dispuestas en hileras, con una calle al frente y un canal a la espalda. Todas se aprovisionan de agua por un acueducto de dos caños, que la trae desde Chapultepec, un cerro próximo. Las *chinampas*, especie de jardines flotantes, sirven para aprovisionar de hortalizas a sus habitantes, separadas entre sí por pequeñas calles de agua. Asombra a los españoles el recinto del Templo Mayor, que incluye 78 edificios, así como los palacios de los señores. Pero lo que más les impacta es el gran mercado de Tlatelolco, un inmenso *tianguiz* en el que a diario se reúnen unas 60.000 personas para comprar y vender todo tipo de productos, contratar los más diversos servicios o conocer las últimas noticias. El orden del mercado asombrará a los cronistas, pues cada tipo de producto tiene un lugar asignado, de forma que es posible controlar precios, calidades y el sistema de pesas por parte de los inspectores. Bernal Díaz, desde luego, quedó impresionado:

> (...) *tornamos a ver la gran plaza y la multitud de gente que en ella había, unos comprando y otros vendiendo, que solamente el rumor y el zumbido de las voces y palabras que allí había, sonaba más que de una legua; y entre nosotros hubo soldados que habían estado en muchas partes del mundo, y en Constantinopla y en toda Italia y Roma, y dijeron que plaza tan bien compasada y con tanto concierto, y tamaña y llena de tanta gente, no la habían visto.*

Lógicamente, el choque de culturas no tarda en aparecer. Cortés tiene entre sus objetivos acabar con la religión indígena y con prácticas que le parecen aberrantes, como la adoración a unos dioses que no le parecen sino simples ídolos y, especialmente, los sacrificios humanos. Desde que desembarcó en México, allá por donde la hueste española ha ido pasando Cortés ha prohibido realizar sacrificios y ha impuesto la erección de altares y cruces cristianas sobre los adoratorios nativos. Tenochtitlan no será una excepción.

172

Paseando por la ciudad, los españoles se allegan al Templo Mayor. Cortés, dirigiéndose a fray Bartolomé de Olmedo, le dice: «*Paréceme, señor padre, que será bien que demos un tiento a Montezuma sobre que nos deje hacer aquí nuestra iglesia*», a lo que aquél, prudentemente, le contesta que la idea es conveniente, pero el momento inapropiado. Cortés, empeñado en su idea, pidió a Moctezuma que le dejara ver las estatuas de sus dioses. El *huey tlatoani* consultó a sus sacerdotes la conveniencia de la petición, accediendo finalmente y llevándolo a una sala donde pudo observar las imágenes de Huitzilopochtli y Tezcatlipoca, ambas con ofrendas y restos de sacrificios. En ese momento Cortés se dirigió a Moctezuma, invirtiendo imprudentemente su rol de huésped y recién llegado:

> «*Señor Montezuma, no sé yo cómo un tan gran señor e sabio varón como vuestra merced es, no haya colegido en su pensamiento cómo no son estos vuestros ídolos dioses, sino cosas malas, que se llaman diablos. Y para que vuestra merced lo conozca y todos sus papas lo vean claro, hacedme una merced, que hayáis por bien que en lo alto desta torre pongamos una cruz, y en una parte destos adoratorios, donde están vuestros Huichilobos y Tezcatepuca, haremos un apartado donde pongamos una imagen de nuestra señora; la cual imagen ya el Montezuma la había visto; y veréis el temor que dello tienen estos ídolos que os tienen engañados*» (Díaz del Castillo).

Moctezuma, tan asombrado por el atrevimiento como enojado por las palabras de su invitado, ofensivas para su religión, le respondió:

> «*Señor Malinche, si tal deshonor como has dicho creyera que habías de decir, no te mostrara mis dioses; aquellos tenemos por muy buenos, y ellos dan salud y aguas y buenas sementeras, temporales y victorias, y cuanto queremos, e tenérnoslos de adorar y sacrificar. Lo que os ruego es, que no se digan otras palabras en su deshonor*» (Ib.).

Así quedó el asunto, de momento, pues la rápida respuesta de Moctezuma mostró a Cortés que había pecado de precipitación y falta de tacto. No obstante, no cejó en su empeño, y al poco solicitó permiso al soberano —esta vez sí— para levantar una capilla en una sala del palacio donde estaban los españoles alojados.

173

Prisión de Moctezuma

La situación de la hueste no es en absoluto segura. Han conseguido adentrarse sin excesivos contratiempos hasta el corazón del Imperio azteca, jugando bien las cartas de la sorpresa y la división indígena. Moctezuma los ha recibido amigablemente y los ha instalado en uno de sus palacios, pero son apenas unos pocos centenares contra una población hostil de varios cientos de miles de personas, que sólo espera una orden para alzarse contra ellos. Simplemente con no abastecerlos de agua y comida serían puestos en serios aprietos, y una huida de la ciudad no podría realizarse sino con grandes dificultades, pues fácilmente pueden ser atacados desde las azoteas y atrapados en una calzada, con sólo levantar sus puentes. La hueste de Cortés está intranquila y así se lo hace saber a su capitán. Éste decide dar, una vez más, un golpe de efecto: tomarán al emperador como rehén. Sin embargo, Cortés necesita de una excusa, pues es necesario, dada su posición de debilidad, no dar la apariencia de un secuestro, sino de un acto de justicia. La razón que esgrimirá Cortés para prender al emperador será un incidente ocurrido en Veracruz: Coatlpopoca, jefe de la guarnición mexica de Nauhtlan, atacó a los españoles que habían quedado allí estacionados, muriendo cuatro de ellos.

Cortés sabía del incidente por una misiva recibida tras su paso por Cholula. Presentándose ante Moctezuma, sacó la carta y acusó al emperador de estar detrás del ataque. Moctezuma está obligado a negarlo, pues teme por su vida, rodeado como está por los españoles. Así pues, resuelve que Coatlpopoca y todos los que participaron en el ataque sean traídos a Tenochtitlan, para poder demostrar su inocencia. Cortés le agradece la diligencia mostrada, pero le pide que lo acompañe al palacio de Axayacatl,

> *hasta tanto que la verdad más se aclarase y se supiese él ser sin culpa y que le rogaba mucho que no recibiese pena de ello, porque él no había de estar como preso sino en toda su libertad y que en servicio ni en el mando de su señorío, yo no le ponía ningún impedimento y que escogiese un cuarto de aquel aposento donde yo estaba, cual él quisiese y que allí estaría muy a su placer y que fuese cierto que ningún enojo ni pena se le había de dar, antes además de su servicio, los de mi compañía le servirían en todo lo que él mandase* (Cortés).

La petición de Cortés da lugar a agrias y prolongadas discusiones. Moctezuma, el *huey tlatoani*, no puede ser apresado en su mismo palacio, delante de su pueblo. También Cortés, a decir de Gómara, actúa por obligación, pues le dice:

> «(...) *perdonadme que lo haga así, pues no puedo hacer otra cosa; que si disimulase con vos, éstos que conmigo vienen se enojarían de mí, porque no los amparo y defiendo. Así que mandad a los vuestros que no se alteren ni rebullan, y sabed que cualquier mal que nos viniere lo pagará vuestra persona con la vida, pues está en vuestra boca ir callando y sin alborotar a la gente.»*

Los soldados presentes acaban por ponerse nerviosos, pues la situación es muy tensa. Finalmente uno de ellos, Juan Vázquez de León, perdió la calma:

> «*¿Qué hace vuestra merced ya con tantas palabras! O le llevamos preso o le daremos de estocadas; por eso tornadle a decir que si da voces o hace alboroto, que le mataréis; porque más vale que desta vez aseguremos nuestras vidas o las perdamos*» (Díaz del Castillo).

Sobresaltado por las voces y los gestos, que no entiende, Moctezuma se vuelve hacia Doña Marina, quien le aconseja que se encamine tranquilamente con los españoles a sus aposentos *sin ruido ninguno; que yo sé que os harán mucha honra, como gran señor que sois; y de otra manera, aquí quedaréis muerto; y en su aposento se sabrá la verdad* (*Ib.*). Moctezuma, desesperado, no puede dar la voz de alarma sin perjuicio de perder su propia vida. Intenta una última salida, ofreciendo a Cortés llevar como rehenes a un hijo y a sus dos hijas legítimas. Él, el *huey tlatoani* de Tenochtitlan, miembro del linaje real mexica, no puede soportar la afrenta de verse preso ni de ser así visto por los suyos. Finalmente, ante la insistencia de Cortés, no lo queda más que claudicar, quizás con la esperanza de ganar tiempo y preparar una manera de eliminar a los intrusos, pues mientras la cabeza del Estado continuara con vida existiría una posibilidad de aprovechar la ocasión de dar respuesta cuando ésta se presentase.

Moctezuma ordena preparar los apartamentos necesarios del palacio de Axayacatl y se hace llevar en litera, acompañado por numerosos señores, a los que intenta tranquilizar diciendo que actúa por propia voluntad. En cualquier caso y a pesar de tratarse de un rehén, él sigue siendo el

Cortés apresando a Moctezuma (óleo sobre lámina metálica),
Museo de América.

emperador. Pero ya es, tan sólo, una pieza útil en poder de los españoles. Ya nunca recuperará su libertad.

Desde su prisión, Moctezuma continuó atendiendo los asuntos de gobierno. Cada día recibía a sus funcionarios, quienes le comentaban los asuntos de interés y a los que dictaba las disposiciones oportunas.

Quince o veinte días después de ser apresado llegó a Tenochtitlan la comitiva que traía a Coatlpopoca, quien venía al frente de un séquito numeroso, transportado sobre unas andas y junto con su hijo y quince nobles más implicados en el ataque a la guarnición española de Veracruz. Rápidamente los recién llegados fueron llevados ante los españoles, quienes los interrogaron por separado. Tanto él como los demás presos admitieron haber matado a los españoles, pero negaron haberlo hecho por orden del emperador. Cortés determinó que Coatlpopoca, junto con los demás implicados, debía morir quemado en la plaza, consciente sin duda del efecto propagandístico de la medida. En la ejecución se usarían como combustible las armas de madera sacadas del arsenal real.

No contento con hallar y castigar a los culpables, Cortés se dirigió a Moctezuma para comunicarle la sentencia y decirle, también, que pese a haberle exculpado Coatlpopoca, la responsabilidad de la muerte de los españoles recaía en el emperador azteca. Así pues, ordenó ponerle grilletes, lo que convertía a Moctezuma, de hecho, en esclavo o prisionero, con gran pena y dolor para todos los que lo contemplan.

Después de la ejecución Cortés regresa a la habitación de Moctezuma para ofrecer una nueva cara, más conciliadora que la anterior. Esforzándose en consolarlo,

> *él mismo le quitó los grillos, y tales palabras le dijo, que no solamente lo tenía por hermano, sino en mucho más, e que como es señor y rey de tantos pueblos y provincias, que si él podía, el tiempo andando le haría que fuese señor de más tierras de las que no ha podido conquistar ni le obedecían; y que si quiere ir a sus palacios, que le da licencia para ello* (Díaz del Castillo).

Moctezuma, sin embargo, rechaza volver en libertad a su palacio. Las razones de su negativa a recobrar la libertad no están claras. Quizás pensó que los españoles no le devolverían nunca realmente su libertad, pues con él tenían un valioso rehén. O, más probablemente, pensaría que ya no le quedaba ningún prestigio entre sus vasallos, pues la visión del emperador prisionero y rendido a los extranjeros haría pensar al pueblo, y especialmente a los nobles que desde el principio se habían mostrado partidarios de impedir la entrada de los españoles en la ciudad, que ya no existía un poder único a la cabeza del Estado. La libertad del *huey tlatoani*, desde luego, pondría en peligro su propia vida y fomentaría la rebelión, con el consiguiente baño de sangre. No obstante, muy poco tardarían en producirse las primeras muestras de desacuerdo.

La rebelión de los nobles

La prisión de Moctezuma escuece entre los nobles, quienes no se explican su pasividad. Por otro lado, las relaciones entre mexicas y españoles son cada vez más tensas, molestos aquéllos por el ansia de oro de éstos y por la larga prisión de su soberano. Una parte de la nobleza mexica es partidaria de pasar a la acción. Cada día, principales y parientes del emperador van a visitarlo al palacio y a decirle *que será bien darnos guerra* [a los españoles] *y sacarlo de prisión* (Díaz del Castillo). La respuesta de Moctezuma siempre es negativa, explicada por las crónicas españolas en función de la religiosidad del emperador, quien asume su desdichado destino.

Un día, Cacama, rey de Texcoco y sobrino de Moctezuma, comenzó a preparar una rebelión. Sabido por Cortés, le manda venir a Tenochtitlan, lo que Cacama rehúsa varias veces, incluso cuando es llamado por Moctezuma. Cortés consulta al *huey tlatoani* sobre las acciones a seguir, desaconsejando éste, como pretende el español, lanzar un ataque conjunto contra Texcoco.

La negativa de Cacama a presentarse en Tenochtitlan ante Moctezuma fue presentada como una afrenta al emperador, quien ordenó su detención. Convocado a un consejo en Texcoco, fue detenido por seis capitanes leales a al *huey tlatoani* —contando con la colaboración de varios enemigos entre sus filas, como sus hermanos Ixtlilxochitl y Coanacochtzin— y llevado en presencia de Moctezuma, quien lo entrega a Cortés. Éste, a su vez, ordena que sea encerrado.

La actuación de Moctezuma ha sido juzgada con gran severidad. Desde luego actuó así presionado por los españoles, aunque bien podría haberse negado. Entonces, ¿por qué no lo hizo?, pues no basta con explicar que Cacama debía obediencia al que, de pleno derecho, era su señor. Una razón pudiera ser que Moctezuma fue persuadido por los españoles de que la verdadera razón de Cacama para rebelarse era suplantarlo en el trono y gobernar desde Texcoco. Otra, que no detener a Cacama supone verse forzado a enviar un ejército mexica sobre Texcoco para acompañar a los españoles —desde luego, los españoles nunca hubieran actuado solos—, lo que desencadenaría una cruenta guerra civil. Por último, negarse a colaborar suponía, *de facto*, romper las relaciones y provocar una insurrección de resultados inciertos, perdiendo definitivamente el factor sorpresa. Cabe una última posibilidad, que es la cobardía misma del emperador, aunque las razones últimas quedan para los amantes de la especulación.

La rebelión de Cacama puso sobre aviso a Cortés, temeroso de que se produjera un alzamiento generalizado. Controlaba al emperador, sí, pero no formalmente, lo que quizás le podría ser reprochado en un futuro. Así pues, debía obligar a Moctezuma a reconocer su vasallaje al soberano español Carlos V. Cuando le fue comunicada la exigencia, Moctezuma convocó a todos los principales mexicas, así como a los reyes de los estados aliados y las regiones sometidas, para comunicarles que en adelante deberán prestar fidelidad a los extranjeros, pues así se lo ha comunicado su dios Huitzilopochtli. Con grandes lloros, todos los convocados dijeron respetar, por fidelidad, la decisión de su emperador.

El traspaso de poderes se llevó a cabo el día siguiente, tomando nota del acto de abdicación Pedro Fernández, escribano de Su Majestad. El momento, lógicamente, debió ser especialmente duro para Moctezuma y los presentes, pues todos prorrumpieron en grandes lloros y lamentos, incluso un *soldado hubo que lloraba tanto como Moctezuma* (Díaz del Castillo).

El emperador sometido

Con el poder en sus manos, Cortés se apresuró a tomar las primeras medidas de gobierno. Lo primero que hizo fue solicitar tributo, tanto de Moctezuma como de todos los principales. Moctezuma le enseña las salas del tesoro real, de las que Cortés hace sacar todo el oro, las joyas y las plumas preciosas. También son despachados emisarios por todas las provincias, acompañados por españoles, para recaudar el tributo determinado por el emperador, lo que, en ocasiones, se lleva a cabo con violencia. Por todas partes comienza a surgir el desenfreno de los conquistadores, cada vez más envalentonados y ávidos de riqueza. Un ejemplo: casualmente es descubierta por los españoles una sala donde se guarda el cacao, utilizado por los aztecas como moneda. La descomposición de la situación política y quién sabe si el incierto porvenir empujó a varios cientos de mexicas a asaltar de noche el almacén, llevándose todo lo que pudieron. El oficial de guardia, Alvarado, lejos de evitarlo se sumó al robo con cincuenta porteadores, llevándose seiscientas cargas de semilla. El asunto se saldó con una severa amonestación por parte de Cortés.

179

Con el paso del tiempo la situación parece estabilizarse. Moctezuma, aunque cautivo, es ayudado por Cortés a sofocar varias revueltas, recibiendo incluso la promesa de extender sus dominios. Cortés, no obstante, se mantiene siempre vigilante, haciendo construir cuatro bergantines para poder huir de la ciudad en caso de necesidad. También se encarga, celosamente, de recaudar todo el oro y las riquezas posibles.

Conseguido el poder político y encauzada la recaudación de riquezas, de las que convenientemente es separada la quinta parte para el rey de España, sólo resta a Cortés completar una parte de su misión: convertir a los pobladores a la fe cristiana. Reunido con Moctezuma, le pide que cesen los sacrificios humanos a los dioses, a lo que el mexica se niega alegando que eso solivantaría a la población. Algo más tarde, se dirigió Cortés al Templo Mayor y comenzó a golpear a las imágenes de los dioses con una barra de hierro. A los ojos de los aztecas, lógicamente, se trataba de un acto espantoso, un ultraje. Cuando Moctezuma fue informado se dirigió a toda prisa al templo para intentar evitarlo, ofreciendo incluso a Cortés compartir el espacio sagrado. El español se niega. Moctezuma le ofrece entonces trasladar sus imágenes a otro lugar, lo que Cortés acepta. En lo alto de la pirámide fueron colocadas una cruz y la imagen de la Virgen María.

La actuación de Cortés solivantó al clero mexica, acaso uno de los últimos apoyos que le quedaban a Moctezuma. También debió causar un hondo malestar en la población; no en vano los dioses eran considerados los proveedores de bienestar y alimentos. Además el comportamiento del conquistador espoleó a Moctezuma, pues él mismo había sido sacerdote y recibido una sólida formación religiosa.

El mexica ordenó preparar en secreto un gran ejército de cien mil guerreros. Dos días después del suceso, hizo convocar a Cortés y se dirigió a él en tono molesto para darle un ultimátum:

«*Os ruego que os vayáis de esta mi ciudad y tierra, pues mis dioses están conmigo muy enojados porque os tengo aquí; pedidme lo que quisiereis, y dároslo he, porque os amo mucho; y no penséis que os digo esto burlando, sino muy de veras. Por lo demás, cumple que así se haga en todo caso*» (López de Gómara).

La actitud del azteca no sorprendió al español, quien estaba alerta ante la posibilidad de que se produjera una acción semejante. Para ganar tiempo y esperar refuerzos, promete a Moctezuma que se retirará de Tenochtitlan, pero que necesita construir más bergantines con la ayuda de carpinteros mexicas. Cuando los barcos estén concluidos, asegura, los españoles abandonarán la ciudad.

La matanza de Toxcatl

Después de prometer a Moctezuma que sus tropas se retirarán cuando los bergantines hayan sido concluidos, pasan ocho días de tensa calma. Tras este tiempo recibe Cortés la noticia de que han llegado a la costa de Cempoala diecinueve navíos. Diego Velázquez, el gobernador de Cuba, probablemente celoso de los éxitos de Cortés, su antiguo subordinado, envía contra él a Pánfilo de Narváez al mando de 800 soldados, 80 caballos y numerosos indios cubanos como auxiliares. La orden que llevan es detener a Cortés y trasladarlo prisionero a Cuba, acusado de traición y usurpación, para lo que el gobernador ha utilizado sus influencias en la corte española, pese al dictamen favorable a aquél de la Audiencia de Santo Domingo.

La noticia del desembarco de nuevos extranjeros en la costa llegó pronto a Moctezuma, informado por sus guarniciones de la costa. En principio, fue recibida con alegría, pues pensó que esos barcos podrían ser utilizados para llevar a los españoles, no haciendo falta ya terminar los bergantines. Sin embargo, antes de hacer cualquier movimiento, era necesario informarse con mayor detalle. Algunos mensajeros fueron enviados para entrevistarse con los españoles, para conocer el motivo de su llegada. Al mismo tiempo se ordenó a las guarniciones que avituallaran a los recién llegados con todo lo necesario.

Los embajadores se entrevistaron con Narváez, quien les informó de su orden de detener a Cortés. Cuando llegan los emisarios a Tenochtitlan, Moctezuma recibe la noticia con alegría: su enemigo está dividido y era, por tanto, débil. Se impone, pues, ayudar a los desembarcados a acercarse hasta la capital para promover el enfrentamiento entre los dos ejércitos, el de Cortés y el de Narváez. Una vez hecho esto, será fácil desembarazarse del debilitado ganador de la contienda.

Pasados tres días del desembarco, Cortés recibe la noticia de labios de Moctezuma:

> *«Señor Malinche, ahora en este punto me han llegado mensajeros de cómo en el puerto donde desembarcasteis han venido diez y ocho navíos y mucha gente y caballos; e todo nos lo traen pintado en unas mantas; y como me visitasteis hoy dos veces, creí que me veníais a dar nuevas dello; así que no habréis*

181

menester hacer navío; y porque no me lo decíais, por una parte tenía enojo en vos de tenérmelo encubierto, y por otra me holgaba porque vienen vuestros hermanos, para que todos os vayáis a Castilla e no haya más palabras» (Díaz del Castillo).

Cortés nada sabe, pero la noticia le alegra, pues supone que va a recibir refuerzos. La nueva corre como la pólvora entre los españoles, quienes no ven la hora de salir de una situación cada vez más angustiante y tensa. Hernán Cortés decide enviar correos para recibir noticia de los desembarcados, pero se entera a través de emisarios aztecas de que han sido detenidos. Envía entonces a fray Bartolomé de Olmedo para averiguar qué es lo que está pasando. Al cabo de varios días recibe la noticia de que Narváez está pertrechando un ejército para marchar hacia Tenochtitlan, con la intención de prenderle y llevarle preso.

Narváez sabe que Cortés cuenta con un ejército experimentado en el terreno y con un buen número de auxiliares indígenas, por lo que es preciso actuar con rapidez. Sin embargo, quien se adelanta una vez más es Cortés, marchando a toda prisa con un pequeño contingente para evitar que Narváez llegue a Tenochtitlan. Mediante un ataque por sorpresa, consigue capturar a Narváez y rendir a sus hombres, muchos de los cuales ya se habían pasado a su bando, atraídos por la fama del conquistador. Tras su victoria, la tropa de Cortés suma ya los 1.300 hombres, más 96 caballos y 160 ballesteros y escopeteros.

En la capital azteca Cortés ha dejado al resto de la tropa, entre ciento veinte y ciento cincuenta soldados, al mando de Pedro de Alvarado. Para los mexicas es el mes *toxcatl* (4-23 de mayo) y es necesario preparar la fiesta correspondiente, que celebra a los dos dioses principales de la ciudad, Huitzilopochtli y Tezcatlipoca, ambos enemigos de Quetzalcoatl. Tras pedir permiso a Alvarado comienzan los preparativos, que se hacen con gran excitación. A nadie escapa que la ocasión es propicia para deshacerse de los españoles, pues los que han quedado en Tenochtitlan son pocos, mientras que los que han marchado se batirán entre ellos. Varios cientos de guerreros danzan al son de flautas y tambores, mientras aumenta la preocupación de los españoles. La angustia todavía se incrementa más debido a los rumores, propagados por los tlaxcaltecas, de que se va a producir un ataque de forma inminente.

Queriendo adelantarse, como antes viera hacer a Cortés, Alvarado ordena a sus hombres dirigirse hacia el Templo Mayor, en cuyo recinto se encuentra toda la nobleza azteca. Más de seiscientos guerreros desarmados están danzando, con cerca de tres mil espectadores. Cerrando las salidas, la señal del jefe español dio comenzó a un furioso ataque, en el que los muertos se contaron por cientos, si no miles, despojados de sus joyas y adornos de oro.

Los gritos del suceso acabaron por alertar al resto de la población:

«*Capitanes, mexicanos... venid acá. ¡Que todos armados vengan: sus insignias, escudos, dardos!... ¡Venid acá deprisa, corred: muertos son los capitanes, han muerto nuestros guerreros!... Han sido aniquilados, oh capitanes mexicanos*» (Visión de los vencidos).

Rápidamente se congregaron en el lugar todos los guerreros de la ciudad, llevando consigo sus armas y escudos. El griterío es ensordecedor, pidiendo a todo el mundo que acuda. Por todas partes aparecen los guerreros aztecas, hostigando a los españoles, lanzando sobre ellos una lluvia de flechas y dardos. Alvarado y los suyos corren a refugiarse al palacio de Axayacatl, donde está Moctezuma, su rehén.

Nada más verle, el *huey tlatoani* reprocha a un Alvarado cubierto de sangre la matanza que éste ha cometido sobre su pueblo, anticipando que traerá la desgracia para los españoles y para él mismo. La respuesta del español fue mandar poner grilletes a Moctezuma, ante de salir de la sala. Los guerreros aztecas comenzaron entonces a asaltar el palacio, fuertemente defendido por los españoles. Nubes de flechas, piedras y dardos caen sobre los defensores, aunque sin causarles grandes daños. Los atacantes intentan el asalto, pero son rechazados. Por la noche cesa la lucha, para retornar con más fuerza y furor con los primeros rayos de luz, obligando a los españoles y sus aliados tlaxcaltecas a una defensa desesperada. Alvarado piensa entonces en jugar la baza de su rehén. Hizo llevar a Moctezuma hasta una terraza, junto con sus hijos y otros principales, obligándole a dirigirse a la multitud para apaciguarla, o de lo contrario lo pagaría con su vida.

El discurso de Moctezuma tiene efecto y el pueblo se retira, aunque monta barricadas cerca del palacio con la intención de mantener un asedio prolongado que haga perecer a sus enemigos de hambre y sed.

Muerte de Moctezuma

Cuando Cortés recibe la noticia del levantamiento en Tenochtitlan se dirige a marchas forzadas hacia la capital, aunque se entretiene en Tlaxcala esperando refuerzos de Coatzacoalcos y de Panuco. El 24 de junio entra en Tenochtitlan sin encontrar resistencia alguna, siendo recibido por los asediados con muestras de alegría. Cuando Moctezuma sabe del regreso de Cortés, envía a dos mensajeros para mandarle llamar, a lo que Cortés, soberbio, responde: «*¿Qué cumplimiento tengo yo de tener con un perro que se hacía con Narváez secretamente, e ahora veis que aun de comer no nos da?*» (Díaz del Castillo). El interés de los españoles es hacer abrir el mercado para poder aprovisionarse, así que Cortés envía a decir a Moctezuma que debe ordenar abrirlo o lo pagará con su vida.

La respuesta del azteca fue inteligente: era necesario que Cortés liberase a un rehén principal para poder abrir el mercado, pues él estaba preso en el palacio y no podía transmitir convenientemente la orden al pueblo. Cortés liberó a Cuitlahuac, hermano de Moctezuma, quien aprovechó la ocasión para ponerse al frente de la sublevación azteca. Reunido con los nobles, decidieron destituir a Moctezuma y proclamar *huey tlatoani* a Cuitlahuac. Su primera orden fue reanudar los ataques.

El primer efecto fue el levantamiento de Tlacopan. Poco después, cientos de guerreros se lanzaron al asalto del palacio, comenzando una lucha de dos días. Decenas de españoles murieron, por cientos o miles de aztecas. Los ataques se sucedían uno tras otro, por oleadas, sin tregua, escalando los muros, abriendo brechas, lanzando piedras y flechas.

Cortés comprende entonces que las fuerzas comienzan a flaquear y decide jugar la carta de Moctezuma, pues cree que la palabra del *huey tlatoani* tendrá el peso suficiente para detener el asalto. Cuando llegan los enviados de Cortés a solicitar la presencia de Moctezuma, éste se niega contestando: «*¿Qué quiere de mí ya Malinche? Que yo no deseo vivir ni oírle, pues en tal estado por su causa mi ventura me ha traído*» (Díaz del Castillo). Cortés insiste, desesperado, enviando nuevos emisarios. Finalmente Moctezuma accede, pero su respuesta es tan amarga como sincera:

> «*Yo tengo creído que no aprovecharé cosa ninguna para que cese la guerra, porque ya tienen alzado otro señor, y han propuesto de no os dejar salir de aquí con la vida; y así, creo que todos vosotros habéis de morir en esta ciudad*» (Ib.).

Muy temprano en la mañana sale por fin Moctezuma a una de las azoteas de palacio para dirigirse a la multitud, acompañado por Cortés, Doña Marina y varios españoles que lo protegen con sus escudos. Una lluvia de piedras, dardos y jabalinas se abate sobre la terraza, alcanzando una de las piedras a Moctezuma y quizás dos flechazos. Malherido, es rápidamente retirado. Su agonía duró tres días, entre el desprecio tanto de los suyos como de los españoles. Abatido, el antaño *huey tlatoani* se había convertido en una sombra de lo que fue, un fantasma de sí mismo. Deseoso de morir, se negaba a comer y se arrancaba los vendajes. Acaso una de sus últimas acciones fue solicitar a Cortés que cuidase de sus hijos, especialmente de Chimalpopoca, y de sus tres hijas, *las mejores joyas que él me daba* (Cortés). El 27 —o el 30— de junio de 1520 moría Moctezuma Xocoyotzin, noveno *tlatoani* de Tenochtitlan.

Como muchos aspectos de su vida, también sobre su muerte, sobre las causas y la autoría, existió desde el primer momento una gran controversia, que ha perdurado a lo largo de los siglos, no exenta de posicionamientos ideológicos e incoherencias. Los relatos en general buscan descargar del regicidio a los mexicas, pese a tildar a Moctezuma de orgulloso, tirano o pusilánime, cargando con la culpa a los españoles y, queriendo demostrar, de paso, la perfidia de una hueste que asesina a quien le protegió. Para muchos autores, antiguos y contemporáneos, la figura de Moctezuma es la de un traidor y un cobarde, entregado a una tropa conquistadora sedienta de oro y sangre. Así pues, su castigo final deberá ser acorde con los pecados que cometió, cerrando un círculo novelesco perfecto.

Fray Diego Durán, por ejemplo, dice que Moctezuma salió a la terraza a parlamentar con la multitud y fue recibido por una lluvia de insultos y amenazas. Una piedra le alcanzó, lo mismo que una flecha en el pie, pero las heridas fueron mínimas. Moctezuma murió más tarde, pero a manos de los españoles. Los mexicas que asaltaron el palacio lo hallaron con los pies encadenados y cinco puñaladas en el pecho, junto a otros muchos señores que, como él, estaban prisioneros.

Otra fuente, Tovar, afirma más fantasiosamente que Moctezuma murió cuando una espada castellana le atravesó el ano —también lo dice Ixtlilxochitl— para no dejar huellas, un castigo acorde con las acusaciones de afeminado y sodomita que le hacen las fuentes que más le reprochan su papel en la conquista española. Continuando con el absurdo, la muerte de Moctezuma habría tenido lugar nada más regresar Cortés, por lo que cuando se hizo necesaria la presencia de Moctezuma para calmar a las masas enardecidas la solución fue sacar el cadáver a la terraza donde, ahora sí, le alcanzó una piedra, pero ya estaba muerto...

Para finalizar con el catálogo de versiones, Chimalpahin y Sahagún afirman que le fue dado garrote, mientras que Bernal Díaz deja caer que no fueron las heridas la causa de su muerte, sino *que él debió mandar que le pusiesen alguna cosa con que se pasmó*.

El infortunio de Moctezuma no cesó, empero, con su muerte. El cadáver fue entregado a los guerreros de Cuitlahuac con la esperanza de que cesasen en su ataque, lo que en cualquier caso no ocurrió. Nadie reparó o quiso reparar en el cuerpo del desventurado, tendido en un patio, salvo un hombre llamado Apanecatl, que se apiadó de él y lo cargó sobre sus hombros y llevó a varios sitios para darle sepultura, pero en ningún lugar lo quisieron. Por último, en Acatliyacapan, Apanecatl protestó diciendo:

> — *Señores nuestros, es molesto Moctecuzoma. ¿Acaso he de seguir cargándole?*
> *Luego dijeron los nobles:*
> — *Recíbanle.*
> *Luego le tomaron a su cargo los mayordomos, luego le quemaron.* (Códice Aubin, citado por Vázquez)

El final de Moctezuma, el señor del Anahuac, no podía ser más infortunado, víctima, antes que nada, del violento encuentro entre dos mundos, un encuentro que, inevitablemente, habría de convertirse en un cataclismo.

El final del Sol Azteca

La muerte de Moctezuma es para Cortés y los suyos una grave pérdida, por cuanto deja de contar con su rehén y con una posible baza para salir de una situación desesperada. Los sitiados veían disminuir las provisiones de agua y comida, mientras que los sitiadores no cejaban en su ataque, cada vez con ansias renovadas. Cortés resuelve aprovechar la oscuridad de la noche para abandonar la ciudad, favorecido por la lluvia. Repartido el oro entre los conquistadores, comenzaron a desfilar en silencio por las calles de Tenochtitlan, llevando consigo a los hijos de Moctezuma. Al principio parece que la suerte los favorece, de tal forma que la vanguardia puede avanzar con rapidez. Sin embargo, cuando los últimos grupos están saliendo del palacio, comenzó el ataque. Según la *Visión de los vencidos*, una mujer que sacaba agua los vio y al momento alzó el grito y dijo: —*Mexicanos… ¡Andad hacia acá: ya se van, ya van traspasando los canales vuestros enemigos…¡Se van a escondidas!…* Entonces un hombre subió al templo de Huitzilopochtli, desde donde gritó: —*Guerreros, capitanes, mexicanos… ¡Se van vuestros enemigos! Venid a perseguirlos. Con barcas defendidas con escudos… con todo el cuerpo en el camino.*
Por todas partes comenzaron a aparecer guerreros, lanzando flechas, dardos, dando golpes de *macana*, desde los tejados, sobre las calzadas. Las pérdidas de los españoles fueron enormes, siendo muchos captura-

dos y llevados al templo para ser sacrificados. Murieron en el combate o ahogados en la laguna más de seiscientos españoles, así como dos mil tlaxcaltecas. Los españoles llamaron a la noche del 30 de junio de 1520 la Noche Triste, un apelativo evidentemente etnocéntrico.

Tras conseguir los supervivientes abandonar la ciudad, con grandes penalidades, fueron guiados por sus aliados indios hasta Tlaxcala. Allí Cortés pudo recomponer su tropa y ganar nuevas alianzas, con las que plantar cara a los aztecas siete días más tarde, en Otumba. Esta vez en campo abierto, se enfrentaron españoles y aliados contra un ejército azteca más numeroso, pero desorganizado. Dirigiendo su ataque contra los jefes mexicas, bien identificados por sus enseñas, pronto consiguieron poner en desbandada al enemigo.

De vuelta a Tlaxcala y tras veinte días de descanso, comenzó Cortés la campaña de conquista del Imperio. Varias localidades fueron cayendo una tras otra, hasta que el español comprendió que para hacerse con el control total del Imperio debía conquistar los lagos alrededor de Tenochtitlan, para lo que hizo construir trece bergantines. El ataque de españoles y aliados se vio, además, favorecido por una epidemia de viruela, enfermedad traída por los españoles, que diezmó a los defensores mexicas, una de cuyas bajas fue la del mismo Cuitlahuac, sucesor de Moctezuma. Su heredero fue Cuauhtemoc, *Águila descendiente*, aunque sin tiempo para hacerse entronizar. El 30 de mayo de 1521 Tenochtitlan es rodeada, comenzando un largo asedio en el que participan españoles, tlaxcaltecas, chalcas, xochimilcas y otomís. Finalmente, minada las fuerzas por el hambre, el 13 de agosto se rinde el último *tlatoani* azteca. El Imperio mexica ha tocado a su fin, aunque no la grandeza de los mexicas, pues

Ésta será nuestra fama: en tanto que dure el mundo,
así durará el renombre, la gloria, de México-Tenochtitlan[3].

---

[3] Anónimo, *Cantos y crónicas del Máxico antiguo*.

CRONOLOGÍA

1467?	—	Nacimiento de Moctezuma.
1502	—	Elección de Moctezuma.
1503	—	Entronización. Expediciones a Xaltepec y Achiotlan.
1504	—	Ataque contra Tlaxcala. Gran eclipse de Sol. Erección de los templos de Cinteotl y Quetzalcoatl.
1505	—	Punto álgido de la hambruna. Campañas en Oaxaca (Xaltepec, Achiotlan, Yanhuitlan y Zozollan).
1506	—	Fiesta de la Ligadura de Años y del Fuego Nuevo.
1508	—	Derrota contra el valle de Puebla (Atlixco).
1509-10	—	Inicio de los presagios del fin del Imperio.
1511	—	Un barco español naufraga en Yucatán, sobreviviendo Gonzalo Guerrero y Jerónimo Aguilar. Comienza una nueva campaña contra Oaxaca (Nopallan, Icpatepec y Tlaxiaco), que continuará al año siguiente.
1515	—	Muerte de Nezahualpilli de Texcoco. Moctezuma impone la elección de Cacama e Ixtlilxochitl se rebela.
1517	—	Coronación de Cacama en Texcoco. Expedición de Hernández de Córdoba. Guerra entre Tenochtitlan y Huexotzinco.
1518	—	Expedición de Grijalva. Derrotas contra Tlaxcala.
1519	—	Expedición de Cortés.
	—	25 de marzo: Batalla de Cintla.
	—	21 de mayo: Desembarco en Veracruz.
	—	8 de noviembre: Entrada en Tenochtitlan.
1520	—	Moctezuma, prisionero de Cortés.
	—	21 de mayo: Matanza de la fiesta de *toxcatl*.
	—	27 de junio: Muerte de Moctezuma.

189

BIBLIOGRAFÍA

Fuentes:

ACOTA, J.: *Historia natural y moral de Las Indias*, edición de José Alcina Franch, Historia 16, Madrid, 1988.

AGUILAR, F. de: «Relación breve de la conquista de la Nueva España», en *La conquista de Tenochtitlan*, edición de Germán Vázquez, Historia 16, Madrid, 1988, págs. 157-206.

ALVARADO TEZOZOMOC, H. de: *Crónica mexicana*, edición de G. Díaz Migoyo y G. Vázquez Chamorro, Dastin, Madrid, 2001.

BENAVENTE *MOTOLINIA*, Fray Toribio de: *Historia de los indios de la Nueva España*, Dastin, edición de Claudio Esteva Fabregat, Madrid, 2001.

CORTÉS, H.: *Cartas de relación*, edición de Mario Hernández Sánchez-Barba, Dastin, Madrid, 2000.

DÍAZ DEL CASTILLO, B.: *Historia verdadera de la conquista de la Nueva España* (2 vols.), edición de Miguel León-Portilla, Dastin, Madrid, 2000.

DURÁN, Fray Diego: *Historia de las Indias de Nueva España*, Banco Santander, Madrid, 1990.

FERNÁNDEZ DE OVIEDO, G.: *Historia general y natural de las Indias*, edición de Juan Pérez de Tudela, Biblioteca de Autores Españoles, Madrid, 1959.

HERNÁNDEZ, F.: *Antigüedades de la Nueva España*, edición de Ascensión Hernández, Dastin, Madrid, 2000.

IXTLILXOCHITL, F. de Alva: *Historia de la nación chichimeca*, edición de Germán Vázquez, Dastin, Madrid, 2000.

LÓPEZ DE GÓMARA, F.: *La conquista de México*, edición de José Luis de Rojas, Dastin, Madrid, 2000.

MUÑOZ CAMARGO, D.: *Historia de Tlaxcala* (edición de Germán Vázquez) Historia 16, Madrid, 1986

Origen de los mexicanos, edición de Germán Vázquez Chamorro, Historia 16, Madrid, 1987.

SAHAGÚN, Fray Bernardino de: *Historia general de las cosas de la Nueva España*, (2 vols.), edición de Juan Carlos Temprano, Dastin, 2000.

TORQUEMADA, Fray Juan de: *Monarquía indiana*, edición de Miguel León-Portilla, Universidad Nacional Autónoma de México/Instituto de Investigaciones Históricas, México, 1975.

VÁZQUEZ DE TAPIA, B.: *Relación de méritos y servicios del conquistador Bernardino Vázquez de Tapia*, edición de Germán Vázquez, Historia 16, Madrid, 1988, págs. 125-154.

Visión de los vencidos, edición de Miguel León-Portilla, Dastin, Madrid, 2000.

Monografías:

ALCINA FRANCH, J.: *Los aztecas*, Historia 16, Madrid, 1989.

BURLAND, Cottie A., *Montezuma. Lord of the Aztecs*, Weidenfeld & Nicolson, London, 1972.

CASO, A.: *El pueblo del sol*, F.C.E., México, 1953.

CONRAD, G. W. y DEMAREST, A. A.: *Religión e Imperio. Dinámica del expansionismo azteca e inca*, Alianza Editorial, Madrid, 1988.

CRUZ GARCÍA, Á.: «Mesoamérica», en B. Pérez, J. J. Batalla y A. Cruz, *América precolombina*, Historia Universal, EDIMAT, Madrid (en prensa).

GONZÁLEZ TORRES, Y.: *El sacrificio humano entre los mexicas*, F.C.E., México, 1985.

GRAULICH, M.: *Montezuma ou l'apogée et la chute de l'empire aztèque*, Fayard, Paris, 1994.

LEÓN PORTILLA, M.: *Los antiguos mexicanos*, F.C.E., México, 1987.

ROJAS, J. L. de: *México-Tenochtitlan. Economía y sociedad en el siglo XVI*, El Colegio de Michoacán, México, 1986.

SIMÉON, R.: *Diccionario de la lengua náhuatl o mexicana*, Siglo XXI, México, 2002 (1885)

SOUSTELLE, J.: *Los aztecas*, Oikos-tau, Barcelona, 1980.

THOMAS, H.: *Yo, Moctezuma, emperador de los aztecas*, Planeta, Barcelona, 1995.

VÁZQUEZ, G.: *Moctezuma*, Historia 16/Quorum, Madrid, 1987.

GLOSARIO

1. *acapitzactli* «Caña de metal». Cilindro nasal que marca el estatus del individuo como miembro del gobierno.
2. *achcacauhtin* «Principales». Funcionarios encargados de la custodia y castigo de los delincuentes. A este cargo podían optar los plebeyos, accediendo a él por méritos de guerra. También, según Sahagún, son los encargados de matar a los condenados a muerte.
3. *achcauhcalli* «Casa de los primeros». Sala del palacio del *huey tlatoani* en la que residían los *achcacauhti* o verdugos (Sahagún).
4. *amanteca* «Habitante de Amantla», uno de los barrios de Tenochtitlan. Plumajero, especialista en el trabajo de la pluma.
5. *atlatl* «Lanzadardos». Propulsor, introducido en Mesoamérica por los toltecas durante el período Postclásico, consistente en un bastón terminado en un garfio. Inicialmente usado para la caza, después se utilizó en la guerra.
6. *auiani* «Alegradora». Mujer pública, prostituta.
7. *auianime* Plural de *auiani*.
8. *bezote* Adorno del labio inferior, generalmente hecho de una piedra preciosa.
9. *cacao* Del náhuatl *cacahuatl. Theobroma cacao*, árbol bitneriáceo de América, de hojas lustrosas y flores amarillas y encarnadas, cuyo fruto se emplea como principal ingrediente de una bebida amarga con propiedades tónicas y nutritivas, de la que derivó el chocolate. Muy apreciado entre los aztecas, sus granos fueron utilizados como moneda.
10. *calmecac* «En el cordel o hilera de casas». Escuela sacerdotal, dedicada a la enseñanza de los futuros gobernantes y, por tanto, reservada a los hijos de los nobles.
11. *calpixcalli* «Casa de los mayordomos». También llamada *texancalli*, en esta sala del palacio del *huey tlatoani* se reunían los

recaudadores de tributos —en plural, *calpixque*— y rendían cuentas al soberano.

12. *calpixqui* «El que guarda la casa». Funcionario del palacio de *huey tlatoani* encargado de la recaudación de tributos.

13. *calpulli* «En la casa grande». Traducido impropiamente como «barrio» por los españoles, era una institución que agrupaba a los individuos como una unidad corporativa, con una administración común de la tierra y obligación colectiva de pagar tributos.

14. *cihuacoatl* «Mújer serpiente». En la jerarquía del Estado mexica, segundo en el rango, por debajo del *huey tlatoani*. Posiblemente albergó las funciones de juez y sacerdote mayor, siendo también el máximo responsable de la ciudad de Tenochtitlan.

15. *coacalli* «Casa de la serpiente». Sala del palacio del *huey tlatoani* en la que eran alojados los principales y embajadores extranjeros (Sahagún).

16. *copal* Del náhuatl *copalli*. Especie de incienso o barniz obtenido de la resina de árbol tropical del mismo nombre, utilizado en las ceremonias religiosas de algunos pueblos de Mesoamérica.

17. *cuauhcalco* «En la casa de madera». Lugar de detención y guarda de prisioneros.

18. *cuauhcalli* «En la Casa del águila». Sala del palacio del *huey tlatoani*, también llamada *tequioacacalli*, en la que se reunían los miembros del consejo militar (Sahagún).

19. *cuicacalli* «Casa de los cantos». Institución de enseñanza del canto y del baile.

20. *culhua* «Los que tienen antepasados». Término con el que son llamados los mexicas.

21. *chalchihuites* Del náhuatl *chalchihuitl*. Piedra preciosa, especie de jade verde.

22. *chinampa* «Lugar de cercas». Huerto cultivado sobre un islote artificial.

23. *ezhuahuacatl* «El que araña sacando sangre». Alto cargo del gobierno mexica.

24. *huehuehtlahtolli* «Palabras de los ancianos». Enseñanzas morales impartidas a los niños y jóvenes.

25. *huehuetl* Atabal o tambor forrado de piel estirada en la boca, que se tocaba con los dedos de las manos volteadas por el dorso.

26. *huey tlatoani* «Gran orador». Jefe máximo del Estado mexica.

27. *huitznahuatl* «El de Huitznahuac». Cargo militar.

28. *hule*   Del nahuatl *ulli*. Caucho o goma elástica que se forma del látex producido por varios tipos de moráceas y euforbiáceas intertropicales.

29. *icpalli*   Asiento, sillón real reservado al *tlatoani*. Silla.

30. *macana*   Voz caribe, designa un arma de madera y filos de pedernal incrustados, usada a modo de maza.

31. *macehualtin*   Plural de *macehualli*.

32. *macehualli*   «Merecido» o «El que los dioses merecieron». Plebeyo, campesino, miembro del grupo social no privilegiado.

33. *maguey*   Agave, planta de la familia *Amaryllidaceae* de gruesas y carnosas hojas en forma de roseta, dispuestas sobre un tallo corto apenas sobresaliente de la tierra. Sus hojas, puntas, raíces o jugo tienen múltiples usos.

34. *malcalli*   Sala del palacio del *huey tlatoani* en la que estaban cautivos los prisioneros de guerra (Sahagún).

35. *maxtlatl*   Taparrabos, prenda de vestir masculina consistente en una especie de banda que se enrollaba en la cintura y se pasaba por entre las piernas.

36. *mixcoacalli*   «Casa del canto y de la danza». Sala del palacio del *huey tlatoani* en la cual los músicos y danzantes esperaban a ser llamados (Sahagún).

37. *mocxicapaz*   «Lavatorio de pies». Ceremonia de coronación del *tlatoani* de Tenochtitlan.

38. *nemontemi*   «Días vanos, inútiles, aciagos». Cinco últimos días del *xiuhpohualli*. Se considera que todo lo que se emprende durante este período resultará funesto, así como quienes nacen en estos días.

39. *nemontemi*   «Días vanos, inútiles, aciagos». Cinco últimos días del calendario civil o *xiuhpohualli*. Quienes nacen en estos días están predestinados a la inutilidad, así como todo lo que se hace durante este período.

40. *nequén*   Henequén, planta vivaz, oriunda de México, de la familia de las Amarilidáceas, de cuyas hojas se fabrica hilo. De una variedad de esta planta se produce el *pulque*.

41. *omichicahuaz*   «Hueso endurecido». Hueso con cortes perpendiculares utilizado para producir sonidos al rascarlos con otro hueso o un caracol.

42. *patolli*   Juego similar a los dados o el parchís, consistente en marcar sobre una tela fina un cuadro en el cual se trazan dos diagonales y dos transversales, sobre las que se arrojan cuatro gran-

195

des frijoles perforados y según la posición en que caen con respecto a las líneas se gana un determinado número de guijarros. En ocasiones es motivo de apuestas, como collares de oro, piedras preciosas y turquesas.

43. *petate* Del náhuatl *petlatl*. Estera.

44. *petlacalco* «Donde se guardan las cajas». Sala del palacio del *huey tlatoani* en la que se almacenaban víveres y alimentos, a modo de almacén, gobernada por el *petlacalcatl*.

45. *pilli* «Hijo». Infante, hijo de noble o señor. Ocupa altos cargos de la administración y posee tierras hereditarias con renteros para cultivarlas. Los *pipiltzin* cuentan con una sala en palacio para reunirse.

46. *pipiltin* Plural de *pilli*.

47. *pochteca* «Habitantes de Pochtlan», uno de los barrios de Tenochtitlan. Mercader de larga distancia, una actividad lucrativa y de prestigio entre los aztecas. También ejercían como espías.

48. *pulque* «Descompuesto, echado a perder». Bebida de aspecto blanquecino y textura espesa, elaborada a partir del jugo o aguamiel de varias especies de maguey.

49. *quachic* «Cabeza rapada». Guerrero de la elite azteca, ocupa los puestos más arriesgados en combate, ha capturado un número suficiente de enemigos y goza de distinto privilegios, como bailar de noche en la *cuicacalli*.

50. *quauhhuehuetque* «Águilas viejas». Guerreros veteranos y retirados del combate.

51. *quauhxicalli* «Vaso del águila». Recipiente en el que se deposita el corazón del sacrificado.

52. *quetzal* «Hermosa pluma». *Pharomachrus mocinno*, ave trepadora de la América tropical, muy apreciada por su rico plumaje verde reluciente; actualmente quedan pocos ejemplares.

53. *teccalli* «Casa de señor». Señorío compuesto por tierras y servidores, a cuya cabeza está un *tecuhtli* o señor, muchos de los cuales ejercen cargos en la administración del Imperio y en el palacio del *huey tlatoani*.

54. *tecpilcalli* «Casa de los nobles». Sala del palacio del *huey tlatoani* en la que se reunían los soldados nobles y hombres de guerra (Sahagún).

55. *tecuhtli* Señor, noble, hidalgo.

56. *techcatl* Piedra lisa sobre la que se realizan los sacrificios.

57. *telpochcalli* «Casa de jóvenes». Institución educativa en la que recibían enseñanza los hijos de los plebeyos, con especial inci-

dencia en la formación militar, así como un fuerte contenido de tipo ideológico y religioso-moral.

58. *temalacatl* «Piedra redonda». Piedra redonda en la que se realizaba el sacrificio de la fiesta del mes Tlacaxipehualiztli.
59. *teocalli* «Casa de dios». Templo, adoratorio.
60. *teonanacatl* «Carne de los dioses». Hongo alucinógeno.
61. *teopixqui* Sacerdote, fraile, servidor del dios.
62. *teponaztli* Tambor ceremonial consistente en un tronco vaciado con dos aberturas alargadas en la parte superior sobre las que se tocaba con dos varas con bolas de hule en los extremos.
63. *tequihua* «El que tiene cargo». Grado de jefatura militar concedido tras la captura en batalla de cuatro prisioneros.
64. *tequihuaque* Plural de *tequihua*.
65. *tetzahuitl* «Prodigioso». Apelativo dado al dios Huitzilopochtli.
66. *tianguiz* Del nahuatl *tianquiztli*. Mercado, plaza del mercado.
67. *tilmatli* Pieza de vestir consistente en una manta en forma rectangular que se llevaba anudada sobre el pecho o sobre el hombro derecho. Podía ser de fibra de *maguey*, de algodón o de pelo de conejo.
68. *tlacatecatl* «El que manda a los guerreros». Alto cargo militar.
69. *tlacohcalcatl* «El de la casa de los dardos». Alto cargo militar.
70. *tlacuilo* Escritor, pintor, escribano.
71. *tlacuiloque* Plural de *tlacuilo*.
72. *tlacxitlan* «Sala de la judicatura». Lugar del palacio del *huey tlatoani* donde se reúnen los jueces y consejeros para impartir justicia (Sahagún).
73. *tlachtli* Juego de pelota, típicamente mesoamericano, consistente en introducir una pelota de *hule,* con la sola utilización de codos y caderas, en dos aros ubicados en los muros laterales de una cancha en forma de I.
74. *tlameme* «Cargador». Quien lleva los fardos, porteador.
75. *tlatoani* «El que habla». Gran señor, príncipe, gobernante.
76. *tlauhquechol* Pájaro grande y de vistosas plumas, posiblemente una guacamaya o un flamenco.
77. *tlillancalqui* «Guardián de la casa sombría». Alto funcionario, encargado del Tlillancalco —«Casa de recogimiento y tristeza»—, lugar de recogimiento para los gobernantes de Tenochtitlan.
78. *tonalpohualli* «Cuenta de los destinos». Calendario adivinatorio que integraba un ciclo de 260 días, resultado de la combina-

ción de trece numerales y veinte días. Así, se compone de trece meses de veinte días, representados por símbolos.

79. *tzompantli*   Altar de piedra donde se colocaban los cráneos de los sacrificados, generalmente cautivos de guerra.

80. *uctli*   También escrito como *octli*, pulque, licor fermentado del *maguey*.

81. *xacalli*   Jacal, cabaña o choza hecha con ramas.

82. *xiuhatl*   Líquido precioso, primer borbotón de sangre que sale del sacrificado, considerado como energía vital.

83. *xiuhpohualli*   «Cuenta del año». Calendario civil solar de 365 días, compuesto de 18 meses de 20 días y 5 días llamados *nemontemi*.

84. *xiuhtezcanacochtli*   «Orejera de turquesa resplandeciente». Adorno suntuario para la oreja, hecho de esmeralda o turquesa.

85. *xiuhuitzolli*   «Cabellera de turquesa». Diadema hecha de turquesa que portaba el *tlatoani* azteca, como representante en la tierra del dios Xiuhtecuhtli, el «Señor Turquesa».

86. *ychcahuipiles*   «Colgajo grande de algodón». Cota de algodón usada por los guerreros.

ÍNDICE

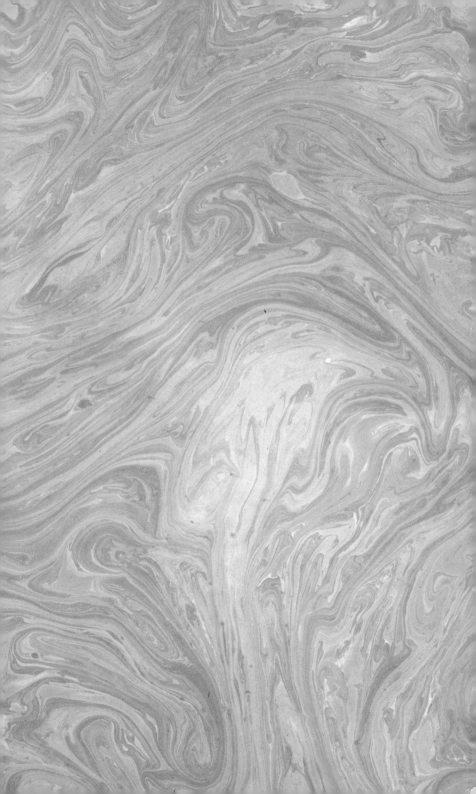